RECLAM-BIBLIOTHEK

Schön ist die Heimat, schön soll sie sein, und am allerschönsten aber ist die Region, der Ort, der Kiez, die Straße, in der man wohnt. Schön und angesagt, metropolitan und malerisch, kommod und sehr anheimelnd haust es sich da. Und es scheint, glauben wir den Bewohnern aller deutschen Städte und Gemeinden, das »richtige Leben« hierselbst Wirklichkeit zu sein.

Indes verhält sich die Sache mit der »Heimat« ganz anders. 42 Autorinnen und Autoren haben jene Dörfer, Landstriche, Städte, Stadtviertel und Stätten, wo sie länger und lang verweilen mußten, skrupulösen Inspektionen und Kritiken unterzogen. Was ihre Studien ans Licht bringen, widerspricht der Ideologie des Wohlfühlraumes, dem Geschwätz von der »Befindlichkeit« und der allseits forcierten National-Folklore; ob Bamberg oder Augsburg, Bielefeld oder Braunschweig, Freiburg, Hamburg oder Moers: durchweg *Öde Orte*.

Öde Orte

Ausgesuchte Stadtkritiken:
von Aachen bis Zwickau

Herausgegeben von Jürgen Roth
und Rayk Wieland

RECLAM VERLAG LEIPZIG

Mit 11 Zeichnungen von Wolfgang Herrndorf

ISBN 3-379-01625-X

Reclam-Bibliothek Band 1625
1. Auflage, 1998
Reihengestaltung: Hans Peter Willberg
Umschlaggestaltung: Kay Krause und Alexander Fleischmann, Leipzig
Gesetzt aus Stempel-Garamond
Satz: Peter Conrad, Brandis
Druck und Bindung: Ebner Ulm
Printed in Germany

Inhalt

Au hur!

Von Elke Wittich

In Aachen oder drum herum aufzuwachsen bedeutet vor allem eins: pausenlos einen Ausweg suchen. Denn das Leben dort wird auf die Dauer ziemlich unerträglich, was an vielen verschiedenen Dingen liegt, hauptsächlich jedoch daran, daß Aachen ein Dorf ist, das Stadt spielt.

Sehen wir uns Aachen näher an. Selbstredend liegen den folgenden Einzeluntersuchungen streng objektive Kriterien zugrunde.

Geruch

Aachen riecht wie jede andere Stadt auch, allerdings wegen seiner Schokoladenfabrik an manchen Stellen kakaoiger als gewöhnlich. Am Elisenbrunnen, einer der sogenannten Touristenattraktionen, duftet es nach faulen Eiern, eine Heilquelle sprudelt da. Aachen ist nämlich eigentlich ein richtiger Kurort und dürfte den offiziellen Vornamen »Bad« tragen, worauf man jedoch verzichtet – auf Grund der Lexika, der *ALDI*-Filialen-Listen, der Anthologien usw.; in denen immer an erster Stelle genannt zu werden die Aachener für ungeheuer wichtig halten. Was daran so großartig sein soll, weiß zwar niemand ganz genau, doch in Aachen gibt man sich halt schon mit sehr wenig sehr zufrieden.

Ungenügend.

Optik

Aachen ist eine schöne Stadt; eine mit kleinen verwinkelten romantischen Gäßchen, herrlichen alten und liebevoll, ja sorgfältig restaurierten Häusern, wunderschönen gepflegten Parks, dekorativen Brunnen und idyllischen Flecken sonder Zahl, die zum Verweilen einladen. Das allein würde bereits für ein sattes Ungenügend reichen, erschwerend kommt jedoch der rot-grüne Terror hinzu. Autofahrern das Leben zu versauen, mag in Städten mit U-, S- und Straßenbahnen angehen, in einem »Urbanität« simulierenden Nest, in dem bloß ferrarirote Busse des Verkehrsverbundes ASEAG richtigen Nahverkehr vorspiegeln (und das in der Regel nur bis kurz vor Mitternacht), bedeutet solche Politik: die Hölle. Straßen wurden unzulässig verengt, Parkplätze sündhaft verteuert oder abgeschafft, kilometerlange Radwege angelegt – mit dem eher zweifelhaften Erfolg, daß das schwer beeindruckte Umland sich seither dem sinistren Vorbild anzunähern versucht. Nicht weit hinter Aachen, in Herzogenrath, baute man z. B. die schön-gerade Landstraße in einen Hindernisparcours um, Tempo-30-Schilder und Blumenkübel einbegriffen. Ergebnis: Gleich in der ersten Nacht brummte ein niederländischer Autofahrer in einen entgegenkommenden Bus (okay, es war noch nicht richtig Nacht, aber immerhin schon dunkel und kurz vor der Geisterstunde, dem Zeitpunkt, an dem knallrote ASEAG-Busse spätestens zu Hause sein müssen, denn andernfalls verwandelten sie sich in Ferraris oder etwas ähnlich Schlimmes) und verstarb noch an Ort und Stelle.

Ungenügend.

Kultur

Kulturell wäre in Aachen zwar vielleicht gerne jede Menge los, aber das, was tatsächlich los ist, reicht den Durchschnitts-Einwohnern durchaus. »Sprudelnde Vielfalt« nannte das städtische PR-Büro, anspielend auf Aachens zahlreiche schmuckvolle Brunnen, einst das örtliche Kulturvorkommen, das grob ein Theater, eine Mundart-Puppenspielbühne, einige richtige Kinos, zwei Off-Kinos (Blues Brothers! Underground!!) und viele schöne Geschäfte umfaßt. Indes schien diese Städtegrundausstattung (inklusive Fußgängerzone, Hallenbad und Bürgerhaus) nicht zu reichen. Also äffte man andere bedeutende bundesdeutsche Kommunen nach und legte sich ein Autonomes Zentrum zu – allerdings etwas spät. Während andernorts schon Sushibars, Arbeitslosencafés und Ecstasy-Kontrollstationen aufgestellt worden waren, zierte erst das Aachen der neunziger Jahre ein Tempel der Gegenkultur (Filme über Zapata, Punkbands und Kiezküche).

Aber wozu überhaupt Kultur in einer Stadt, in der es einen Dom hat? Und den Karneval, der Aachen immerhin einmal pro Jahr zu Fernsehweihen verhilft? Die »Verleihung des Ordens wider den tierischen Ernst« wurde, weil sich die ARD weigerte, den reaktionärkonservativen Schwachsinn live auszustrahlen, irgendwann an RTL verkauft. Das Kölner Haus sendete zwar direkt, trotzdem gab es ein Problem, denn hinterher liefen Sexfilme, und in solch ekliger Nachbarschaft wollte man sich auf gar keinen Fall präsentiert sehen – Aachen ist schließlich eine stockkatholische Stadt und Hauptsitz des obskuren, gleichfalls stockkatholischen Opus-Dei-Ordens, dem unter anderem der langjährige Bürgermeister Malangré angehörte.

Mangelhaft.

Essen

Den Pluspunkt, der Aachen für die Erfindung der Printe gebührt, einem auch außerhalb der Weihnachtszeit äußerst beliebten speziellen Lebkuchengebäck, ohne das echte Sauerbratensauce einfach nicht denkbar wäre, ziehen wir sofort wieder ein. Alle anderen in Aachen präferierten und geliebten Speisen (Bitterballen, Reisfladen, Bamirolle) wurden nämlich entweder von den belgisch-niederländischen Nachbarn geklaut, oder sie sind ungenießbar: Das Aachener Lokalgericht heißt Puttes. Und Puttes ist gebratene Blutwurst.

Knapp vier minus.

Sprache

Das Öcher Platt klingt noch fürchterlicher als das Kölsch. »Gs« werden rücksichtslos in »Js« umgetauscht, weshalb

Gregor auf den Namen Jrejor hört. Das »Sch« hingegen spricht man hin und wieder wie »Ch«, das »Ch« zum Ausgleich wie das »Sch« aus, wohingegen »mir« und »mich« grundsätzlich falsch gebraucht werden. Überdies neigt der Aachener zu seltsamen Zustandsbeschreibungen. An die Stelle des überall geläufigen Satzes: »Mir ist kalt« tritt wegen übelster Wetterumstände (Aachen ist ein Regenloch) häufig die Wendung: »Ich hab' kalt!«

Eine der Grundzutaten des Öcher Platts ist das »Au hur«. Es kommt flexibel zum Einsatz, etwa bei Begrüßungen (»Na, Au hur, wie is et disch?«), als Lob (»Du bis misch 'ne Au hur!«), als Ausdruck tiefster Verachtung (»Und dann hab' ich an ihr jesacht, nä Au hur, jetz isset endjültich vorbei!«) oder, puristisch, als Fluch (»AU HUR!«). Eine Freundin, die nach einer langen feuchten Nacht nackt (oder nackend, wie der Aachener sagt) unter einem regionalen Prachtexemplar landete, schwört noch heute heilige Eide, daß es im entscheidenden Moment ausrief: »Au hur, misch kommt et!«

Ungenügend.

Sport

Sportlich gesehen hat Aachen das Internationale Reitturnier vorzuweisen. Anläßlich seiner Austragung beflaggt man die Stadt schwarz-gelb, druckt endlose Listen der geladenen Prominenz in der Lokalzeitung ab, zählt danach auf, was die geladene aufgelistete Prominenz über die Stadt zu sagen hat, meist Dinge über die wunderschöne Atmosphäre und wie bezaubernd Aachen und seine Einwohner seien – geladene Prominenz äußert sich meistens nämlich sehr taktvoll –, und dann ist das Reitturnier auch schon vorbei. Und dann wird wieder hauptsächlich Fußball gespielt, allerdings, von Restdeutschland weitgehend unbemerkt, in der Regionalliga. Um dem drohenden Abstieg in diese zu entgehen, verpflichtete man 1988 den türkischen Meistertrainer Mustafa Denizli und ekelte ihn ziemlich schnell wieder weg, denn der Mann sprach weder richtig Deutsch noch richtig Öcher Platt. Während der Trennungspressekonferenz erklärten »die Verantwortlichen« Denizlis Dolmetscher, der, wie immer, seine Füße auf einen Stuhl gelegt hatte, daß damit jetzt endgültig Schluß sei, »die Zeiten sind vorbei!« Der sofortige Abstieg – die gerechte Strafe – folgte »auf dem Fuß«. Seitdem hofft man jedes Jahr zu Saisonbeginn auf den Wiederaufstieg, aber der liebe Fußballgott ist gerecht. Ansonsten wird in der ersten Tischtennisbundesliga gespielt und andauernd die Deutsche Meisterschaft der Turmspringer errungen, aber das interessiert selbst in Aachen keine Sau.

Ungenügend.

Große Söhne der Stadt

Der größte Sohn der Stadt ist der Präsident des Deutschen Fußball-Bundes (DFB), der ehemalige Kartoffelhändler Egidius Braun, der allerdings nicht aus Aachen stammt und auch gar nicht dort wohnt, sondern im nebenan gelegenen Eschweiler beheimatet ist und deshalb trotz aller Öcher Versuche nicht zählt. Der zweitgrößte wäre gerne ein gewisser Wendelin Haverkamp, der sich für einen Kabarettisten hält und die Gags für Jürgen von der Lippe schreibt, aber tatsächlich gebührt der Silberrang dem früheren Europa-Abgeordneten Dieter Schinzel: Der nämlich sitzt wegen einer Falschgeld-Affäre in irgendeinem bayerischen Knast, trotz wütender Proteste seines Bruders, des Ex-Schlagersängers Christian Anders, der sich sogar nackt vor dem Gefängnistor ankettete – was schlimm aussah, aber immerhin Jungmädchen-Träume verspätet wahr werden ließ.

Ferner gibt es noch irgendwen, der Krimis schreibt, die in Aachen spielen und deswegen bei einem Aachener Verlag erscheinen, und ungeheure Mengen Deutscher Meister im Turmspringen. Sowie den schlechtesten Journalisten der Welt, den mdr-Sportchef Wilfried Mohren.

Große Töchter der Stadt gibt es hingegen überhaupt keine.

Ungenügend.

Resümee

Die Tatsachen, die harten Fakten sind, wie man konstatieren darf, erschütternd. Warum also leben überhaupt noch Menschen in Aachen? Sind sie über die Epochen hinweg resistent geworden? Oder fürchten sie den Wegzug, weil »ihr« Aachen Ausgewanderten zu Weihnachten Printen-Päckchen hinterhersendet, so daß auf Jahre hinaus weiter die Gefahr besteht, als Öcher aufzufliegen? Oder existiert andernorts ein geheimes Zuzugsverbot? Weil der Aachener, wo immer er auftaucht, umgehend zur Klumpenbildung schreitet? Und, wie etwa in Berlin, den »Verein der Aachener zu Berlin im Exil« gründet?

Wir wissen es selber nicht.

Einfach Irre

Von Holger Sudau

Amerikaner gibt es schon seit 1836. Diese sympathischen Proteinlieferanten treffen wir aber nur noch vereinzelt an, denn sie tragen ein Schicksal von schwerer Beschaffenheit. Warum sie ausgerechnet im Ort gleichen Namens wohnen und warum er so von ihnen benannt wurde, weiß natürlich keiner, am wenigsten wissen es die Amerikaner selbst. Trotzdem müssen sie als verworfen gelten. Mit der Kenntnis neuzeitlicher Anzugsordnung, das sieht man gleich, verbindet sie wenig. Auf Grund der vielen Anomalien ihres Körpers konnte noch nicht nachgewiesen werden, warum das überhaupt sein muß. Es wird von Blechen, Seifenschachteln, aber auch von angefrorenen Kartoffelschalen gesprochen. Genau ist das nicht zu sagen.

Der nährstoffreichen, stärkehaltigen Feldfrucht, der sie bis auf die Lehmkruste gleichen, vermögen sie nichts abzugewinnen, aber schon oft haben sie eines ihrer Jungen einem ahnungslosen Kartoffeleinkäufer angedreht. Vorhaltungen diesbezüglich lassen die Einwohner von Amerika merkwürdig unberührt.

In ihrem Geschlechtsleben spielen kaputtgegangene Hunde eine Schlüsselrolle, die die Jünglinge den Jungfrauen werbend in die Hälse stopfen. Signalisieren diese ihre Paarungsbereitschaft, trifft man sich hinter den Traktoren in verkarsteten Schmieröltümpeln, um mit stark gebrauchter Unterhaltungselektronik dieses oder jenes aneinander zu vollziehen. Dabei machen fleischige Worte die Runde. Kenner behaupten, den Trauzeugen fülle sich der Mund dabei mit Fliegen.

Zur Speise dienen ihnen mit nahrhaftem Faulschlamm angereicherte eigene Zellen, die sie in Gelenkpfannen braten –

mit einer Prise Streusalz und untergehobenem Huflattich. Gäste überbacken sie sich gern mit frischem Käsefußabrieb. Wahrscheinlich ahnt man bald mehr davon.

Was die einhundert Restexemplare als Gegend auffassen, wird dominiert von ihren vier Häusern, von der Muldentalbahn (Penig–Rochlitz) und von darmgasbetriebenen Kartoffelmühlen, denen sie gleichzeitig divinatorische Eigenschaften zuschreiben. Sprechen können sie erst, seitdem sie sich zufällig beim täglichen Abschneiden der herauswuchernden Keime große Spalten ins Gesicht geschält haben. Egal. Ab drei Meter Entfernung hören sie sowieso nur noch Geräusche. Verdunkeln ihre Ausdünstungen (Hodenatmung) gegen Abend das Firmament, hüllen sich die Amerikaner in ihre mit Zwiebelmustern tätowierten Bauchdecken und träumen von selbstgemachter Silage.

Wollen Sie jetzt wirklich noch mehr von diesen Irren wissen?

Acht Tage

Von Franz Dobler

22. 6. Es regnet wie Hölle, und doch sind 15 000 in die Hauptstadt des bayerischen Regierungsbezirkes Schwaben gekommen, um sich die Eröffnungsfeierlichkeiten des Historischen Bürgerfestes anzusehen. So Feste gibt's ständig hier, der Schwabe mag das. Schon am Anfang der Maximilianstraße, die der Nazi-Poet Will Vesper als »die schönste Straße in Deutschland« bezeichnet hat (bevor sie in der Nacht des 25. Februar 1944 gründlich gesäubert wurde): viel Volk in mittelalterlicher Tracht, ein buntes Treiben von haubentragenden Frauen, Männern mit Hellebarden, Schnabelschuhen und Eulenspiegelgeklingel. Aber: Heutzutage dürfen sie wählen!

Voll in die Hose geht auch das Historienspiel über den Reichstag von 1518, als es Maximilian I. um Geldbeschaffung für einen Krieg gegen die Türken zu tun war: Das Mikrofonsystem spielt nicht mit. Und wegen der Regenschirme sieht man nichts – außer den unvermutet mittenrein fahrenden Linienbus. Sympathisch auch, daß der ganze Zirkus sowieso nur ein Vorwand ist, um die Innenstadt mit Buden vollmachen zu können; aber mit Anspruch: Auch die Straßencafés wurden verdonnert, rustikales Mobiliar und Tonkrüge hinzustellen.

In der Menge die Gesichter entdeckt von Helmut Haller und Fußballreporter Waldemar Hartmann! Schön, daß sie sich an diesem Festtag in ihrer Vaterstadt zeigen. Wo aber bleibt der Bernd? Statt Fortuna Köln soll der Schuster lieber heimkommen! Neuzugang Dieter Eckstein und alle anderen brauchen ihn. Wo jetzt sogar die Basketballer in die Zweite Liga aufgestiegen sind! (Wichtiger Punkt im ewigen Kampf gegen München!)

23.6. Der Tag beginnt mit der *Augsburger Allgemeinen*. Für Fremde nicht leicht zu erkennen, tatsächlich die fünftmeist verbreitete deutsche Tageszeitung. Wie üblich sorgfältig recherchierte Reportagen – z.B. über die Installation der kugelsicheren Glaswand im Gerichtssaal, wo ab Dezember verhandelt wird gegen den »Nathalie-Mörder«. Ebenso als »Herausforderung für ganz Schwaben« bezeichnete der Oberbürgermeister in seiner gestrigen Festrede den »Feuerwehrtag 2000 in der Fuggerstadt«. So wirft das nächste Jahrtausend seine Schatten auch auf uns!

Nachmittäglicher Spaziergang durch die dunklen Gassen, die schon Agnes Bernauer gesehen haben, ehe sie 1435 als »Zauberin« hingerichtet wurde, d.h. weil man ihre Beine nicht würdig erachtete, für Prinz Albrecht breit gemacht zu werden; vorbei an der *Puppenkiste*, wo der Orangensaft immer noch mit Rettich getrunken wird, und schließlich kurze Rast vor dem Gebäude der Stadtwerke, wo 1972 Thomas Weisbecker, Mitglied der »Bewegung 2. Juni«, von der Polizei erschossen wurde, »in Notwehr«, versteht sich.

In der Nähe eine ältere Dame gesehen, Marianne Probst!? Die Akkordeon-Weltmeisterin 1959!? Nicht getraut, sie anzusprechen.

24.6. Als jemand, der erst seit sechs Jahren in dieser 15 v. Chr. von den Römern gegründeten Ansiedlung lebt, glaube ich ein grundlegendes Problem formulieren zu können – wie in einem englischen Stadtführer: »Father Mozart having been born in A. 1719 still thought like an Augsburgian when in Salzburg.« Tatsächlich ist es so, daß man, wüßte man's nicht besser, jeden Betrag wetten würde, daß Lothar Matthäus aus dieser Stadt kommt. Die TV-Station sendet ein Programm, das aussieht wie eine bisher unbekannte Testphase vor Erfindung des Fernsehens; das Open Air ist nicht nur das europaweit am peinlichsten bestückte; jeder Yuppie würde gegebenenfalls auch ein rucksackgroßes Handy freudestrahlend benutzen; die Gepiercten sind Kreationen eines ortsansässigen Trendmagazins, die Hardrocker wie von Biolek ausgedacht; Honoratioren und Politiker sehen vielleicht nicht aus wie Hausdiener der Fugger und Welser, aber, und

Sommer '97: Das von einer irrtümlich über Augsburg abgeworfenen Pathfinder-Sonde gelieferte Bildmaterial löst im Kontrollzentrum der NASA Ratlosigkeit und Entsetzen aus.

bis in die Kreise hinein, die das entrüstet dementieren würden, so sind sie. Nicht daß es mein Leben groß stören würde; nicht daß wir hier nicht in Deutschland, nicht in Bayern wären – doch immer lustig ist es nicht.

25.6. »Du magst es betreten, von welcher Seite aus du willst«, sagt der 61er-Stadtkalender, »es wird dir immer ein irgendwie charakteristisches Gesicht zeigen.« Das sich, heute mit 600000 Ohren dran, naturgemäß verändert hat, auch durch den Niedergang der ehemals blühenden Wirtschaftszweige Maschinenbau, Papier- und Textilindustrie. Immer mehr Menschen hängen am zentralen Königsplatz herum, begehen auch tagsüber schlimmste Sachen ohne Ende! Jetzt wird da aber aufgeräumt, und dann vermutlich »unter unermeßlichen Schwierigkeiten und ständig auf der Hut gegenüber der Invasion der Fremden setzen tatkräftige Männer die lebensnotwendigen Funktionen der Stadt wieder in Gang« – so der 54er-Stadtführer über die ähnlich kritischen Wochen nach der Kapitulation.

Man rückt zusammen: Gewerkschafter des Dasa-Konzerns protestieren vehement gegen die Verzögerung des Eurofighter-Produktionsbeginns; 1485 Arbeitsplätze in Gefahr; fehlt nur noch, daß sie durch Zwangsarbeiter aus den Ostgebieten ersetzt werden. Auch andere innovative Bereiche erobert man innovativ: Ein Literaturhaus wird's geben, mit den üblichen Arbeitsplätzen, inklusive wahrscheinlich eines Roy-Black-Museums und jenes Hotelzimmers, in dem Goethe mehrmals genächtigt hat. Meinen Segen haben sie – wenn Jörg Schröder die Leitung übernimmt.

26.6. Die Forderung von einem der Brecht-Vereine, der namenlose Flughafen solle »Brecht-Airport« heißen. Auch bezüglich der Universität bemüht man sich seit vielen Jahren erfolglos. Komischer Eifer, wo doch Brecht die Stadt bald nicht mehr mochte und meinte, das Beste an ihr sei der Zug nach München. Was er liebte, war der jährliche »Plärrer«, und sogar »in den Tagen um den 10. Mai, als nach dem Zerbrechen der roten Machtergreifung in München immerhin noch nachts Menschen hinterrücks umgebracht wurden, [genoß] Eugen, meist von Freundinnen begleitet, den Rummelplatz wie eh und je«, schreibt Bruder Walter in seinen Erinnerungen. Die halbe Stadt rüstet auf für die ausgedehnte »100 Jahre B. B.«-Feier '98. Wie das läuft, steht in Heft 2/95 des wunderbaren Fanmagazins *Dreigroschenheft*: Die Antwort des Leiters der Brechttage '95 auf die Bemerkung, daß »der politische Brecht im offiziellen Programm kein Thema [war], keine einzige Veranstaltung befaßte sich damit«, lautete: »Natürlich müssen wir Schwerpunkte setzen ...«

27.6. Die starke offizielle Kulturpräsenz (»Kulturstadt«) hat Tradition. Schon die Fugger – in einem Dokument aus dem Jahr 1367 erstmals als »Fucker« erwähnt – waren ja nicht nur die Bankiers der Kaiser und Päpste und Inhaber des Kupfermonopols für ganz Europa, sondern auch die bedeutendsten Kunst- und Schriftensammler über ihre Zeit hinaus: »1552 erwarb J. J. die große Bibliothek Hartmut Schedels von dessen Enkel um den Spottpreis von 500 Gulden.« Daß sie auch eine soziale Ader hatten, zeigt ein Spaziergang durch die »Jakobervorstadt«: Dort befindet sich die sogenannte »Fuggerei«, eine kleine Stadt in der Stadt, 1519 erschaffen für notleidende Mitbürger und damit »oldest social settlement of the world«. Für jede der zirka sechzig Wohnungen müssen auch heute noch pro Jahr symbolische zwei Mark Miete berappt werden – zzgl. täglich ein Vaterunser, ein Ave-Maria und, speziell für die Stifter, ein Glaubensbekenntnis. Arm wurden sie nicht – bzw. nie deswegen, konnten aber so den Zeitgenossen Hutten übertönen, der für die Geschäfte der Fugger und Welser (die die spanischen Schlächterbanden des frühen 16. Jahrhunderts – nicht zu ihrem Schaden – finanzierten u. ä. m.) einen anderen Namen parat hielt: »Raubzüge«.

In der weltentrückten Ruhe der Fuggerei spürt man nichts von alldem. Auch nicht, daß die Rache der Geschichte grausam war: Am 4. März 1806 übergeben die Franzosen die Stadt den verhaßten Bayern.

28.6. Die Diskussion um den Airport-Namen spitzt sich zu. Die CSU hat den Dritten Bürgermeister losgehetzt: »Aus persönlicher Distanz« zu Brecht will er lieber einen »Willi-Messerschmitt-Airport«, denn der Willi habe die Stadt ab

1927 »zum Anziehungspunkt für Flugpioniere und Piloten« gemacht. Ach Gottchen, die CSU. Also ein paar Fakten Fakten Fakten mehr über den Willi: Er baute seine Messerschmitt AG zu einem Nazi-Musterbetrieb aus, der 1939 sogar besondere Auszeichnungen erhielt (was nicht oft vorkam). Weiter entnehmen wir der Untersuchung *Fremdarbeiter und KZ-Häftlinge in der Augsburger Rüstungsindustrie*, daß die Messerschmitt Werke, abhängig und profitierend von Zwangsarbeitern, sich nicht nur weigerten, mehr als eine kriminell geringe, sondern überhaupt jegliche Entschädigung zu zahlen. Warum also nicht »Messerschmitt-Airport«.

29. 6. Die Reichstage gehen zu Ende, wie gehabt mit Kälte und Regen. Was wird uns das nächste Historische Bürgerfest bringen, wieder was mit Reichs-? Vielleicht als Trinkgefäße dann Kristallgläser? Und die Nacht durch alle Buden offen? Ich weiß es nicht. Aber es wird kalt sein und regnen, das steht fest, und ich habe die seltsame Idee, sie sollten es mal einen Sommer lang gut sein lassen mit dieser oder jener Art von Freilufttheater.

Für Michaela Conrad

Kunstvoll holzverkleidet

Von Jürgen Roth

Einzeln recken sich kronenschüttere Buchen und fast abgelebte Eichen hinter dem schützenden Zaun des Schloßparkes.

Eine Autobahn führt heran, aus Frankfurt-Eschersheim via Frankfurt-Bonames. Bedächtig steigt das Höhenniveau, etwas heftigere, etwas wuchtigere Bodenwellen künden vom Vordertaunus. Laubwälder fernab. Karstiger Ackerboden. Hinterm Bad Homburger Kreuz (A 661/A 5) niedrige Verwaltungsgebäude, hingestreckt vor einer Reihe dürrer Pappeln. Abfahrt Oberursel/Bad Homburg, vierspurig die Verbindungsstraße durch Wohngebiete ins Zentrum, dort als Ringanlage fortgeführt, um Fernverkehr gen Hinterland fließen zu lassen.

Die Trasse heißt nun Hindenburgring, bald Hessenring. Sie wird geteilt von einem staubigen Mittelstreifen mit kurzgeschorenen Grasplacken und BAB-Leitplanken. Über den gleichförmigen, zu Tageszeiten tosenden Verkehr helfen weitgeschwungene Fußgangerbrücken, die schwach frequentiert sind. Am Abzweig Richtung Saalburg (Römerkastell) und Feldberg/Ts. führt rechter Hand die Ritter-von-Marx-Brücke auf den Homburger Siedlungskern, unter der sanierten Stahlbetonkonstruktion verlaufen schiefe Häuserreihen der historischen Altstadt (16. Jahrhundert z. T.). Spekulationen werden angestrengt und angestellt darüber, ob das kleine Viadukt den Geist der Postmoderne zum Sprechen bringe; immerhin füge sein Name Feudalwesen (»Ritter«), Adel (»von«) und bürgerliche Industriegesellschaft (»Marx«) patchworkartig zusammen. Das Bad Homburger Forum für Philosophie schenkt solchen Reflexionen keine Beachtung.

Zaghaft, keineswegs Machtfülle demonstrierend, erhöht

und über struppigen, bald choreographierten Gartenanlagen liegt abermals rechter Hand das Schloß, erbaut Ende des 12. Jahrhunderts zunächst als Burg. Ab 1680 begann unter Landgraf Friedrich III. deren Umformung in eine barocke Residenz sowie die Plazierung passender Grünbereiche. Erhalten blieb der heute noch als Mißgriff anmutende weiße Burgturm (»Bergfried«), selbst nachdem auf Veranlassung der Landgräfin Ulrike, Gemahlin des Landgrafen Friedrich IV., außen herum eine Neugestaltung stilmäßig englische Landschaftsarchitektur angepeilt und flink, ja zügig durchgesetzt wurde. Summa summarum führten die Landgrafen von Hessen ihr Gartenbaugewurstel ausnehmend störrisch bis zu Friedrich VI. und Frau Elisabeth fort.

Heute heißen häufig Straßen wie ehemals ansässige Herrschaften. Von 1866 bis 1918 war beschriebene Barock-Mittelalter-Neuzeit-Kombination Sommerstätte der preußischen Könige und Kaiser; hier griff die Gartenintendantur Potsdam-Sanssouci ein und machte sich durch außerordentliche Kübelpflanzenvielfalt berühmt. Schloßbesichtiger schätzen dieser Tage gleichwohl mehr die tatsächlich kontinentaleuropaweit ersten Wasserklosetts; neben übrigens jenem silbernen Bein des Prinzen von Homburg, das bei Kleist eine imponierende Rolle spielt.

»Beachten Sie die kunstvolle Holzverkleidung des kaiserlichen WCs; Wilhelm II. hat sie höchstselbst gedrechselt.« (Jörg von Uthmann: *Es steht ein Wirtshaus an der Lahn. Ein Deutschlandführer für Neugierige*, Hamburg 1979, p. 166) Vor der Schloßtür, dort, wo die Fürstin Kisseleff sich samt legendärer Geldvorräte auf einer Schubkarre umherfahren ließ, schießt zartes Knospenwerk von öffentlichem Leben (inklusive Ladenkultur) ins Kraut. Eingemeindungsdrohungen seitens Frankfurt, das Bad Homburg im 19. Jahrhundert zumal als Absteige für Gauner, Kurtisanen und anderweitiges fahrendes Gewerbevolk benutzte, konnten attackiert und abgewendet werden. Seither konspirative RAF-Anmietungen am Hessenring und ein feines Lokal mit schönem Namen *Zum Wasserweibchen* (Am Mühlberg, unterhalb des Schlosses, der Fußgängerzone angenähert). Eine Eisdiele. Und das

Hutmuseum, das den »Homburg-Hut« zeigt, einen von König Edward VII. erfundenen Chapeau, den Adenauer mit Begeisterung trug.

Kurstadt wurde Homburg als aktuelle Kreisstadt des Hochtaunuskreises (192 Meter über NN) wegen seiner eisenhaltigen Natriumchlorid-Säuerlinge und etlicher Schlammanwendungsoptionen gegen Herz- wie Nierendefekte und -abnutzungen. Hölderlin hielt, Bibliothekar, der er war, eher auf den Wein. Drei Häuser, die ihm Unterkunft boten, riß man ab, um Platz zu schaffen für ein spezielles Kurhaus (Neubau Anfang der achtziger Jahre) und die zentrale Bushaltestelle mit ausreichend Rangierfläche für laute Boliden. Justus Liebig entdeckte 1834 eine erste Heil-, später die Elisabethenquelle.

Unterhalb, gegen den sanft abfallenden Hang gelehnt, verläuft, den Kurpark eskortierend, die Kaiser-Friedrich-Promenade, an welcher, der Shopping-Zone den Rücken zugewandt, hell getünchte Bauten mit eisernen (Jugendstil-?) Balkongittern stehen. In den aus wilden Wiesenflächen, hoch aufschießenden Kastanienbäumen, Laub- und Nadelhölzern vielzahliger Herkunft komponierten Park knickt, unweit der Chulalongkorn-Quelle, die Kisseleffstraße ab. Dort wohnte unter Tausenden von älteren Personen nur vermeintlich gut geschützt A. Herrhausen. Der Donnerschlag erschütterte, fortgepflanzt im weitverzweigten Resonanzröhrenkörper des Kanalisationssystems, drei Viertel der Stadt.

Dichte Automobilstaffelung von Güte im Park, wohin man schleicht, an der *Tennis Bar*, am aus Trotz vom Landgrafen gegen ein Verbotsdekret der Nationalversammlung 1848 gegründeten Spielcasino (Dostojewski), vor der *Taunus Therme* (Erholungsbad), rund um den Europakreisel, der stadtauswärts den Frankfurt- und Gonzenheim-Verkehr leitet und lenkt. Fahrradgeschäfte seltsamst zuhauf. Reiche Häuser, Eichenwaldreste.

Topographische Steigerung am Ortsausgang. Heimstatt obskurer Automechaniker. 1 km weiter (Norden) erschließt sich Friedrichsdorf und greift aus bis Seulberg (obsoleter Gitarrenladen) und Burgholzhausen. Der *toom markt* inmitten des Neubauensembles (Gartenmärkte, Wohnsilos) führt Weilburger Bier, nur Kästen.

1,8 km Wegstrecke, ein beschrankter Bahnübergang gibt den Blick frei auf das sich gewissenhaft den Berganstiegen des Taunus entgegenwälzende Friedrichsdorf-Köppern. Gröbste Niedrigkeit regiert daselbst, die Einrichtung einer Irrenanstalt kam nicht von ungefähr, die Ortsteil-Historie ist eine rigide, nachhaltig verkorkste. Schwere Tristesse und Schwermut lagern bernhardinerschwer auf allem. Hin und zurück führt die Köppener Straße. 1990, als ich 25 km entfernt von den Frankfurter Weltmeisterschaftsfans Brehmes Elfmeter droben im ockerfarbenen Hochhaus Merianweg 32 6. Stock nachbarschaftlich zum Gewerbegebiet verfolgte, wogten buschige Ahornbäume und wölbten sich zum grünen Dach über der stark befahrenen Route, an der Bäcker und Zeitungshändler siedeln. Nun, beim Recherchebesuch, Entsetzen ob wüst zusammengehauener Stämme, die als weiße Stangen einzelne Blätter noch herauspressen.

In ein paar links und rechts vorgesehenen Talkuhlen Bürgerhaus plus Hotel + Restaurant, Sporthalle, schindelverkleidete Sechsgeschosser, Verbundsteinpflasterwohnstraßen mit weißen Rauten und Kübeln; Ecke Meisenweg das mattgraue Hinweisschild: »Evangelisches Gemeindezentrum«.

Der geduckte Klinkersteinbahnhof beherbergt einen Getränkemarkt (Leikeim, Cola, Fanta usw.). Westernkino-Stimmung. Es herrscht trügerische Stille.

Die »Jugendfeuerwehr der Freiwilligen Feuerwehr Bad Homburg-Stadt« hat den ersten Stock Dietigheimer Str. 6 bezogen. Im Erdgeschoß wartet eine Modelleisenbahn auf Kinder. Die Esche liegt verdorrt, ein junger Hase flieht. Erhebliche Erdbewegungen müssen kürzlich unternommen worden sein. Teile des Bungalows, bewohnt einst vom Vermieterehepaar, zerfallen oder bereits niedergerissen.

Imbiss Wunder, Saalburgstraße, nahe Bad Homburg-Dornholzhausen; Cheeseburgermirakel; angebratene dicke Zwiebelringe, Krautsalat, gehackte Gurken; kroß das Weißbrötchen; Mayo/Ketchup-Melange, Schmelzkäse feinzerlaufen. Ohne Besteck nicht zu essen.

Passiert den Kälberstücksweg. Tannenzickzack tackert der Taunushöhenzug in den melierten Himmel. Jugend-Diskothek am Bahnhof, Einlaß 19 Uhr.

Wörscht oder Quagga

Von Tom Wolf

Bamberg war wie ein Stück DDR, das sich auf wundersame Weise in Bayern gebildet hatte. An Marodizität stand die Stadt vor zwanzig Jahren Weimar oder Wittenberg wohl nur unwesentlich nach. Kürzlich hielt ich mich dort für ein paar schreckliche Wochen wieder einmal auf. Wenig war verbessert worden. Im Fünfminutentakt schraubten sich die Lastkähne an meinem Fenster vorbei und ließen die Uferstraßenhäuser erbeben. Überflüssigerweise machten sie auch noch mit Tuten auf ihr Kommen aufmerksam. Eine eingetretene Glastür trennte meine Notunterkunft vom Rhein-Main-Donau-Kanal; eine fehlende Tür vom struppigen Hinterhof. Der Keller steckte voller Holzabfall, der obere Stock voller holzverheizender Deppen. Dauernd brüllten sie irgendwas Unentwirrbares von Sauberkeit, Ordnung, Kehren und Aufräumen. Sie schütteten Fleischabfälle in die sonnenbeschienene Biotonne, was mir zum ersten Mal Gelegenheit gab, jenes knisternde Geräusch wahrzunehmen, das dicke Fleischmaden machen, wenn sie sich in großer Zahl umeinanderringeln. Es ist dies ein gutes Sinnbild für das Fundament, auf dem der Herrgott an einem Donnerstagnachmittag die Erzdiözese Bamberg hingeknetet hat. Und weil er an fette Maden dachte, knetete er gleich das einzige Papstgrab nördlich der Alpen mit in den gärenden Sumpf.

Der Main biegt noch immer beschämt vor der Stadt ab und nimmt nur widerwillig die neuralgisch veralgte Regnitz auf, die aus Bambergs Rattenloch, dem »Klein Venedig« genannten Viertel, zu ihm hingerauscht kommt. Bunt beschmiert protzt mitten im Flußzentrum der Stadt neben dem Wandschriftzug »Bäckerei Fick« das Insel-Rathaus, von der Brükkenheiligen Kunigunde mit einem irren Lächeln kommentiert. Nach altem Herkommen, über dessen Unsinn niemand mehr so richtig Bescheid weiß, betet jeder Heimische täglich den Bamberger Reiter an, der zum Schutz vor Wind und Wetter in einem viertürmigen Schuppen an eine Säule geknüpft ist. Vielleicht geschieht es, um sich vorzustellen, wie es wäre, wenn man einfach den Gaul aufzäumen und abhauen könnte. Sollten überdies drei Worte genügen, Bambergs Kultur zu beschreiben, würde ich sagen: Bier, Literatur und Wörschtwagn.

Zum Bier gibt's geteilte Meinungen. Schorsch Fritz Hegel, der in Bamberg Zeitungsschreiber war, konstatierte: »Das Bier hier ist gut.« Jürgen Roth und Michael Rudolf dagegen, die zum Vergleich alle Biere tranken, entschieden (vgl. *Bier! Das Lexikon*, Leipzig 1997): »infernalische Brühe, eine Anstiftung zur Straftat, besser verklappen«. Schade für die Bierstadt. Ich für meinen Teil habe die karzinogene Rußlösung als Studiosus munter in mich hineingetrunken, am liebsten auf dem *Wilde-Rose*-Keller, wo E. T. A. Hoffmann einst interessiert den Tod eines Nachbargastes mit ansah.

Bambergs Literatur ist beinahe noch abgestandener als ein Glas steinaltes Rauchbier. Schon der erste Renner der deutschen Epik, Hugo von Trimbergs *Der Renner*, war eher ein Flop und grassiert heute nur als altdeutsche Landplage bei Germanisten zur Ausbildung. Ezzo von Bambergs *Ezzolied* und Willirams *Hohelied*-Paraphrase kamen nie in die Charts, genausowenig wie Hans Morpers mundartiges *Haanzlesgörch* und Gerhard C. Krischkers bärümds *fai niggs bärümds*. Arno Schmidts selbsternannter Stellvertreter auf Erden, der Sätzewürger Hans Wollschläger, bastelt nimmermüde hinterm Dom am nie erscheinenden zweiten Band seines einteiligen Romantorsos *Herzkranzgefäße*. Hin und wieder, wenn ihm die Gegenwart normaler touristischer Sterblicher zu lästig wird, schimpft er nietzscheanisch auf die »Vielzuvielen« oder knufft seinen alten Indianer-Teddy Karl May, an den die Bamberger ein ganzes Museum verschwendet haben. Der vormalige Erzbischof – »Erz-Elmar« genannt und während meines zweiten Bambergaufenthaltes schon im wohlersoffenen Vorruhestand – hat Wollschläger vorzeiten das Orgeln im Dom verboten, und daher rührt wohl die ganze Misere dieses wandelnden weißen Rollkragenpullovers mit solariumgebräuntem Inhalt. Der Sage nach trägt Herr W. Heizpantoffeln beim angelegentlichen Nachdenken.

Ja, und was ist mit dem schreibenden Kapellmeister Kreisler alias Ernst Theodor Amadeus Hoffmann? Ach ja – der Hoffmann. Den mußte ich in Bamberg gerne lesen, auch wenn ich nie recht begriff, warum. Die Titel seiner Geistergeschichten haben sich mir tief eingeprägt, weil sie gut ins Stadtbild passen: *Das Sandmännla*, *Der blöde Topf*, *Das spröde Haus*, *Kater Carlo* usf. Am besten, weil verschwurbelsten, war *Das Teufelselixier*, womit wir wieder beim Bamberger Bier wären. Es bringt riesige rote Nasen hervor. Lebendes Zeugnis dieses Effekts war der Heimleiter des zweitürmigen Sankt-Anno-Wohnsilos, in das es mich beim ersten Bambergbesuch gottgefällig verschlug. Besonders rot glühte die Heimleiternase, wenn ein Bewohner des Männerturms nach der allwöchentlichen hauseigenen Kneipensitzung spätnachts im Frauentrakt erwischt wurde. Schlaflose Monate waren das dazumal. Meine Zimmernachbarn kamen aus dem Trinken und Lärmen nicht heraus. Anfangs tat ich eifrig mit, schließlich aber erinnerte ich mich an das Wohlergehen meines unformatierten Gehirns und erfand den persönlichen Wachsstopfen-Kissen-Ganzkörpergehörschutz. So wollte ich mich fürs Studieren fit halten. An selbiges war leider nicht zu denken. Die frischgestrichene Universität besoldete ja nur zwei Philosophie-Professoren. Einer von ihnen, mehrere untersetzte Meter hoch, mit ständig rotgeschwollenen Bäckchen, war Neuscholastiker und hieß seines monotonen Vortrags halber auf fränkisch »Die Schallpladde«. Hier war außer schwachsinnigen Gottesbeweisen nichts zu holen. Der zweite, ein ehemaliger Jesuit, schmiß die Frauen aus seinen Seminaren, sprach alle fremdländischen Namen deutsch aus (Beispiel: Berkeley = Bärkelei) und begrüßte mich mit der unübertroffenen Formel: »Warum schaust du mich so dämlich an?« Einmal nur war mir dieser alte Drecksack ein Grund zur Freude, als er nämlich mitten im schlechten Vortrag die heiße Glühbirne am Rednerpult anfaßte. Den Schrei hätte ich gerne auf Tonband mit nach Hause getragen!

Gegen Ende meiner beiden Bamberg-Aufenthalte hielt ich mich fast nur noch im Naturkundemuseum – wo das 1883 ausgestorbene Quagga zu sehen ist – und bei den Bamberger Wörschtwagn auf. Letztes sind beräderte Kabinen, in denen die berühmten Bamberger Rostbratwürste feilgeboten werden. Bamberger Rostbratwürste sind Rostbratwürste, deren Rostanteil den Bratwurstanteil bei weitem überwiegt. Touristen, Studenten, Tschi Ais, einheimischen Waibla und einheimischen Männla behagt's gleichermaßen. Albrecht von Eyb, mittelalterlicher Eheberater, hat geschwärmt: »Wenn Nürnberg mein wär', wollt' ich's in Bamberg verzehren!« Mit anderen Worten: 100 Milliarden Rostbratwürste mit einer Billiarde Hektoliter Rauchbier die Regnitz hinunterspülen. Und dann dem lauschigen Hain, einem kilometerlangen Flußuferpark, und dem armen ausgestorbenen Quagga Nimmerwiedersehen sagen und Bamberg mit seinen Maden, Kräuterwaibla und katholischen Brieftauben endlich ganz vergessen – endlich!

Wäre das schön.

Meine Orte

Von Bernd Rauschenbach

Allow me to introduce myself:

Geboren wurde ich Sommer 1952 mit einem Plastiklöffel im Mund, und zwar am Fuße des Berliner Kreuzbergs, im Bezirk Kreuzberg. Nicht im proletarischen SO 36, sondern am relativ gutbürgerlichen Mehringdamm – immerhin Franz, nicht Walter – und immerhin Hinterhof, Quergebäude, 4. Stock.

Mein ebenfalls in Berlin geborener Vater, ein wegen Reichsarbeitsdienst, Wehrmacht und Kriegsgefangenschaft (Straßenbau im Kaukasus mit erfolgreich abgeschlossenem Histomat-Lehrgang) verhinderter Chemiker, bemühte sich in den fünfziger Jahren erfolgreich als inzwischen gelernter Maurer, meine schönsten Spielgründe (die letzten Trümmergrundstücke und Ruinen und die ersten Baugruben) in Sozialbauwohnungen mit »Kunstambau« (was immer das sein mochte) umzuwandeln. Später bildete er sich nach Feierabend zum Beton-Polier weiter und wurde schließlich Oberbauleiter – heute scheint er, als Rentner, vornehmlich davon zu leben, heimatkundliche Wanderungen durch die Mark Brandenburg zu machen oder archäologische Ausgrabungen in Nahost und Südamerika zu besichtigen.

Meine Mutter (durch Flucht aus Ostpreußen und jahrelange Verschleppung nach Sibirien verhinderte Musiklehrerin) zeigte mir, sobald ich alleine laufen konnte, wirtschaftswunderliche Reihenhäuser in Tegel, die architektonisch und sozial funktionierende Hufeisensiedlung in Britz (von Bruno Taut entworfen, mit Erich Mühsam als prominentestem Mieter – was ich freilich erst viele Jahre später erfuhr, als ich längst wußte und meist verabscheute, was »Kunstambau«

war) und feine Villen am Wannsee – weniger aus heimatkundlichem Interesse, sondern weil sie bei den jeweiligen Bewohnern saubermachte und ein Kindergartenplatz weder finanziell noch pädagogisch drin war. Heute scheint sie vornehmlich davon zu leben, den Betonköpfen ihrer ostpreußischen Landsmannschaft zu erklären, daß Russen auch Menschen sind und Ostpreußen zwar schön, aber endgültig perdu ist. (Vor zwei Jahren habe ich mir mal die Gegend anschauen können, in der sie aufgewachsen ist. Von ihrem Dorf steht kein Haus mehr: Es ist, wie viele andere Orte in Nord-Ostpreußen, erst 1968 nach Unterzeichnung der Ostverträge auf Breschnews Anordnung zerstört worden: unschön, aber nicht dumm.)

Was das alles soll ...??.. – – Ja kann man denn über Heimat, Zuhause und Wohnorte reden, ohne seine Herkunft kurz vorgestellt zu haben?

Nö.

Was also waren die Ortseindrücke der ersten Jahre?: Ruinen, Provisorien, Wandel, Abriß, Aufbau? – Ja, schon. Aber diese Wörter sind Konstrukte späterer Jahre, späterer Erinnerungen. Sie bezeichnen kein originäres Erleben. Wenn ich nicht lüge, war das stetige Alltags- und Normalgefühl durchaus das des Nicht-Stetigen, des Wandels. Aber da der Wandel alltäglich war, wurde er andererseits nicht als solcher wahrgenommen – vielmehr als stetige Normalität. (Daß sich jetzt die Katze in den Schwanz beißt, sehe ich auch, und vermutlich ist es richtig und gut so.)

Achtundzwanzig Jahre lebte ich auf der Insel West-Berlin, genannt »Berlin«; eine Stadt, die vierundvierzig Jahre Frontstadt und Bollwerk gegen »den Osten« war und die heute am meisten darunter leidet, nun selbst Osten zu sein. Über vier Jahrzehnte prosperierende Kriegsgewinnlerin, und plötzlich steht an jedem zweiten Straßenbaum ein pissender Pole oder ein reihernder Russe – das Leben kann so ungerecht sein, wenn es nur will. – Ich selbst kenne diese Klagen allerdings nur aus den Mündern daheim Zurückgebliebener, denn ich zog schon 1980, als ich dort Arbeit bekam, nach Köln am Rhein.

Gute Güte! Warum denn ausgerechnet Köln!! Das war (wie ich an der Front gelernt hatte) nicht nur der geographische Gegenpol zu Berlin. Das war die Stadt Willi Millowitschs (rülps), die Stadt kleiner labbriger Biere (kotz), die Stadt des Rosenmontags (kotz-kotz), des Adenauer-Katholizismus (kotz-kotz-kotz) und einer Sprache, die man nur verstehen konnte, wenn man wie Heinrich Böll aussah (Ivan, laß mich an den Baum!).

Mit das erste, was ich in Köln sah, war, daß kürzlich eine »Eintrachtstraße« in »Kardinal-Frings-Straße« umbenannt worden war, wovon noch das durchgestrichene »Eintracht«-Schild zeugte; und mir fiel bald ein: Das war der, der um 1949 so ziemlich als erster öffentlich Atomwaffen für Deutschland gefordert haben soll. (Frings, nicht Eintracht.) Die katholische Kirche war dann auch das einzige, was ich in den folgenden zweieinhalb Jahren an Köln nicht liebgewann – d. h. die Firma – der Dom hat schon zu Recht die letzten Kriege überlebt und möge bitte auch die kommenden überstehen. (Das Dom-Kölsch freilich steht auf einem anderen Blatt: Das trinkbarste Bier Kölns ist und bleibt hoffentlich das Päffgen – bitte in der Friesenstraße trinken, nicht in der Altstadt.) Zugegeben: Der Karneval ist von außen schwer zu ertragen; aber historisch interessant bleibt doch immer, daß die Funkenmariechen und Karnevalsgarden, die Säuferorden und Mumpitzuniformen und Narrhallamärsche achtzehnhunderthummtata als Verarschung der preußischen Besatzertruppen entstanden sind. Überhaupt zeichnet den Kölner eine von der Spree aus gesehen schon fast mediterran zu nennende Toleranz und Lockerheit aus, die selbst Willi Millowitsch beim genaueren Hinsehen erträglich und nach zwanzig Kölsch fast liebenswert macht.

Die Jahre '83 bis '86 verlebte ich in Lüneburg. Über die baulichen Schönheiten der Backsteinstadt informiert mehr oder minder zutreffend jeder Reiseführer; über die Einwohner reicht zu wissen, daß sie mehr oder minder klaglos hinnehmen, wie innerhalb ihrer Mauern ein Moravia Premium Pils nicht nur gebraut, sondern auch ausgeschenkt wird. (Ich will nicht ungerecht sein: In Lüneburg gibt es in einer Gasse mit dem schönen Namen Schlägertwiete ein thailändisches Restaurant, das den Besuch der Stadt lohnt; auch kann man einen schiefen Kirchturm sehen. Und das Ostpreußische Jagdmuseum wird dem Vernehmen nach aus Geldmangel bald geschlossen.)

Im Spätherbst 1986 zogen meine Frau und ich näher an unsere Arbeitsstätte, die in einem Dorf mit 140 Einwohnern in der Südheide liegt, 22 km nordöstlich von Celle. Dies Dorf hat zwar einen Gasthof, aber keinen Kaufmannsladen (weiß nicht, wann ich dieses Wort das letzte Mal verwendet habe); und so suchten wir uns ein Haus im nächstgrößeren Nachbardorf 2 km südlich: Eldingen hatte vor zehn Jahren sogar vier Dorfkneipen und eine ganze Handvoll Läden. Drei der Kneipen sind inzwischen geschlossen; die vierte ist mit Hilfe von Karnickeldraht und mehreren Zentnern Moltofill in eine griechische Tropfsteinhöhle verwandelt worden.

Das (nicht etwa auf unsere Gegend beschränkte) Dorfkneipensterben hat seine Ursache im habituellen Geiz und angeborenen Separatismus des Dorfbewohners. Der Dörfler ist nämlich gern bereit, ein geschlagenes Jahr und länger nach Feierabend und an Wochenenden tüchtig zuzupacken, damit er es dann den Rest seines Lebens im kleinen Kreise seiner ewig gleichen Vereinskameraden – – – ja, nun nicht etwa gemütlich und schön, nein: billig und ungestört hat. Und so hat der Tennisverein sein in Eigenleistung errichtetes Tennisheim, der Sportverein sein Sportlerheim, die Freiwillige Feuerwehr ihr Feuerwehrheim, der Schützenverein sein Schützenhaus, der Landfrauenverband seine Landfrauenverbandbaude, der Kegelverein seine Kegelhütte, und die Jäger haben ihren Jägersitz. Die Ausstattung der jeweiligen Heime reicht, je nach Finanzkraft des Vereins, von der einfachen Bierkästenstapelecke mit an die Wand genageltem Flaschenöffner über die Partykeller-Bierdosenzapfstation bis zur professionellen Biertheke. (Nur der Verein der Landjugend muß sich mangels Landjugendkeller zu seinen abendlichen Trinkgelagen um die Bushaltestelle herum versammeln – angeblich plant man aber die Errichtung eines Wartehäuschens in Eigenleistung.) So sitzt der Dörfler an zwei, drei Abenden pro Woche in seinem Vereinshaus und trinkt sein Bier fast zum Einkaufspreis und freut sich, daß er im Kreis seiner Kameraden immer wieder dasselbe reden und hören darf und dabei auch noch Geld spart – denn der Dorfwirt hat neulich schon wieder die Bierpreise raufgesetzt, weil er kaum noch Gäste hat und einfach nicht über die Runden kommt. Wahrscheinlich wird er seine Kneipe eh bald zumachen und mit Ex-Wirten aus den umliegenden Dörfern ein Vereinsheim der Ex-Wirte bauen. (Ist dieses ganze Phänomen eigentlich in Brüssel bekannt? Ich meine: Wie will man ein vereintes Europa zusammenbasteln, wenn Dorfnachbarn nicht mal mehr zusammen in einer Kneipe sitzen wollen???)

Aber von den wenigen Kneipen einmal abgesehen (na ja, und von guten Restaurants, Kinos, Theatern und Konzerthallen – und Zigarrengeschäften) –: Das Leben auf dem Lande ist für einen Städter (und der bleibt man, auch wenn man auf dem Lande wohnt) sehr angenehm. Gerät man als Sommerfrischler aufs Land, muß man von morgens bis abends durch insektenreiche Wälder wandern, sich das Schuhwerk in Sümpfen ruinieren, auf Weiden vor Stieren herrennen, in undurchsichtigen, eiskalten Fischteichen schwimmen, sich die Waden von Brennesseln röten lassen und sein Picknick mit Ameisen teilen. Wie ruhig und gemütlich kann man dagegen als ständiger Landbewohner am Schreibtisch sitzenbleiben. – Herrlich, der Wald da draußen?? – Ja, ja, der steht auch übermorgen noch da. – Was, die Lärchen singen über dem Getreidefeld? Also erstens singen nur die mit »e«, und zweitens singen die jedes Jahr. – Die Natur läuft einem nicht davon, und die Landschaft ist auch demnächst noch schön. Kurz: Vom eigentlichen Land nimmt man nur etwas wahr, wenn mal Besuch aus der Stadt kommt. Und der ist selten. Denn erstens kann man auf dem Land so herrlich konzentriert arbeiten, daß man kaum noch Zeit für Besucher hat; und wenn man doch mal Zeit hat, fährt man lieber selber in die Stadt, um endlich mal wieder Filme, Theater, Bars, Restaurants, von Autos befahrene Einkaufsstraßen und urbane Menschen zu sehen.

Das seit langem erhabenste Natur-Erlebnis jedenfalls hatte ich während meiner letzten Urlaubsreise: Ein sonniger Maimorgen im New Yorker Central Park. Eichhörnchen, alle Vögel Audubons, verschlungene Pfade in »The Ramble« – und dann der atemberaubende Blick vom Südostufer des »Lake« auf die Apartment-Burgen am Central Park West: Mein Ort. – Die zweite, erweiterte Auflage dieser Anthologie möge nicht eher erscheinen, als bis ich dort wohne.

Köpenick – das ist mehr als nur ein Bezirk Berlins und auch mehr als nur der Hauptmann von Köpenick, auf den wir natürlich stolz sind, so wie auf seine Streiche, über die die ganze Welt vor nunmehr 90 Jahren schallend lachte.

Dr. Klaus Ulbricht, Bezirksbürgermeister

Vorstadt mit Vorsatz

Von Rayk Wieland

Ah ja: So wacker und so vital-jovial also, so schlicht und aber auch so unfähig, einen halbwegs geraden Satz aufzusagen, muß er wohl traditionsgemäß auftreten, der von Amts wegen das Bezirksoberhaupt verkörpern darf in dieser Vorstadt, die »natürlich stolz« darauf ist, seinerzeit von dem doch recht einfältigen falschen Hauptmann Voigt übertölpelt und der kompletten Stadtkasse – 4000 Mark und 37 Pfennig waren drin – beraubt worden zu sein, und die dem fabelhaften Hochstapler erst unlängst ein Denkmal setzen ließ: dem eigenen Klein- und Untertanengeist zum ewigen Ruhme. Die es dabei auch nicht belassen kann, sondern außerdem ein »Hauptmann-Museum«, »Stadtführungen, auch mit dem Hauptmann von Köpenick« und alljährlich das »Hauptmannspektakel« auf dem traditionellen Köpenicker Sommer ein- bzw. ausrichtet, auf daß die Kunde von der fortdauernden Subalternität der Stadtteilführungskräfte den herbeigelockten Besuchern bärengroß auf die Nase gebunden werde. Die überdies nicht umhinkonnte, eine Grundschule nach der vermaledeiten Figur zu benennen, den heftigen Protesten der Elternschaft zum Trotz, die es nicht hinnehmen mochte, daß ihre Kinder in einer Einrichtung festsitzen sollten, die unter der Namenspatronität eines notorischen Kleingauners steht. Und die obendrein – man glaubt es nicht und will's schon gar nicht wissen – diesem zähen und albernen

Renommierdreck noch die sogenannten »Köpenicker Weltwunder« meint beifügen zu müssen, sieben an der Zahl und von wahrlich weltverwunderlicher Spaß-, Spieß- und Spukhaftigkeit: »1) Das Gefängnis befand sich in der Straße mit dem Namen ›Freiheit‹. 2) Der Ratskeller befand sich im Obergeschoß. 3) Eine Frau, Adelheid von Flemming, gründete in Köpenick einen Jungmännerverein. 4) Im Jahre 1882 begann der Lehrer Maximilian Dummer seinen Schuldienst. 5) Als Arzt hielt ein Doktor Adolf Todt 28 Jahre lang den Köpenickern die Treue. 6) Das Krankenhaus stand an der Friedhofsmauer. 7) Seit 1871 hieß der Bürgermeister Gustav Borgmann, der zum Pensionsantritt eine wohlgefüllte Stadtkasse übergab.« Ein Glück fürwahr, daß es nur sieben klassische Weltwunder und nicht 140 gibt, zweifellos hätten die komischen Köpenicker noch 133 weitere Minimirakel vorzuweisen. Denn so kurios und skrupulös weltbewegend geht's und ging's hier nämlich, über Jahrhunderte schon, immer zu und ab und jedem auf die Nerven. Das heißt natürlich nicht jedem, sondern bloß manchen bzw., bei Licht besehen, den wenigsten – ja, Gott sei's geklagt, kaum einem.

Nichts gegen die Köpenicker, einige meiner besten Freunde und nächsten Anverwandten sind durchaus Ächtung, äh: Achtung heischende Respektspersonen, doch der große Rest des Vorstadtschlages, nach jahrelanger Inspektion sei's kundgetan, ist allerdings komplett am Arsch und blöd. Menschen, die sich entschlossen haben, die Nachteile des Stadtlebens mit den Nachteilen der semiprovinziellen Abgeschiedenheit zu verbinden, und die alltäglich über eine Stunde »nach Berlin« und wieder zurück kutschieren müssen, um trinkbaren Wein und tragbare Schuhe einzuholen, können kaum auf Absolution hoffen, zumal sie's noch mit dem ominösen Stolz des vermeintlich Privilegierten tun. Das sogenannte richtige Leben im Falschen, nach Adorno noch den allermeisten im real existierenden Spätkapitalismus verwehrt, hier scheint's irgendwie doch vonstatten zu gehen. Richtiger lebt wohl niemand im Falschen als der richtige Köpenicker in seinem falschen Bezirksrevier. Falsch ist in der Tat alles, was sie haben und worauf sie »natürlich stolz« sind:

vom oben erwähnten Schuster-Hauptmann bis zum Image von der »grünen Lunge« Berlins, die offenbar der völlig zerlatschte, überrannte und mehr und mehr versteppende Müggelwald vorzustellen hat. Falsch auch die Fischerkatenkiez-Romantik, welche bloß die unzumutbare Wohnqualität in den paar Häuserchen am Spree- und Dahmeufer kaschieren soll; ebenso falsch die Legende vom Künstler- und Dichterbezirk, die gepflegt wird wie sonst nur der älteste Hut, weil um die Jahrhundertwende ein paar Freunde des künstlichen Satzbaus (Bölsche, Hille) versehentlich in Friedrichshagen gelandet sind und weil nach dem Krieg Johannes Bobrowski die kümmerliche Tradition – vergeblich – fortzusetzen gedachte. Bekanntlich gibt's zwei Sorten Dichter und Künstler – diejenigen, die *nach* Köpenick kommen und folglich keine sind, und diejenigen, die *aus* Köpenick kommen und es demzufolge sehr, sehr schwer haben – wie z. B. ich –, die erlittenen Demütigungen späterhin durchzuarbeiten und sich der fatalen Prägung, die sie dem öden Stadtstrich verdanken, zu entledigen.

Ich wuchs auf bzw. wurde großgezogen im weltbekannten Allende-Viertel, einer kalt gekachelten und rechtwinklig zusammengestellten Neubausiedlung, die 10000 Menschen Quartier bot – auf einem Platz, der für hundert Kleinfamilien nicht zu groß gewesen wäre. Die nicht eben weitläufigen Freiflächen zwischen den Häuserkästen belegten ein paar Schulen und Kindergärten, Frisör und Blumenladen, außerdem *Kaufhalle*, Klubgaststätte und Post – allesamt ausschließlich dem Utilitarismus verpflichtete Baueinheiten, die den Monokosmos bildeten, in welchem ich, umgeben von Vollzeitalkoholikern und enervierenden Nachbarn, verfolgt von harschen Lehrerinnen und hinterhältigen Hausmeistern und verprügelt von den mißratenen Schülern der älteren Klassenstufen, heranzureifen hatte. Ein Entkommen war nur möglich in Richtung der paar erbärmlichen Kiefernschonungen hinter den großen Parkplätzen oder in die verrottete Altstadt, die jedoch nach und nach abgerissen und durch immer verstopfte Hauptverkehrsstraßen ersetzt worden ist. Oh, Ohnmacht der jungen Seele, uh, Unort der Kindheit! Wenn nicht zwei Gerechte unter einem Dach leben können, wie dann 10 000 Ungerechte in dieser schönen neuen Plattenwelt? Wo die Wände nicht nur Elefantenohren hatten, sondern noch weitere Ausscheidungsorgane, durch welche Mensch und Haustier der oberen Stockwerke ihre Fäkalien auf die weiter unten durchregnen ließen – wofür sich diese wiederum revanchierten, indem sie Ratten und Mäusen freies Geleit nach oben sicherten.

Mögen andere von ihrer güldenen Heimstatt sprechen, ich spreche von meiner güllenen – nein, das tue ich lieber doch nicht. Denn hier sollen nicht kleinliche Privatscharmützel und kummervolle Kindheitserinnerungen herhalten, den Ruf des in Rede stehenden Stadtbezirks zu blamieren. Dies muß auch ernsthaft nicht mehr extra erwogen und bewerkstelligt werden. Denn wenn Köpenick jemals irgendwas zu bedeuten, eine Art Ruf hatte, dann nicht als »Urlaubsparadies« (Eigenwerbung), Dichter-und-Denker-Heimstatt oder Weltwunderplatz, sondern als: Arbeiterbezirk. Nachdem aber ab 1989 nahezu alle ansässigen Großbetriebe stillgelegt und museal drapiert wurden – auf dem riesigen Gelände des ehemaligen Kabelwerks Oberspree (KWO), der vormaligen Rathenau-Werke, entsteht gegenwärtig, inmitten der Industrieruinen, ein ominöser japanischer Garten –, ist es Asche damit. Köpenick, speziell Schöneweide, der Arbeiterbezirk Berlins, existiert nicht mehr, ist praktisch ausgelöscht, weg. Und hat aber noch, im Gegensatz zu Karthago, das nach dem dritten Krieg nicht mehr auffindbar war, oder Pompeji, das Generationen von Archäologen mühsam wieder freipinseln mußten, relativ gut erhaltene und teilweise bewohnte historische Anlagen vorzuweisen, die eine ausgiebige Besichtigung verlohnten. Doch eher landet eine Sonde auf dem Mars, als daß sich Pfadfinder mal hierher bemühen, die verbliebenen Gehäuse und ihre Bewohner zu beschauen.

Indes wäre es freilich nicht schade drum, wenn der Stadtteil ganz von hinnen ginge, ohne daß ein Aufheben davon gemacht wird. Ich würde es begrüßen, wenn nicht sogar fordern, allein schon einer Geschichte wegen, die all das bündelt und verdichtet, was diesen Stadtteil so unerträglich macht, und die vielleicht am Ende doch nicht vergessen sein sollte. Es handelt sich um den wohl gräßlichsten Verkehrsunfall des Zeitalters, bei dem ein Mann im Auto von einer Straßenbahnschiene perforiert wurde, die sich aus der Straße gelöst und Fahrzeugboden, Fahrersitz und Eingeweide des Opfers durchbohrt hatte. Ich stand dabei, zehn Jahre alt, in der Müggelheimer Straße, und sah die gespenstische Pfählung mit eigenen Augen. Tags drauf wurde die Schiene wieder festgeklebt, und alles fuhr, als wäre nichts geschehen, routiniert drüber weg. Nicht fort von diesem Unheilsort auf Nimmerwiedersehen. Nein, nur immer hin und her und raus und wieder rein. Rund um die Uhr, pausenlos, bis heute.

Nur ich hab's dann – und bin recht froh drum – doch vorgezogen, anderweitig abzuleben.

Lob des lehrerlosen Sommers

Von Wiglaf Droste

Woran erkennt man, daß der Sommer vorbei ist? Daran, daß die Lehrer wieder da sind.

Wie angenehm war das Dasein doch, als sie fort waren: leer das Gartenlokal, nicht wüst und leer, sondern schön leer; und frei auch von Lehrernachwuchsgeplärr, denn Nachwuchs bastelt sich der Lehrer gern und reichlich, allein schon, damit er auch nach Feierabend und am Wochenende noch etwas zum Quälen hat.

Himmlisch war die lehrerabsenzbedingte Stille, ertönte doch kein Erziehungspersonal- und Ehrgeizgezeter über die durch die Bank egalweg Stück für Stück natürlich hochbegabte, überdurchschnittlich intelligente und entwickelte Brut; auf das Ergebnis seiner Zucht und Aufzucht nämlich ist der Lehrer auf ähnliche Weise stolz wie der Nationalfahnenschwenker auf sein Vaterland: Er projiziert und prengelt seine Zwangsvorstellungen hinein und singt dabei von Liebe.

Dann ist der Lehrer zurückgekommen. Warum? Aus Bosheit? Bestimmt. Weil man ihn da, wohin er verreiste, auch nicht mehr länger behalten wollte? Man kann es sich lebhaft vorstellen; schließlich hängt der Lehrer dem Aberglauben an, er sei eine Bereicherung für die Welt, und merkt dementsprechend nicht, wie er anderen auf den Sack geht.

Auf fremder Leute Nervenkosten erfrischt, ist der Lehrer ganz unverändert in seine Stadt zurückgekehrt und trampelt wieder durch das Quartier, das er am liebsten hat, weil's dort so viele von seiner Sorte gibt; gemeinsam haben sie dafür gesorgt, daß die Grünen hier mehr als ein Drittel der Wählerstimmen bekommen, was wiederum den Bezirk noch attraktiver macht für noch mehr die Grünen wählende Lehrer, die den Stadtteil aber nicht Stadtteil nennen oder Bezirk, sondern mit salbungsvollem Understatement: Kiez. Und der Kiez, das ist ihre feste Überzeugung, sei eine Art verlängertes Wohnzimmer; damit auch ganz sichergestellt ist, daß der angenehm anonyme öffentliche Raum gänzlich verschwindet, gebärdet man sich hier folgerichtig so wie privat, denn man ist ja unter sich.

Unter sich sein geht so: Im Straßenlokal bedient ein Wirt, der ein selbstgemachtes Kleinkind auf dem Arm trägt. Entsprechend schleppend erfolgt die Bedienung; zur prophylaktischen Abwehr jeder berechtigten Kritik, und sei sie auch nur scherzhaft oder milde ironisch vorgebracht, hat sich der Wirt einen Gesichtsausdruck angeschraubt, der jeden zum Menschenfeind stempelt, der für sein unprofessionelles, wurschtiges Gebaren etwas anderes übrig hat als klebriges Einverständnis. Am Nebentisch hockt, ebenfalls ein Eigenbalg im Arm, ein demonstrativ hochengagierter Vater, einer jener Vertreter, die einen Geburtsvorbereitungskursus nur deshalb besuchen, um auch auf diesem Felde noch alles besser zu wissen und bei der Entbindung zu ihrer Frau sagen zu können: »Schatz, du preßt falsch.«

Jener Mensch nun posaunt, mit dem Finger auf sein Kind zeigend, durchs Lokal: »Maruscha hatte die Masern! 14 Tage!« Warum er das tut? Da das Lehrerkind sonst noch nichts Vorzeig- und vor allem Vergleichbares aufzuweisen hat, muß es wenigstens die schlimmsten aller Masern gehabt haben, Hochleistungsmasern quasi. Den beiden gegenüber sitzt eine Frau, deren wollige Waden die Vision von hundert elektrisch brummenden Rasierapparaten entstehen lassen; auch sie quetscht einen Säugling an sich und stopft einen Brei in ihn hinein, den sie, wie sie zu betonen nicht müde wird, »selbst gemacht« hat.

›Genauso sieht der graue Pampf auch aus‹, möchte man ihr zurufen, ›wie von Frau Sauertopf persönlich angerührt‹, aber da verkündet sie schon: »Meiner ist ein guter Futterverwerter!« – mit einer Begeisterung, die aus dem Verdacht, Gesundheitsfixiertheit und blanke Dummheit speisten sich aus ein und derselben Quelle, eine Gewißheit macht.

Irgendwann ist auch dieser Nachmittag verquasselt; Lehrerin und Lehrer dackeln nach Hause, ihrer Bestimmung entgegen: ohne Nachtisch ins garantiert verkehrsberuhigte Bett.

Wo ich wohne

Von F. W. Bernstein

Im Hinterhof lärmen die Vögel. KRAH KRAH KRAH die graue Krähe; KREISCH die Elster; und die Tauben? GURRIDIOUH!

Ist Steglitzens Katz' wieder ohne Glöckchen unterwegs, was doch verboten ist?

Herr Z. erzählte vom Bussard, der das Elsterkind gefressen und den er fett und satt auf Nachbars Terrasse habe hocken sehen.

Ein Flug Mauersegler von links.

Hoch droben der Rettungshubschrauber Richtung Klinikum.

Drunten den Rasen muß ich noch scheren mit dem alten motorlosen Rasenmäher. Erst aber weiter im Text:

Aus dem Haus geht's raus nach links leicht bergab. Hinauf der Blick zu den Bäumen am S-Bahndamm, der schützt uns vor der Düppelstraße, und nur leise summt die Autobahn – nicht laut genug für den hoch subventionierten Einbau schallschluckender Fenster aus Bundesmitteln, Frau F. hat's messen lassen.

Folgende Malerköpfe sind in kürbisgroßen Medaillons auf die Fassade des Nachbarhauses zwischen den Fenstern im 1. Stock gemalt, v. l. n. r.: Hans Holbein d. J., Raffael, P. P. Rubens, Albrecht Dürer. Der ganze Häuserblock steht seit über einem Jahr unter »Ensembleschutz«, das Amt für Denkmalschutz verbietet jede Fassadenveränderung, auch die Anbringung weiterer Porträts wie z. B. Hockney, Yvonne Kuschel, Eugen Egner, Michael Sowa, Bernd Pfarr, Rudi Hurzlmeier.

Weitergehen, weitersehen.

An der Ecke zur Robert-Lück-Straße kriegt mich der Windstoß zu fassen, der dort immer lauert. Die Tür steht auf. Was ist das bloß für ein Geschäft? Kein Schild, kein Name; verkauft wird nichts. Der Geschäftsmann im blaugrauen Kittel, wie Hausmeister oder Verkäufer im Baumarkt ihn tragen, steht vor der Tür. Ein Kleinlaster ist vorgefahren, Pakete und kleine Kisten werden hineingetragen. Im Vorübergehen sah ich drinnen an Stellwänden Stecker, Steckdosen, Kabelteile, Muster von Beschlägen – Rätsel der Heimat. An der nächsten Haustür spricht einer ins Klingelschild: »Ich bin's; mach auf!«

Komm du bloß heim!

Ich geh' weiter. Über dem Schaufenster des folgenden Hauses steht blau auf weiß auf Glas, das abends leuchtet: »SCOUT – Pfadfinder – Camping – Ausrüstung – Die Kaufstätte der Jugend«. Das, sagte mir ein Kollege, der dort in seiner Vergangenheit in der Bündischen Jugend Zeltheringe, Wimpel und Wanderschuh' gekauft habe, sei ein traditionsreiches Geschäft. Auf der anderen Seite der Robert-Lück-Straße/Ecke Südendstraße hat diese Tradition vor hundert Jahren ihren Ausgang genommen. Der »Wandervogel« wurde dort im Gymnasium Steglitz erfunden, und die »Jugendbewegung« nahm – mit Erlaubnis des Herrn Gymnasialdirektors – ihren Lauf. Robert Lück hieß der Direktor – Sie erinnern sich? In seiner Straße folgt auf die *Kaufstätte* ein Trödel: *Antik Nostalgie An und Verkauf*. Das Gymnasium Steglitz aber heißt heute Heese-Gymnasium, nach Johann Adolf Heese, der lange vor den Wandervögeln hier in der Gegend Maulbeerplantagen anlegte und eine große gutgehende Seidenmanufaktur betrieb.

Wo die Robert-Lück-Straße in die Albrechtstraße mündet, erhebt sich im Gegenwind das Eckhaus der *Vollreinigung*. Der schwarze Hund, der im Schaufenster saß, ist voriges Jahr umgekommen. Auf einem Schild zeigten es die trauernden Besitzer der Kundschaft im Laden an und baten, von Nachfragen Abstand zu nehmen. Ein neuer Hund, nicht so schwarz, hat den Platz im Schaufenster eingenommen. Hoch oben am Erker über der Ecke sind vier rosa Großklunker mit blinden Neonlettern angebracht: »c«, »a«, »f« und »é«. Als wir 1985 in die Südendstraße gezogen sind, gab es das Eckcafé noch.

Das Verkehrsaufkommen der Albrechtstraße ist beträchtlich und fließt, vorbei am Fliederstrauch über dem Imbißhäuschen, unter der S-Bahnbrücke und der Autobahnunterführung stadteinwärts. Zur Linken sehen Sie unser Hochhaus, den Steglitzer Kreisel. Die Älteren unter uns erinnern sich vielleicht noch an die Investitionsruine, den Spekulationsschwindel, die Pleite – ein Skandal der sechziger Jahre. Wie es vor dieser Affäre dort aussah, hat Herr Z., der Maler, der unter uns wohnt, auf einer großen Radierung altmeisterlich geätzt und bewahrt: »Der Albrechtshof«, ein wunderlicher Bau, zum Abriß verurteilt.

Albrechtstraße: In die *Pferdetränke* trau' ich mich nicht. Am Fenstertisch sitzen schon am späten Vormittag kühne braungebrannte Trinker mit Stirnband, Bart und Hund. Und wer hockt im *Gemütlichen Steglitzer* am Tresen und sagt: »Hans, machst mir noch 'n Bier?« Ich nicht.

Ich geh' lieber furchtlos in die Bäckerei Ecke Heese: »Zwei Schuster, zwei Schrippen und zwei Mohn!« Ich geh' gern in die Buchhandlung und oft in den Copy-Shop, auch wenn der jetzt *pro business* genannt wird. In der Vorkopierzeit war da ein Gardinengeschäft; das hatte mal ein Schild im verbretterten und vernagelten Schaufenster: »Hat uns der Sturm auch noch so sehr getroffen, / so bleibt doch unser Laden offen.«

Ja, ich geb's zu: Ich wohne in Steglitz.
Ich hab's zur U-Bahn nicht weit;
ich hab's zur S-Bahn nicht weit,
und die Bushaltestelle ist nah.
Mir reicht das.

Ein keineswegs zu knapp bemessener, trotzdem nur wenig erhellender Streifzug durch die Geschichte einer schwer zu begreifenden Stadt

Von Fritz Tietz

Als Anton Pawlowitsch Tschechow am 8. Juni des Jahres 1904 mit der Eisenbahn von Berlin nach Badenweiler im Schwarzwald reiste (wo der bereits schwerkranke russische Schriftsteller wenige Wochen später verstarb), passierte er, über die Ost-West-Schiene via Ruhrgebiet fahrend, auch das auf halber Strecke zwischen Hannover und Dortmund gelegene Städtchen Bielefeld, in dessen Bahnhof es einen fahrplanmäßigen zehnminütigen Aufenthalt gab. Durch seine ihn begleitende Ehefrau Olga ist überliefert, daß Tschechow kurz hinter Hannover von der Reisemüdigkeit übermannt worden und eingeschlafen war, so daß er von Bielefeld zunächst keinerlei Notiz nahm. Erst während der Fahrt durch die gut 30 Kilometer hinter Bielefeld auftauchende Ortschaft Gütersloh sei er erwacht und habe sich über den für einen Russen gleichsam exotisch anmutenden Namen »Gütersloh« sehr amüsiert gezeigt. Daraufhin sei er jedoch von Gattin Olga auf die soeben durchfahrene Stadt aufmerksam gemacht worden, deren Name, Bielefeld nämlich, einen, wie sie meinte, noch weitaus ulkigeren Klang besäße. Tschechow habe dem vorbehaltlos heiter zugestimmt, ehe er erneut in die Sitzpolster gesunken sei, um sich eine weitere Mütze Schlaf zu gönnen.

Nachzulesen ist diese kleine Episode in einer Broschüre, die, vom Bielefelder Heimattümler A. Liebold herausgegeben, mit *Unser schönes Bielefeld in der Literatur der Welt* betitelt und immerhin zwölf Seiten stark ist. Das vermutlich

Gruß
von den
1. BIELEFELDER
MARASMUS-MEISTERSCHAFTEN

einzige noch erhaltene Exemplar dieses Anno 1930 im Selbstverlag erschienenen historiographischen Kleinods befindet sich in der Stadtbibliothek an der Bielefelder Wilhelmstraße, wo es der literaturgeschichtlich Interessierte unter Aufsicht einsehen, natürlich aber niemals ausleihen kann. Ohne Probleme bekommt er dafür *Die Illustrierten Jahresberichte des Statistischen Vereins zu Bielefeld* ausgehändigt, die darüber hinaus auch in Buchhandlungen, Tabakgeschäften und einigen Kaufhäusern zahlreich zur kostenlosen Mitnahme ausliegen.

In den *Statistischen Jahresberichten* von 1992 liest man z. B. unter dem Rubrum »Verkehrswegebau« folgendes: »Wußten Sie schon, daß alle Bielefelder Straßen übereinander gestapelt einen Wall bilden würden, mit dem man die gesamte ehemalige DDR 1000 Meter hoch umzäunen könnte? Daß ein einzelner Arbeiter 326 Jahre rund um die Uhr schuften müßte, so er sämtliche Bielefelder Bürgersteige hoch- und anschließend wieder herunterzuklappen hätte?«

Das sind nur zwei der unzähligen Superlative, mit denen man hier die in der Tat ungeheuren Dimensionen und Abmessungen des Bielefelder Straßennetzes zu verdeutlichen sucht. Ein weiterer Vergleich, in dem die Menge der für sämtliche Fahrbahnmarkierungen verwendeten Farbe durch die Anzahl der »Neger«, die damit weiß angestrichen werden könnten, veranschaulicht wird, soll aus hoffentlich verständlichen Gründen unzitiert bleiben. Dabei läßt schon ein beiläufiger Blick auf den Bielefelder Stadtplan erkennen, wie gewaltig die Ausmaße des öffentlichen Verkehrswegesystems sind. Und was zunächst wie ein wild wucherndes Gewirr und schier unauflösliches Knäucl von Haupt- und Nebenstraßen erscheint, entpuppt sich zuletzt als eine durchdachte und höchst effektive Verbindungsstruktur, über die sich quasi jeder Punkt der Stadt denkbar bequem erreichen läßt.

So mag man anfänglich kaum glauben, daß jede Straße tatsächlich einen Anfang und ein Ende hat. Keine der Straßen führt einfach so ins Nichts. Von etlichen Straßen gehen zum Teil mehrere andere ab. Diese bilden Verbindungen zu weiteren Straßen, die sich dann entweder gabeln oder wiederum andere Straßen kreuzen. Am Ende aber stößt jede Straße mindestens auf eine neue Straße, auf der man dann seinen Weg in wenigstens zwei unterschiedliche Richtungen fortsetzen kann. Praktischer geht es kaum. Ein Beweis für den hohen Standard, den die Kunst des Verkehrswegebaus in Bielefeld erreicht hat.

Alle Bielefelder Straßen wurden obendrein, auch dies eine Leistung ohnegleichen, mit Namen versehen. Die Namen beziehen sich größtenteils auf historische Geschehnisse und Persönlichkeiten, die Bielefeld zu jenem blühenden Gemeinwesen machten, als das es heute bekannt ist. So läßt sich an Hand der Straßennamenschilder die durchaus bewegte Entwicklung der Stadt nachvollziehen – vorausgesetzt, man weiß, wer oder was sich hinter dem jeweiligen Namen verbirgt.

So lernt man z. B., daß es vor Klaus Schwickert (dem einzig wahren, wenn auch zur Zeit, aber hoffentlich nur vorübergehend nicht in Amt und Würden stehenden Oberbürgermeister) bereits andere Bielefelder Stadtoberhäupter gegeben hat wie etwa Puhvogel, Pöppelmann oder den legendären Poggenbrink. Man erfährt, daß der innerstädtische Verkehrsbrodelpunkt Jahnplatz ursprünglich den Namen Uli-Stein-Platz erhalten sollte und die Murnaustraße nur deshalb angelegt wurde, um rechtzeitig zum 100. Geburtstag des zu Bielefeld geborenen (und drei Jahre später auf Nimmerwiedersehen von hier verschwundenen) Hollywood-Regisseurs eine Straße vorweisen zu können, die seinen Namen trägt.

Man erfährt und lernt aber auch, daß es sich beim Namenspatron der Bielefelder August-Bebel-Straße keineswegs um den weltbekannten Sozialdemokraten handelt, sondern um einen Metzgermeister gleichen Namens aus dem Bielefelder Stadtteil Oldentrup. Dieser hatte in der Silvesternacht 1920/21 eine vollbesetzte Straßenbahn der Linie 2 gut einen Kilometer weit, nämlich von der Endstation Sieker bis zur Haltestelle Prießallee, gezogen; wohlgemerkt mit den Zähnen, was ihm als erstem Bielefelder überhaupt einen Eintrag ins Guinnessbuch der Rekorde brachte. Dadurch wiederum sahen sich seine begeisterten Mitbürger veranlaßt, eine Straße nach ihm zu benennen.

Eine außergewöhnliche Ehrung, da sie verdienten Bielefeldern für gewöhnlich erst nach dem Ableben zuteil wurde und wird. So auch Bürgermeister Poggenbrink, der von 1347 bis 1413 in Bielefeld lebte und wirkte und zufällig jener Straße zu ihrem Namen verhalf, in der ich 1958 geboren wurde und anschließend aufwuchs.

Untrennbar mit Poggenbrinks Namen verbunden sind die bis heute vergeblichen Bemühungen, aus Bielefeld ein nationales Handelszentrum zu formen. Immerhin vermochte Poggenbrink die Bürgerschaft schon im Mittelalter davon zu überzeugen, daß nur ein ordentlicher Nordseehafen den ersehnten wirtschaftlichen Aufschwung brächte. 1411 begann man, nach den Plänen eines Baumeisters Sudbrack – an ihn erinnert die Bielefelder Sudbrackstraße – ein Hafenbecken unweit des Kesselbrinks (wo sich heute ein malerischer Busbahnhof befindet) sowie einen Kanal »auszuheepen«, der allerdings statt – wenigstens grob – Richtung Nordsee irrtümlich gen Osten vorangetrieben wurde. Fragmentarisch erhalten ist dieser architektonische Kunstfehler in Gestalt der später zeitweise auch als Cloaca Maxima genutzten sogenannten Stauteiche entlang der ostwärts führenden Heeper Straße.

Während einer durch den Hafenbau notwendig gewordenen Bildungsreise, die ihn 1413 auch auf eine Nordseehallig (Halligstraße) führte, ertrank Poggenbrink jedoch im Watt (Wattstraße), weil er spazierengehend von der Flut überrascht wurde. Mit seinem Tod erlosch der soeben erst erwachte Pioniergeist der Bielefelder. Sie stellten die Arbeiten am Kanal ein und erklärten das bereits vollendete Hafenbecken zum heute noch bestehenden Freibad an der Wiesenstraße. Immerhin kamen die Bielefelder solcherart schon im Mittelalter zu einem Freiluftbad mit (inzwischen denkmalgeschütztem) Zehner und Rutsche.

An Poggenbrinks Tod knüpft sich eine interessante Legende, die hier nicht unerwähnt bleiben soll. Ähnlich wie seinerzeit nach der Schlacht bei Marathon wurde die Nachricht vom Tod des beliebten Bürgermeisters durch seinen Sohn Hermann überbracht, der die gesamte Strecke von der

Küste nach Bielefeld in einem gewaltigen Fußmarsch und ohne jede Pause (Pausenweg) zurücklegte. Endlich angekommen, konnte der völlig erschöpfte Hermann jedoch nur noch »De Vadder is dod« stöhnen, um dann seinem Vater in die Ewigkeit zu folgen.

An Hermann erinnern heute nicht nur die Bielefelder Hermannstraße und das ihm zu Ehren erbaute Hermannsdenkmal bei Detmold, sondern vor allem der Hermannslauf, der alljährlich stattfindet und den jeder Bielefelder vor seinem 40. Geburtstag absolvieren muß, so er seine Bürgerrechte nicht verwirken will. Die Route führt vom Hermannsdenkmal über den Kammweg des Teutoburger Waldes bis nach Bielefeld, was in etwa einem Zwölftel der Strecke Nordsee–Bielefeld entspricht, nämlich rund 36 Kilometern. Laufen müssen die Teilnehmer so schnell wie möglich, und am Ziel müssen sie ausrufen: »De Vadder is dod!« Wer's vergißt, muß den mörderischen Lauf im nächsten Jahr wiederholen.

Bielefeld hat natürlich nicht nur bedeutende Männer hervorgebracht. Auch Frauen machten hier reichlich Geschichte, wie mancher Straßenname beweist. Daß es sich bei diesen Straßen in erster Linie um Sackgassen oder Einbahnstraßen handelt (was in Kreisen engagierter Frauen unter Hinweis auf z. B. die Mathilden- oder die Kriemhildstraße immer mal wieder beklagt wird), läßt sich so eigentlich nicht sagen. Als Gegenbeweis sollte man zwar nicht gerade die Turnerstraße nennen (Tina Turner wurde nämlich nicht, wie sie selbst angibt, 1940 in Bielefeld, sondern 1914 im benachbarten Landkreis Herford geboren), dafür aber seine Argumentationsstrategie um so mehr auf die Voltmannstraße stützen, eine zum Teil vierspurig ausgebaute Hauptverkehrsader, deren Name einer Frau, nämlich Josefina Voltmann, entliehen ist, und keineswegs, so wird immer wieder fälschlicherweise angenommen, auf den französischen Philosophen und Literaten Voltaire zurückgeht.

Ein Irrglaube, der sich hartnäckig hält und vermutlich daher rührt, daß Voltaire, als er 1752 für einige Monate in Bielefeld logierte, von den Einheimischen, denen sein französischer Name nur schwer über die ostwestfälischen Lippen gehen wollte, kumpelhaft Voltmann genannt wurde. Wie ausgezeichnet es »Voltmann« übrigens in Bielefeld gefiel, mag man, zumindest nach dem bereits erwähnten Heimatkundler Liebold, daraus ersehen, daß in seinem 1759 verfaßten Roman *Candide* ursprünglich die Stadt Bielefeld jene Rolle übernehmen sollte, die letztlich das sagenhafte Land Eldorado übernahm. Somit wurde Bielefeld darum gebracht, als ewig gültiges Synonym für unermeßlichen Glanz und Wohlstand in den Wissensschatz der Welt einzugehen. Vielleicht mußten die Bielefelder Herrn Voltaire deshalb bis heute die Ehre eines Straßennamens verwehren.

Nicht so der Dame Josefina Voltmann, die, um 1670 (also lange vor Voltaires Abstecher nach Ostwestfalen) geboren, sich zeit ihres Lebens dafür einsetzte, daß auch die Bielefelder Frauen das Recht erhielten, Alkoholisches zu trinken. Erst 1714 wurde solches Recht in der Magna Alkoholica gesetzlich verankert. Josefina Voltmann aber trank sich noch im selben Jahr ins Delirium und verstarb. Die Bedeutung dieses Gesetzes kann nur ermessen, wer bedenkt, welche gewichtige Rolle der Alkohol in Bielefelds Geschichte stets spielte. Und zwar von Beginn an! Die Gründungs-Legende nämlich besagt, Bielefeld sei aus einer Schnapswette hervorgegangen.

Demnach empfing der Landesherr Graf Bewekenhorn im Jahre 1214 auf seiner Burg Ravensberg (Ravensberger Straße) den römischen Bettelmönch Paulus (Paulusstraße), der, aus Friesland kommend, wo er vergeblich zu missionieren versucht hatte (Missionsweg), eine kleine Pause (Pausenweg) einlegte, ehe er die Heimreise (Heimweg) nach Italien fortsetzen würde. Die beiden brachen eine gar fürchterliche Zecherei vom Zaun, die sich über drei Tage hinzog. Während dieses entsetzlichen Umtrunks habe der Römer immer wieder mit der angeblichen Pracht seiner Heimatstadt geprahlt und derart rumrenommiert, daß es den alten Bewekenhorn gewurmt und schließlich zu dem zornigen Ausruf bewogen haben soll, er würde noch im selben Jahr eine Stadt gründen, deren Glanz den von Rom bei weitem überträfe. Als dies der Gottesmann mit unchristlichstem Hohnlachen quittiert habe (Quittenweg), soll er vom Grafen eigenhändig gepackt und – mit Ziegeln beschwert (Ziegelstraße) – in einem 80 Meter tiefen Brunnen (Brunnenstraße) versenkt worden sein.

Ob Dichtung oder Wahrheit, urkundlich belegt ist jedenfalls, daß besagter Graf Bewekenhorn im Jahre 1214 die heute noch existierende und denkmalgeschützte Gaststätte *Bewekenhorn* errichten ließ, eine für damalige Verhältnisse einzigartig dimensionierte Bierschwemme. Damit aber hatte er die wichtigste Voraussetzung geschaffen, um siedlungswillige Menschen anzulocken. Und tatsächlich, getreu dem Bibelwort »Wo eine Schenke ist, da laß dich nieder« (Johannes der Säufer) strömte schon bald eine stattliche Anzahl von Ostwestfalen zusammen und fand zunächst im gemütlichen Schankraum, später in mehr oder weniger festen Bauten um die Kneipe herum eine neue Heimat.

Die ersten Bürger Bielefelds waren Strauchdiebe und Wegelagerer aus den umliegenden Teutoburger Wäldern. Durch die Gründung einer »Ehrbaren Zunft der Kaufmannschaft« gaben sie sich zwar den Anschein von Seriosität, wickelten ihre Geschäfte jedoch weiterhin nach bewährter Methode ab, also durch Betrug, Raub und Trickgaunerei. Da hat sich bis heute nicht viel geändert.

Ab 1414 begingen die Bielefelder das Ereignis der Stadtgründung alljährlich mit einer, wie es eine alte Chronik beschreibt, »gar kleynen aber nichtsdestotrutz feynen Festivitate«, die jedoch nichts anderes als ein wüstes Gelage war und im Gedenken an die gräflich-mönchische Sauferei stets drei Tage anhielt. Frauen waren von diesen Festen ausgeschlossen, da sie »immerzu meckern, zetern und lamentern und allerley Grund herbeizerren, welcher geeignet sey, dem Mannsvolke seine ungehemmten Vergnieglichkeiten zu trüben«. Erst mit der erwähnten Magna Alkoholica wurde es Frauen gestattet, an entsprechenden »Vergnieglichkeiten« aktiv teilzunehmen, wenn auch zunächst nur nackt.

Zu einem Höhepunkt des Gründungsfestes entwickelte sich bald der Umzug der Kaufmannschaft, den zu veranstalten die jeweils zehn bestbetuchten Krämer und Händler der Stadt gezwungen wurden. Man karrte sie auf einem offenen Wagen durch die Straßen, währenddessen sie mindestens die

Hälfte ihrer Barschaft unters entrückte Volk zu werfen hatten. So sich einer der Reichen dieser Umverteilung verweigerte, wurde er unter allgemeinem Hohn und Spott zum römischen Bettelmönch Paulus ernannt und kurzerhand in einem Brunnen ertränkt. So wollten es die damaligen Sitten und Räusche, und eigentlich ist's schade, daß diese schöne Tradition im heutigen Bielefeld keinen Bestand mehr hat.

> Dieses Bonn war […] nicht so anstrengend wie Korea […]
>
> *Wolfgang Koeppen*

Rhein in Flammen

Von Thomas Roth

Bonn, so teilen mir helle Köpfe mit, sei eigentlich nicht der Rede wert, und sich auf diesen Satz zu beschränken, stehe einer Bonn-Beschimpfung gut zu Gesicht. Die Häufigkeit jedoch, mit der solch ein Befund auch durch minder helle Köpfe Verbreitung findet, läßt ihn schon wieder suspekt werden. Bonn, so scheint es, ist die Stadt, die am hartnäckigsten nicht der Rede wert ist, der am ausführlichsten ihre Mediokrität und Langweiligkeit bestätigt, die am ausdrücklichsten der Mißachtung preisgegeben wird.

Mittelmäßigkeit, ja »Mittelmaß« (H. M. Enzensberger) und Langeweile – was soll einem anderes einfallen zu einer urbanen Siedlung, die auf der deutschen Städterangliste Platz 21 belegt (293 000 Einwohner), einer Beamten-, Rentner- und Studentenversammlung, in der sich Wohlstand mit dröger Wohlanständigkeit paart, eingerahmt von städtebaulichen Ensembles, die atmosphärisch nahe am bürgerlichen Wohnzimmer angesiedelt sind. Hier hat man seine Jugend verratzt, und das war's.

Trotzdem: Was heißt eigentlich »Bonn« bei näherem Hinsehen? Und »wo ansetzen«? (G. Grass)

Bonn liegt landschaftlich gediegen, ummantelt von Schlafstädten mit Namen Sankt Augustin oder Meckenheim, aus denen die arbeitenden Massen ins Stadtgebiet eindringen, und gen Köln hingestreckt, wo alles größer, interessanter und 20 Pfennig teurer ist. Bonn bietet Bürgerhäuser mit Schöner-Wohnen-Charme, auf deren Fensterbrettern Getreidemühlen-Sammlungen prangen, Altbauwohnungen, in denen fett-

Aus der Kabarettistenszene

besprenkelte Topfpflanzen ihre Wurzeln durch Resopaltischplatten schlagen, und Wohnkomplexe, in denen soziale Konflikte mittels lindgrünen Fassadenanstrichs gebannt werden. Hier sucht man es nicht umsonst, das für deutsche Städte unentbehrliche *Paulaner-Stübl*, hier kann man sie studieren, die Gesetze des Dönerläden-Rotationssystems, und angesichts zahlloser geheimnisvoll verschlafener Registrierkassencenter, Getriebeölhandlungen und Copy-Shops darüber grübeln, ob hinter deren Schaufensterscheiben nicht bereits russische Mafiabanden ihren Geschäften nachgehen.

Breite Radwege führen zu ausgedehnten Grünflächen- und Parkbank-Assemblagen: Es herrscht Kontemplationszwang, und jene Gelassenheit wird eingeübt, die früher mal Wurschtigkeit hieß. Den Alltag reißen Rasenmähermänner an sich, Lehrerehepaare mit eingebautem Theater-Abo, odierende Karnevalsvereinsangehörige und obsttütenbepackte Matronen, die unartige Radfahrer vor dicke Busse schieben. Die Fähigkeit, Kölsch zu trinken und Stadtzeitungen zu lesen, gilt als guter und gangbarer Weg der Integration ins lokale Milieu. Dort angekommen ist die Bonner Jugend: 22jährige Cappuccino-Kenner, die, in grüne Cordjacken gegossen, scheitelschnittig signalisieren, daß sie jederzeit bereit sind, sich wie 50jährige aufzuführen; schnöselige Gymnasiastenseelen, die ihre gedrehten Zigaretten mit Prittstift verleimen; patinierte Körper, an denen zwecks Lebensgefühlssteigerung Hochplateauschuhe und Reflektorbrillen angebracht sind; sowie haltlose Jugendliche, die man »Szene« nennen und samt Obdachlosen, Junkies und anderen Freizeitparkbesuchern deshalb getrost polizeilich zur Räson bringen darf.

Will man Bonn wohl, dann beschaue man dieses Häuflein von Stadt am besten während einer Busfahrt – und lasse Bilder über Bilder vorbeiziehen: als Abglanz des betörend trivialen, fast schon verwehten Bonner Lebens. Und damit könnte das Thema Bonn erledigt sein.

Doch Bonn sträubt sich, wehrt sich gegen seine Erledigung. Bonn ist nicht nur jenes Problem, das viele andere Städte gleichfalls sind, es hat auch noch eins. Dieses Problem ist der vage Wunsch nach mehr – und die Unfähigkeit, diesem wahnsinnigen Wunsch zu entsprechen.

Der Wunsch existiert, seit Bonn die Ehre widerfuhr, Bundeshauptstadt sein zu sollen; von da ab sah sich Bonn mit der Häme ganzer Heerscharen ungenierter Journalisten, Politiker und Schriftsteller konfrontiert. Bonn, so tönte und dröhnte es Jahr um Jahr, könne den an eine Bundeshauptstadt gestellten Erwartungen nicht gerecht werden, Bonn könne gar nichts, sei »Provisorium« (J. le Carré), unechte Kapitale, ihr fehle das Metropolitane, die herrschaftliche Ausstrahlung, Bonn sei in seiner runden Mäßigkeit überhaupt eine ziemliche Zumutung, BONNDORF KUHDORF, Schluß! Aus.

Wobei, wäre hinzuzufügen, solchen Vorwürfen weniger die Kritik an der glanzlosen Dumm- und Verlorenheit Bonns als vielmehr reaktionäres und nur notdürftig sublimiertes Machtstreben der Kritiker zugrunde lag, die an Stelle Bonns eine Hauptstadt der Prachtstraßen, Siegesalleen und Paläste imaginierten, eine Hauptstadt monumentaler Inszenierungen, in Stein gemeißelter Glorie und deutsch-nationaler Großkotzigkeit.

In Bonn nahm man's sich freilich zu Herzen, und just das Haltlose jener Anwürfe brachte das erbarmungswürdige, mühsam tarierte Bonner Leben aus dem Gleichgewicht. Der Wunsch nach Größe, der Traum, etwas (und wurscht was) zu gelten, sie beherrschen seither das Bonner Denken. Die Stadt sieht sich in eine fast manische Hinundhergerissenheit zwischen Verzweiflung und Selbstverteidigung, Unterwürfigkeit und Trotz, Wohl und Wehe versetzt: Wo soll es langgehen? Und warum? Wer bist du, Bonn?

Man weiß und wußte es nicht, und doch versuchte man sich gelehrig zu zeigen. Man buhlte um den Respekt und die Zuneigung der Lästerer und tat, was wohl getan werden mußte. Also schmückte und schminkte man das Antlitz der Stadt und ließ Staatsoberhäupter vor einem staatsmännisch grinsenden Bürgermeister aufmarschieren; man gab sich kulturbeflissen und baute Kulturtempel, Kulturbahnhöfe und eine postmodernisierte Museumsmeile; man gab sich weltoffen und gewandt, zerrte die im Stadtgebiet lebenden Diplomaten auf internationale Straßenfeste, förderte mit paternalistischer Generosität »alternative Projekte« und feierte die in Straßencafés herumlungernden Spitzbärte als Bonner Boheme. Man ersann das Wort »Erlebniswert« und entwickelte zwecks Steigerung just dieses »Erlebniswertes« neue »Events«, schuf den »Bonner Sommer«, erfand »Rhein in Flammen«, »Rheinkultur« und Rheinschiffahrt und ortete in Bonn jene rheinische Fröhlichkeit, die irgend etwas mit dem französischen Savoir-vivre zu tun haben sollte.

Als dann Bonns Regierungsfunktion wegfiel, hätte das ganze Theater eigentlich mit einem Schlag aufhören können, mußte man doch nicht mehr sein, was man noch nie war. Indes, die Sehnsucht nach großstädtischem Glanz schien mittlerweile in eine wahre Religion übergegangen zu sein: Jeder Zweifel an der liebgewonnenen Liturgie wurde nun mit immer hysterischeren Glaubensbekundungen pariert.

Und so werkeln und zimmern diverse Ingenieur- und PR-Büros weiter unverdrossen an der Stadt herum, werben und planen, entwerfen »Entwicklungszentren« und »Business-Trainee-Programme«, die Professorenschaft revitalisiert den Universitätsdünkel, gründet Forschungszentren wie ZEF, ZEI, CAESAR und Zumtata, und flankiert wird das Ganze von dem sehr gescheit und zukunftssicher in jede noch so vorbeigelaufene Kamera hineinschauenden Gesicht der neuen Oberbürgermeisterin. Aus diesem und anderen *public faces* schallt dem Kritikasterpack mit Wucht und Verve die neue Parole entgegen: Bonn sei und werde immerhin »Bundesstadt«, »Wissenschaftsstadt«, »supranationales Innovationszentrum«, »Kulturwerkstadt«; und wenn dies alles nicht, dann wenigstens »europäische Telekommunikationshauptstadt« (R. Sommer) und »Sexmetropole Europas« (H.-Chr. Schmitz).

Doch auch solch lauttönender Elan bleibt wie alles Bonner Tun und Machen eitel, begleitet vom sicheren Scheitern und einem beinahe bonn-ontologischen Kleinmut, der sich besonders dann nachdrücklich meldet, wenn offenkundig wird, daß die eigenen mannigfachen Selbstüberschätzungen und größenwahnsinnigen Phantasieschloßbauten ein Ding der ganz unmöglichen Unmöglichkeit sind.

So etablierte sich in all den Jahren als verläßlicher Partner der Allmachtsphantasie die trotzige Regression auf das Gegebene. Wenn Bonn schon nicht eine »große, weltoffene Stadt« (H. Böll) sein konnte, mußte man eben die Bonner Wurzeln ausgraben: Sonderbewußtsein ist Sonderbewußtsein. Flugs wurde die durch nichts zu überspielende Bonner Ödnis zur Gemütlichkeit erklärt, pries man jedes in der Stadt herumstehende Fachwerkhaus als Standortvorteil, erspähte man glückliche Heimatumstände auf Wochenmärkten und ließ im Rheinpromenaden-Caprieis-Essen die Rheinpromenaden-Rheinromantik wiederaufleben. Schließlich ward ein Hefegebäck namens »Berliner« noch einmal erfunden und »Bonner« getauft.

Ach ja, der Bonner, übrigens, er ist pathologisch-reziprok mit seiner Stadt aufs innigste verwoben. Zur steten Aufgabe wurde ihm, zu betonen, er kenne kaum eine fadere Stadt als die seine, und, beleidigt und echauffiert, will er doch nichts davon hören. So wird er – im Gegenzug – niemals müde, den ihm recht artgemäßen Zustand bodenständiger Langeweile und »Langweiligkeit« (S. Lenz) zu rechtfertigen mit Hilfe von Projektionen aller Art, zu begründen durch empirische Datenfülle, zu verteidigen unter Hinweis auf schöne Impressionen – wieder und wieder, bis er ehrlich und verzagt leise insistiert: wenigstens sei es doch »irgendwie schön in Bonn«, und: »außerdem habe ich schließlich Freunde hier«.

So wird Bonn doch noch Hauptstadt, Metropole der von existentieller Leere gequälten Beredsamen, der sich mißmutig an der eigenen Bedeutungslosigkeit Abarbeitenden, die – mit einem letzten Anflug von Stolz – ihren Kritikern zuletzt entgegenhalten: Bonn nun also sei, tatsächlich, man könne es nicht leugnen, immerhin: »nicht der Rede wert«.

Braunschweig, ich komm' in dir. Braunschweig, ich häng' in dir.

Anonymus (Herrentoilette der Braunschweiger »Szenekneipe« Panopticum)

Die Stadt des Blockwartes

Von Frank Schäfer

Braunschweig ist – wenn man, vertrauensvoll der A2 folgend, sich auf dem Weg nach Berlin befindet und hinter Hannover jählings Hunger bekommt. Abfahrt Hansestraße raus und ganz schnell zum Schotten, wo einem gleich am Eingang der speichelleckerische »Mitarbeiter des Monats« in hündischer Devotion entgegenlächelt. Bestellen. Zahlen. Setzen. Essen. Der freundliche Autochthone vom Tisch nebenan ist auch sogleich zu einem Gespräch aufgelegt. »Fremd in der Stadt, hm? Wir mögen nämlich keine Fremden hier, müssen Sie wissen!« Jetzt wäre eine Replik überaus tunlich – etwa: »Nur auf der Durchreise. Komme aus dem Südwesten und will heute noch weiter den Fluß rauf.«

Wer gleichwohl noch was sehen will vom Liebreiz des Provinzstädtchens, fährt ein Stück die Hansestraße runter, biegt rechts in die Hamburger Straße ein, Richtung Innenstadt. Linker Hand das Stadion des Traditionsfußballclubs Eintracht (sprich: »Aaantracht«) Braunschweig. Wer kennt sie noch, die alten Recken? Namen wie Vorschlaghämmer: Danielo »Poppi« Popivoda, Franz Merkhoffer (den sie Pferde-Franz nannten), Wolfgang Grzyb (sprich: »Grrtzzschbbb«), Bernd »Schnauz« Gersdorff und natürlich the one and only Bernd »Bernie« Franke, einstmals Nationaltorhüter gar. Kinder, wie die Zeit vergeht. In den letzten Jahren lief's nicht so bei der Eintracht, itzt spielt man drittklassig, hat aber seinen sprichwörtlichen Humor nicht verloren – wie die neue Vereins-CD mit dem änigmatischen Titel *Wir zucken nur auf Dich!* beweist. Ein hanshartziger Grölkämpe, virtuell weht mich die steife Brise an (ja, rauh sind sie, die Burschen im Braunschweiger Land, aber ehrlichen Gemüts) – die maligne Kehlkopfanomalie also meint, seinen lokalsportlichen Enthusiasmus zu kleinen Poetereyen punzieren zu müssen: »Samstag mittach, die Fans gehn steil. Das ist Fußball, das macht geil! Hau die Pocke in das Netz. Come on, letz fetz!«

Wo wir nun schon einmal bei ächtem braunschweigischen Liedgut sind, dürfen wir selbstverständlich den alten Liederjan Teddy Wiener (»Mister 75 Watt«) nicht vergessen: seines Zeichens dienstältester Schlagerzampano Deutschlands. Er kann einfach nicht lassen vom Mikro und seinem silbrig glitzernden Showanzug, der dem rüstigen Mittsiebziger – notabene – immer noch prächtig zu Gesichte steht. »Teddy heizte dem Publikum wieder kräftig ein«, steht allemal am folgenden Tag in der *Braunschweiger Zeitung* – erst jüngst, als er beim Miss-Wet-T-Shirt-Contest im *Tango* musikalisch durch den Abend geleitete. Shine on your crazy diamond.

Folgen Sie mir noch zu einer weiteren – eben jener just besungenen – Brutstätte des brunswigiensischen Schlagers. Schließlich ist gerade »Samstag mittach«, und die Braunschweiger Eintracht hat ein Heimspiel gegen – sagen wir Kiel. Schon schallt vielstimmiger Chorgesang herüber: »Wir haben euch was mitgebracht – Haß, Haß, Haß.« Das dreifach zischende Ressentiment macht uns schaudern. Wir beruhigen uns erst wieder, als die wohlgemute und -bekannte Melodie von »Laß mein Knie, Joe« erklingt: »Ihr seid Kieler, ihr schlaft unter Brücken ...«

Ja, mit der Fremdenfeindlichkeit hat es so seine eigene Bewandtnis hier im Reichsgau Ostfalen, hier, wo der teutsche Spargel dicker und weißer ist, »Ruhm von Braunschweig« heißt (ein Kilo unsortiert 5,– DM, Strippen 2,50 DM) und den alten Erzfeind, den grünen gallischen Erdpimmel, in die Grenzen von '39 verwies. Wie in anderen vornehmlich agrikulturell strukturierten Regionen, deren Bewohner durch widerborstiges Haar, prognathen Kiefer und fliehende Stirne gezeichnet sind, haben die Menschen hier einen Haß auf alle, die anders, ja sagen wir ruhig: schöner sind als sie selbst. Man verstehe mich nicht falsch. Natürlich könnten die Eingeborenen keiner schwarzafrikanischen Fliege was zuleide tun, aber wenn der Bimbo der gegnerischen Mannschaft an den Ball kommt (leider ist das in der Oberliga viel zu selten der Fall), stehen immer noch 3000 Hiesige wie ein Mann zusammen, um ihr guttural-äffisches »Hu-hu-hu-hu-hu« anzustimmen. Hier bin ich Tier, hier darf ich's sein.

So wahrhaft schändlich sich derlei xenophobe Kundgebungen ausnehmen – etwas mehr Fremdenfeindlichkeit zur rechten Zeit hätte man den Braunschweigern schon gewünscht; etwa als sie dem kleinen schnauzbärtigen Braunauer mit ausgesprochenem Faible für Kitschpostkarten, Schäferhunde und Völkermord die deutsche Staatsbürgerschaft schenkten und ihm dergestalt zu einer glänzenden politischen Karriere verhalfen.

Kannibalisch wohl hat man sich's denn auch in jenem Dutzend großdeutscher Jahre ergehen lassen. War nicht alles schlecht damals. Als Frau konnte man sich wenigstens noch allein auf die saubere Straße trauen (in der völkischen Mustersiedlung Lehndorf zumal), ohne gleich vom erstbesten Konfirmanden angefallen, dreizehnmal vergewaltigt und hinterher zerstückelt zu werden. Und Neonazis gab's damals auch noch nicht, weil die Menschen alle Arbeit hatten. Ja, so sind sie, die Lehndorfer, politisch wach und nicht auf den Mund gefallen.

Rudimente nationalsozialistischer Akkuratesse haben sich in den Köpfen durchaus erhalten und werden sich perpetuieren bis ans Ende aller Zeiten, soviel steht fest. Fahr' nur mal einer gegen 11 Uhr abends, 's ist dunkel, ohne Licht von einer heiteren Kneipenrunde (vorzugsweise in der *Galerie Funzel*!!!) nach Hause, schon belfert dich vor der nächsten Laterne ein gewesener WK-II-Oberfeld (»Kameraden, wir haben die Welt gesehen ...«), der gerade seinen Teckel Purzel ausführt, mit dräuender Miene an: »Liiicht aaan!« Oder deine Mähre hat gerade einen gesalzenen Winter hinter sich gebracht, und jeder Tritt in die Pedale entlockt ihr ein altersschwaches Ächzen. Sicher steht irgendwo ein Veteran, der dich im Kommandoton an deine Pflichten gemahnt: »Ööölʼn!«

Vor deinem geistigen Auge läuft dann jäh diese Szene aus einem Mickey-Spillane-Krimi ab (wie heißt er noch?): »Das Donnern meiner Magnum hallte von den Häuserwänden wider. Langsam blickte er herunter auf die häßliche Schwellung in seinem Unterleib, da, wo die Kugel ihn erwischt hatte. ›Wie konntest du nur‹, keuchte er. ›Es war ganz leicht‹, sagte ich.«

Gleich auch noch etwas zum Thema gelungene Traditionsvermittlung. Neulich an der Fußgänger-Ampel standen wir neben einer zwölfköpfigen, in soldatisch korrekter Zweierreihe aufmarschierenden Kindergartenklasse samt ausnehmend schönärschiger Kindergärtnerin. Es pressierte etwas, so fuhren wir bei Rot. Schon hebt die versammelte Kinderschar glockenhell zu singen an: »Rotfahrer, Rotfahrer, Rotfahrer ...« Potentielle Blockwarte. Allesamt.

Noch ein kleiner Tip für Weltenbummler: Wer sich unbedingt den Braunschweiger Löwen auf seinen mit bunten Blechabzeichen übersäten Spazierstock nageln will, sollte dies im Frühling tun. Da versinkt die Stadt in einem Meer von Stiefmütterchen.

Ach ja, und was wäre Braunschweig wohl ohne seine Atomuhr? Oder wie Max Goldt schon ganz richtig schreibt: »Die Braunschweiger Atomuhr flüstert mir gerade zu, daß jetzt der günstigste Zeitpunkt ist, meinen Aufsatz abzubrechen ...«

Bremen sehen und dann weiterfahren

Von Jürgen Roth

Kürzlich konnte ich mich wieder einmal davon überzeugen, daß Bremen gleich nach Hamburg oder vielleicht sogar noch knapp vor der ruhmreichen Elbmetropole die schönste Stadt dieser Republik ist. Frau Heyduck holte mich vom Bahnhof ab und zog mit mir und meinem Gepäck durch reizvolle Straßen, vorbei an pittoresken Baulichkeiten und über ansprechende Plätze. Auch ließen wir uns in dem einen oder anderen Kaffeehaus nieder, um die jüngste Vergangenheit Revue passieren zu lassen, kamen aber kaum zu Wort, da sich eine gewisse Abgespanntheit bemerkbar machte und der Kommunikation quasi den Riegel des Gähnens vorschob, wenn man das so sagen darf.

Schließlich im »Viertel« (Steintor) angekommen, schlug Frau Heyduck einen kleinen Snack vor und gab gleich zu verstehen, sie könne sich »jetzt durchaus mal kurz hinlegen«, das würde ihr guttun. Ich sei der Idee eines Erfrischungsschlafes keineswegs abgeneigt, erwiderte ich, und verabschiedete mich in die frischbezogene Koje.

Etwa zweieinhalb Stunden später, verjüngt und entspannt, eroberten wir das Bremer Nachtleben. Nach einem wuchtigen Krabbencocktail inklusive Hemelinger ordnete Frau Heyduck einige weitere Biere an, und zwar anderwärts, verzog indes ihren Mund zu einem leichten und sehr leisen »Uaaäh«, worauf ich mit dem kurz angetäuschten »Hääoch« konterte.

Auf Bierhockern thronend, nippten wir an Haake-Tulpen. Frau Heyducks Lebensgefährte, ein bedeutender Bremer Politiker, traf alsbald ein und wirkte abgespannt. »Ich könnte gut 'ne Mütze ordentlichen Schlaf gebrauchen«, eröffnete er die erweiterte Runde, bestellte, und Frau Heyduck antwortete wie aus der Schlummermütze gepurzelt: »Du, pennen wär nich schlächt, odä?«

Während ich mein zweites Glas hinunterwürgte, fühlte ich mich plötzlich müde, ausgelaugt, träge, ja schwach. Ich erlöste meine Gastgeber mit den Worten, ich sei »ziemlich kaputt« und würde »mich gerne aufs Ohr hauen«. Gesagt, alle Mann und Frau getan.

Der folgende Tag begann mit Vogelgesängen absonderlicher Natur und einem üppigen Frühstück. Geplant war nämlich, Brauereien im Bremer Hinterland zu besichtigen. Frau Heyduck jedoch schlug gegen halb elf vor: »kurz noch mal ablegen, 'ne Ecke poofen« – andernfalls habe man unterwegs mit überfallartigen Erschöpfungszuständen zu rechnen. Mir leuchtete das ein, ich wanderte zu meiner Bettstatt. Nachmittags fuhren wir nach Suhr, kosteten seltsam anmutende Biererzeugnisse und gondelten zurück, um uns »ein bißchen auszuruhen«, wie ich vorschlug, bevor die Abendgestaltung angegangen werden sollte. Frau Heyduck pflichtete mir bei, »gerade zu dieser Jahreszeit«, im Sommer, fühle man »sich besser, wenn das eine oder andere Nickerchen eingelegt« werde.

Der Kinobesuch fiel aus. Die Bremer, dachte ich mir wie so viele Male zuvor, als ich am nächsten Morgen auf meinen Zug wartete, sind freundlich, äußerst zuvorkommend und gestalten den Aufenthalt in ihrer Stadt zum Besten des Besuchers.

Nach reichlich einer Stunde Fahrt und etlichen Meilen ärgsten Fußmarsches traf ich zu Hamburg Herrn Sokolowsky, der aber bald seine Gastgeberpflichten ganz vergaß und während einer Rundreise in Herrn Wielands PKW mit dessen Besitzer folgendes Gespräch führte:

Wieland: »Hamburg ist wie Bremen.«

Sokolowsky: »Nee, Kiel ist wie Bremen, aber Bremen ist eher so wie Hamburg.«

Und wie ist dann überhaupt Kiel eigentlich?

Und wollen wir das wissen?

Fachwerkperle im Heidesand

Von Susanne Fischer

Das Nachteiligste, was ich über Celle sagen kann, ist, daß es nicht allzuweit entfernt von Uelzen liegt, und was man davon zu halten hat, weiß man ja. Dazwischen und drum herum tut sich beinahe gar nichts. Die Lüneburger Heide, für ihre Leere berühmt, quasi die Sierra Nevada Niedersachsens bzw. die Sahara der Norddeutschen Tiefebene, gelegentlich auch die Sand-Nordsee der armen Leute oder das Klo der Katze Gottes genannt, treibt dort ihr Wesen. Noch nachteiliger für Celle als die unattraktive Lage, die es sich ausgesucht hat (im Sand), wirkt allenfalls die Anekdote, daß man das Städtchen, dessen Grundriß übrigens an ein Sandeimerchen erinnert, einst vor die Wahl gestellt haben soll, ob es lieber den Knast oder die Universität beherbergen wolle. »Und so entstand Göttingen«, verrät uns, den Staub erstaunt aus den Augen reibend, der Celler, der auch heute noch froh darüber lacht, wie die Gefängnis-Insassen in Celle jedenfalls das Stadtbild weniger durcheinanderbringen als die Studenten in Göttingen. Auch würden die notorisch hungrigen Studierenden immerzu den Einheimischen die Nahrung streitig machen, während sich die Celler Gefangenen turnusmäßig asketisch im Hungerstreik üben. Aus gutem Grund.

Vergessen tut der speckig lächelnde Celler in seiner Zufriedenheit natürlich das Aufgebot an Juristen und Justizvollzugsbeamten, die für das ordentliche Hinter-Schloß-und-Riegel-Halten der programmatisch hungernden Eingesperrten verantwortlich zeichnen und das eigentliche Rückgrat der sogenannten Herzogstadt bilden, deren Weichbild durchaus an eine Sandburg gemahnt. Sie allein tragen die Schuld daran, daß häßliche Cafés sonder Zahl, eigens eingerichtet für unternehmungslustige Beamtenwitwen, celleschen Baugrund auffressen und mit ihren Sandkuchen und Heidesand-Keksen zur angestaubten Atmosphäre in den putzigen Fachwerkfluchten aufs passendste beitragen. Ja, hier scheint die Sanduhr stehengeblieben zu sein.

So lockt das ständig besenrein zu haltende Städtchen allenfalls ahnungslose Amerikaner und Japaner auf den offiziellen Foto-Übungs-Parcours zwischen Renaissance-Schloß und Heiligem Kreuz. Hier kann man seine Pentax und sich für Heidelberg und Rothenburg ob der Tauber fit machen; nur die Staubwolken auf den Bildern irritieren die Betrachter in Chicago und Tokio. Wir Bewohner des Umlandes mit unseren niedrigen Stirnen und breitmäuligen Dialekten, in Geruch und Gestalt längst unseren Heidschnucken mimetisch angenähert, finden dagegen nicht oft in »die Stadt«, wie man die kartoffelsackähnliche Ansiedlung ängstlich und respektvoll bei uns nennt.

Das liegt zum einen an den Sandstürmen über unseren Rüben- und Erdäpfeläckern, die uns die Wege verwehen und den Blick trüben. Zum anderen wird aber Celle auch gerne mal verlegt. Vor kaum siebenhundert Jahren wanderte Celle z.B. einige Kilometer allerabwärts, aus übrigens bis heute unbekannten Gründen. Vermutlich wollte es sich in die Nordsee stürzen, blieb aber bedauerlicherweise im Sand stecken. Wir vom Lande verfehlen deshalb das eigentliche Celle gern und fristen unser trostloses Dasein in unübersichtlichen Supermärkten am Stadtrand, wo wir mit riesigen Einkaufswagen Beulen in die Kartoffelregale fahren.

Wenn den Cellern ihr Beamtenleben zu langweilig wird, sprengen sie mit Hilfe des Verfassungsschutzes Löcher in das Gefängnis, bis der Sand herausrieselt. Kurzfristig unterbricht man dann sogar im Hochsicherheitstrakt die Nulldiät, um den Staatsschützern zu applaudieren, obwohl durch das Löchlein nicht einmal die abgemagertsten Nahrungsverweigerer zu entwischen vermögen und somit alles irgendwie beim alten bleibt.

Notfalls könnte man die Gefangenen ja auch vor der Sprengung noch mit bröckligem Celler Zwieback zwangsernähren. Die eiserne Ration für die Soldaten des Ersten Weltkriegs wurde natürlich in der Garnisonsstadt Celle mit ihren gewehrlaufartigen Straßen kreiert, nämlich vom Zwiebackfabrikanten Harry Trüller, der außerdem auch noch 10 000 Kommißbrote pro Tag ins Feld lieferte. Obwohl man ihn zum Vorsitzenden des Verbandes Deutscher Keksfabrikanten wählte, gibt es die Firma inzwischen nicht mehr, deren Keksreste den Armen einst als »Trüllerbruch« angepriesen wurden. Ja, so bedauernswerte Menschen leben immer noch in der Heide, die sich nicht einmal einen heilen Keks zu ihren staubtrockenen Kartoffeln leisten können. Das Herstellen von eßbarem Sandimitat bleibt heute allerdings der Knäckebrotfabrik Wasa überlassen, die in der zwiebacktütenförmigen Stadt Celle nicht nur produziert, sondern darüber hinaus noch jedes Jahr einen staubigen Volkslauf sponsort.

Seit auch der letzte Terrorist aus dem Celler Knast entlassen worden ist, entfällt das Löcher-in-die-Wände-Sprengen, weswegen das Celler Schützenfest wieder an Bedeutung gewonnen hat. Stolz vermerkt das Celle-Lexikon, daß dem einst von Theodor Lessing gegründeten hannoverschen Anti-Lärm-Verein immerhin zwei Celler als Mitglieder beitraten; zwei von damals etwa zwanzigtausend Einwohnern der krachförmigen Ansiedlung. Da kann man sich schon mal was drauf einbilden.

Sonst weiß ich wenig über Celle, denn ich hocke im Umland, jener Heide, die gern auch als Zwieback Europas bezeichnet wird. Manchmal gelange ich bis an den Stadtrand in einen Supermarkt und verbeule die regalförmigen Regale mit meinem einkaufswagenähnlichen Einkaufswagen. Dabei sehe ich aus wie Herzog Otto der Hinkende von der Heide, wenn er einen Kartoffelsack trug, aber nur, wenn ich auch einen Kartoffelsack trage. Aus Celle stammen, soweit mir bekannt ist, noch die Sandinisten, die Chemiefirma Sandoz und Sanddornmarmelade. Auch Sandalen kann man da wohl kaufen, falls man es jemals durch den vage an einen Stadtrand erinnernden Supermarktgürtel bis ins Celler Loch hinein schafft, was wohl nicht vielen vergönnt sein mag.

Die kleine Oranierstadt jenseits des Wohngürtels

Von Georg Peter

Die kleine Stadt, die ich jedem Heimatsuchenden ans Herz legen möchte, befindet sich nur wenige Kilometer jenseits des nördlichen Wohngürtels um das Rhein Main-Gebiet, falls überhaupt.

Hier ist weder Sauerland, noch ist dies Westerwald, aber fast. Die Ortschaften heißen nicht wie die kleinen Helden schwedischer Kinderbücher, nicht Banfe und Benfe (Kreis Siegen-Wittgenstein, nebenan). Genausowenig heißen sie wie seltene Süßwasserspeisefische, also Steinperf (letzteres liegt übrigens in einer Gegend, die von ihren Bewohnern bei vollem Bewußtsein »Hinterland« genannt wird; hinter Gladenbach und hinter Wetzlar, je nachdem, wie man sich dreht).

Dillenburg ist der Name jener Oranierstadt, die an dem kräutergleichen Fließgewässer liegt, welches auch die Dörfer Dillheim, Dillbrecht, Offdilln und Fellerdilln als Anlieger ausweist; Oranierstadt deshalb, weil der Burgherr Wilhelm von Oranien den Niederländern ihren Befreiungskrieg gegen des Papstes spanische Vasallen erfolgreich organisierte. Vom Beistand war's nicht weit zum Beischlaf, der verwandtschaftliche Verhältnisse mit dem holländischen Königshaus nach sich zog, was heute allein der Dillenburger für bedeutsam erachtet und bei jeder Gelegenheit erinnerungsfolkloristisch aufbereitet. Im nächsten Bund mit dem Vater des deutschen Beamtenstaates, Friedrich dem Großen, ging's dann schief, und die Franzosen legten – pyrotechnisch hochgerüstet – Schloß samt »größter europäischer Wehranlage« (Prospekt) in Schutt und Asche. Aus dem Schutt bastelte man das neue

Wahrzeichen, den Wilhelmsturm, was mit der Asche geschah, ist unklar. Seitdem herrscht um Dillenburg vor allem Ruhe.

Das hier gesprochene Idiom ist mitnichten »hessisch«; das gibt es sowenig wie »belgisch«. Der Dillenburger bildet seine Worte etwa dort, wo anläßlich einer zurückgehenden Mandelentzündung der Reiz zum Abhusten entsteht. Dumpf gurgelnd, kollernd, mit einem Hang zur Heiserkeit stellt er sich allen kommunikativen Erfordernissen, wobei die Zunge niemals zwischen die Zähne gerät, was gleichzeitiges Sprechen und Essen erlaubt, beide Vorgänge aber oft auch ununterscheidbar macht. Einheimische werden schon mal, wenn sie sich zwecks Urlaubes im weiteren Umland aufhalten, für ihr gutes Deutsch beglückwünscht, da man sie für Amerikaner hält.

Dem sprachwissenschaftlichen Laienforscher sei gesteckt, daß sich das Dillenburgensische sehr deutlich vom Siegerländer Dialekt unterscheidet, der eindeutig zum Rheinischen tendiert. Die Lautverschiebung nämlich ist eine gänzlich andere. Genaugenommen verläuft die zweite Sprachgrenze bei uns hinterm Haus; es gibt noch eine weitere im Norden. Interessanterweise soll der Verlauf dieser Grenze nahezu identisch sein mit dem Verlauf der Heerstraße, auf der Napoleon gen Moskau zog. Einige behaupten, dies sei ein zutiefst verstörendes und traumatisierendes Erlebnis gewesen, so daß sich kaum jemand mehr über den Höhenzug traute und Sprache, Bestattungs- und Heiratszeremonien sich allmählich veränderten. Aber so genau will das ohnehin niemand wissen, auch kein Linguist.

Als kultureller Höhepunkt in und um Dillenburg muß das alljährlich im Juni stattfindende Jazz-Weekend gelten. Über zwanzig verschiedene Gruppen machen stadtweit Musik, in Tiefgaragen, Hinterhöfen, Burganlagen und den Kasematten. In Europas ehemals längsten unterirdischen, mit schwitzenden Menschen verbarrikadierten Wehrgängen tropft dann zu vorgerückter Stunde von den Decken eine Essenz ins Bier, die irgendwie an Passagen aus Süskinds *Parfum* denken läßt. Das Ganze nennt sich »Kneipenrallye«, könnte aber auch

Immer, wenn er Kanaker sagte statt ausländischer Mitbürger, bestrafte er sich mit Persil-Megaperls. Schon nach kurzer Zeit sagte er nicht mehr Kanaker.

»Zahnärzte machen Musik« heißen, da nahezu ausschließlich Dixieland und New-Orleans-Jazz von freundlichen, akademisch wirkenden Mittvierzigern gespielt wird.

Ansonsten vermissen wir eine den Namen verdienende Kneipenkultur, obwohl zu zahllosen Anlässen mechanisch anmutendes Trinken einsetzt. Auf den angrenzenden Hochebenen des Westerwaldes hat wenigstens das Ende des Gelages Stil: Die mehrtägige Kirmes wird feierlich zu Grabe getragen, wobei schlußendlich die letzte Kippe und das letzte Bierglas dem Sarg in die Tiefe folgen, während die Trauergemeinde ihre Entscheidung zwischen Suff oder Kater fällt.

Dillenburg regiert eine Kultur der Studienräte, dominiert von Off-Boulevardtheatern, Aquarellen und anderen Produkten therapeutischer Flachmalerei, die, selbst wenn sie mit Acryl- oder Ölfarben erzeugt sein sollten, meist nicht über die Ausdrucksmöglichkeiten eines Wasserfarbkastens hinauskommen. Das Hausgemachte, aus den Supermarktregalen längst verdrängt, hält hier wieder Einzug. Vernissagen finden in der Sparkasse statt. Für diejenigen, die überzeugt sind, daß echte Kunst auch eine Botschaft haben muß, steht immer eine humanistische Oberstufe plus Studienrat bereit, um mit Hilfe der parabelhaft-didaktischen Brechstange des Dichters Brecht z. B. den Unterschied zwischen den Spitz- und den Rundköpfen wegzuknüppeln.

Ohnehin sind dies nur die schmalen Reste an Sozialkultur, die von den ungezählten Kirchen und Sekten noch geduldet oder schlicht übersehen werden. Gegen die Angst vorm Sterben wie vorm Leben, der man sich nicht allein stellen mag, existieren im Dunstkreis Dillenburgs mannigfache Möglichkeiten, sich an Hand unterschiedlicher, gemeinschaftlich einzuübender autosuggestiver Formeln (Der Herr liebt dich etc.) Linderung zu verschaffen. Liberal und plural, wie sie sind, bilden die Transzendentaldogmatiker eine Art Pendant zur Kultur der Studienräte: In der Mitte geht alles, außen gibt es nichts. Wenn alle zusammenrücken und nur mit ihresgleichen reden, sinkt das Dissensrisiko; es darf sich bloß niemand bewegen oder laut werden. Habermasianern nebenbei ins Buch geschrieben: Gemeinschaften stabilisieren sich einzig über die *Vermeidung* des Diskurses. Folgerichtig wird der Religionsfrieden durch einen Nichtangriffspakt garantiert, der es – anders als in der Bundesliga – untersagt, Mitglieder abzuwerben. Nur die Klingelmännchen und -frauchen der Zeugen Jehovas halten sich nicht daran und stören zuweilen das an den alten Fritz erinnernde Laisser-faire.

Brenzlig wurde es indessen mal, als eine der vielen Gruppen ausscherte. »Der Ruf des Mullahs« sollte unter Zuhilfenahme von Verstärkern über die gesamte Stadt hinweg Verbreitung finden. Modernisierungswille an merkwürdiger Stelle: Statt wie bisher einfach so in die angrenzenden Gleisanlagen zu rufen, mußte nun ein Lautsprecher dem Gebetsaufruf Nachdruck verleihen. Das war für Dillenburg dann doch zuviel des Urlaubsflairs, und es entwickelte sich in den regionalen Tageszeitungen eine auffällig vom Bemühen um Mäßigung gekennzeichnete Diskussion. Niemand sagte korrekterweise, was er dachte, aber die Rufer erschienen von Tag zu Tag fremder und exotischer. Langsam aus der Mitte geschoben, wo sie dreißig Jahre die Mülltonnen geleert hatten, gerieten sie zunehmend in Schußweite.

Aber wo kein Gott (gegen den anderen) hilft, steht immer noch der Ordnungsstaat dem brodelnden Gemenge aus Kanzlerweisheiten (»Der Türke ist nun mal kein richtiger Europäer«) und religionswissenschaftlichem Revisionistenlatein (Der islamische und der christliche Gott sind doch zwei verschiedene) bei – und vollstreckt Anordnungen, die besagen, der Lautsprecher stelle eine Beeinträchtigung des Straßenverkehrs dar und sei daher nicht genehmigungsfähig. Niemand begann zu lachen ob dieser schwejkschen Raffinesse, und niemand mußte Farbe bekennen, auch nicht jene, zu der Opa noch die passenden Hemden im Schrank hat. Dank der verwalteten Welt!

So vertragen sich die Rund- und die Spitzköpfe auch im richtigen Leben, denn sie sind alle aus dem gleichen Holz geschnitzt; zumindest in der kleinen Oranierstadt jenseits des Wohngürtels.

Frankfurt ist Bielefeld am Main

Von Christian Schmidt

Rom wurde angeblich auf sieben Lügen erbaut. Die Stadt Frankfurt am Main aber gründet bloß auf einem Irrtum. Und dieser Irrtum lautet: Frankfurt ist eine europäische Metropole, wenn nicht gar so etwas wie eine Weltstadt. Auf das Mißverständnis aber folgte gleich ein ganzer Stapel von Erfindungen: »Frankfurt ist die Pumpe der Republik, ihre eigentliche Hauptstadt« *(Der Spiegel)*, Frankfurt ist die »Hauptstadt der Energien« (Johnny Klinke), »hier sind die Widersprüche am stärksten« (Johnny Klinke), »Frankfurt hat eine mutige, offene Streitkultur« (Michel Friedman), ist »eine ungemein spannende Stadt« (Hilmar Hoffmann), ist »eine spannende Stadt« (Matthias Horx), »wo ein spannendes intellektuelles Klima herrscht« (Matthias Horx). Davon abgesehen, daß und wie sehr es bereits aus diesem zwar nicht unbedingt spezifisch Frankfurterischen, jedoch zweifellos ziemlich endemischen Vokabular herausdummt: Nichts davon war je wahr, nichts davon ist wahr, und es wird, solange die Stadt Frankfurt von Frankfurtern bewohnt wird, nichts davon je wahr werden.

Schon die offizielle Einwohnerzahl ist voll gelogen: 653 241 Menschen (Stand 1995) leben laut Statistik in Frankfurt, damit sei Frankfurt, meint man im Frankfurter Römer – ein Rathaus, das so heißt wie ein Kochtopf –, die fünftgrößte Stadt Deutschlands. Die wahre Einwohnerzahl Frankfurts läßt sich hingegen ermitteln, indem man die Populationen etlicher eingemeindeter, bloß durch Landstraßen und Feldwege mit Frankfurt verbundener Apfelweindörfer und Kleinstädte abzieht; dann hat die Stadt ziemlich exakt 346 865 Einwohner und damit gerade gut zwanzigtausend mehr als – nur mal zum Vergleich – das ostwestfälische Bielefeld (324 865).

Karl-Heinz Sadowsky (64) verachtete vor allem Eintracht Frankfurt, streunende Hunde und Leute, die den Konjunktiv mit ›würde‹ bildeten.

Bielefeld, genau. Die Übereinstimmungen im Erscheinungsbild beider Städte sind frappant: Im Zentrum Frankfurts, das sich gerne und aufdringlich augenzwinkernd »Mainhattan« rufen läßt, stößt man auf langweilige Mietshäuser mit Hundeklo-Vorgärten, miserable Genossenschaftsbauten aus der Nachkriegszeit, als der Gedanke vorherrschte, Innenstädte müßten wie Vororte oder Bielefeld-Sieker aussehen und nach Hundekacke riechen. Ein Gang über die Zeil aber, angeblich »umsatzträchtigste Einkaufsmeile« mindestens Deutschlands, läßt die Frage aufkommen, ob die zuständigen Architekten nicht (mit zwei Ausnahmen) ihr Diplom bei *Woolworth* gemacht haben.

Scheußlich sieht Frankfurt aus, seit Ernst Mays Zeiten wurde hier kaum noch etwas halbwegs Ansprechendes gebaut, und wenn doch, dann hat's der Frankfurter bei erstbester Gelegenheit wieder abgerissen – wie z. B. das Stadtbad Mitte. Scheußlich, in Ordnung, aber eins ist diese Stadt ganz sicher nicht, nämlich, wie uns ihre schärfsten Kritiker mit Hinweis auf ein von Alexander Mitscherlich 1965 (!) just in Frankfurt geschriebenes Buch immer wieder glauben machen wollen: »unwirtlich«. Unwirtlich nun wirklich nicht, denn hierzu bedürfte es einer gewissen Größe und Unübersichtlichkeit, großstädtischen Tempos, belebter Straßen, Slums, eines Hauchs von New York, Bochum, Kuala Lumpur. Frankfurt mit seinen aufgepflasterten und zugepömpelten Fußgängerzonen, dezibelreduzierten Wohnquartieren und adretten Plastikstuhlstraßencafés dagegen ist mindestens so wirtlich wie Bielefeld-Brackwede.

Es ist eben fast überhaupt nichts richtig an dem, was sowohl von Frankfurt-Gegnern als auch von Frankfurt-Freunden über Frankfurt in die Welt hinaus behauptet wird und wurde, um die Stadt und damit auch sich selbst, Bewohner, der man ist, vor Fremden wichtig zu machen. Frankfurt als »Bankfurt« oder »Profitopolis« (M. Horx)? Ach was. Die Versorgungslage ist gemeinhin erschütternd. Im Winter sind bei *Saturn-Hansa* die Luftbefeuchter aus, im März gibt's im *toom markt* keine Blumentöpfe (»kommen in zwei Wochen wieder rein«) und im April bei *HL* keine Milch (»der Laster ist nicht gekommen«). Und wer versucht, ein farblich und in der Länge passendes Paar Schnürbänder eben dort zu erwerben, wo er vor einem halben Jahr seine Schuhe samt Senkel kaufte, erhält keineswegs das Gewünschte, sondern bloß eine patzige Antwort: »Ham wer nich!«

Zwei halbwegs intakte Augen und Ohren genügen, um festzustellen, daß ein weiteres Verdikt des gewesenen Frankfurt-Propheten Matze Horx weder hinten noch vorne, oben noch unten noch sonstwie stimmt: »Frankfurt ist eine Dienstleistungsstadt«, behauptete der Mann, weil er sich davon größere Trinkgelder versprach, obwohl er doch immerhin wußte: »Wer ›dienstleistet‹, muß eine bestimmte Mentalität ausprägen. Er muß sich für andere und seine Bedürfnisse interessieren.« Dafür nämlich interessiert sich kein einziger Frankfurter. Der Fremde erfährt das nicht erst beim Einkaufen, sondern schon im Moment seiner Ankunft, dann, wenn er spätabends im nahezu verwaisten Tiefbahnhof auf die S-Bahn, die ihn läppische 2000 Meter weiter zur »City« befördern soll, eine geschlagene Viertelstunde warten muß; oder wenn er am RMV-Fahrkartenautomat vergeblich nach einer Rabatt gewährenden Streifenkarte sucht. Frankfurt, die »Messestadt«, läßt dergleichen vermissen – wie Bielefeld, das aber langsam glatt als Frankfurt-Zwilling durchgehen könnte.

Nein, doch nicht, denn die Post »dienstleistet« rund 300 Kilometer weiter nordwestlich entschieden besser. Briefe und Pakete werden am Main nämlich, wenn es beliebt, nicht abends und samstags (O-Ton: »Firmen brauchen samstags keine Post«) oder überhaupt nicht zugestellt. Ein Brief verbringt auf der Strecke Innenstadt–Nordend (1,5 km) bis zu fünf Tage; oder er kehrt gleich am nächsten Tag zum Absender zurück, weil Sortierer und Zusteller den klitzeklein geschriebenen Absender mit der in dicken Lettern notierten Adresse verwechselt haben. Jedes Jahr verschwinden in Frankfurt auf dem Postweg 6000 Lohnsteuerkarten, eine Zahl, die nur verblüffen kann, wer nicht erlebt hat, daß Frankfurter Zusteller Briefe über den Gartenzaun schmeißen, nur weil die Hausnummer der Adresse mit der betreffenden übereinstimmt, sonst aber rein gar nichts, weder Name, Straße noch Postleitzahl.

Daß Frankfurt trotz des über Jahre hinweg republikweit höchsten Kulturetats keine – was auch immer das genau sein mag – Kulturmetropole ist, diese karge Erkenntnis immerhin beginnt jüngst auch anderswo an Boden zu gewinnen. Niemand nannte jedoch bisher den Namen jener Stadt, deren – z. B. – Theateraktivitäten sich mit Frankfurter Aufführungspensen am ehesten vergleichen lassen. Auf 520 Vorstellungen brachten es Bielefelds zwei kommunale Theater während der Saison 1993/94, Frankfurts vier Bühnen im gleichen Zeitraum auf 632. Allerdings verfügt die Stadt am Main über mehr und entschieden größere Bibliotheken als ihr ostwestfälisches Double; dafür sind die allesamt in einem verheerenden Zustand. Das Leihzettelsystem der Stadt- und Universitätsbibliothek stammt offensichtlich aus dem letzten Jahrhundert; Neuerscheinungen stapeln sich gleich zu Tausenden in ungeöffneten Kartons auf Heizkörpern in irgendwelchen Kellern. In der Zentrale der Stadtbibliothek werden Taschenbücher und Comics einfach nicht katalogisiert. Kaum anders in der gerade neu eröffneten Deutschen Bibliothek, von der unser Kanzler behauptete: »Sieht gut aus!« Dafür ist das Personal selten in der Lage, binnen ganzer sieben Tage ein bestimmtes Periodikum zu finden. Welches? Die *Statistischen Vierteljahreshefte der Stadt Bielefeld*!

Nein, auch das »Museumsufer, Museumsufer, Museumsufer« (so gebetsmühlenartig wird man in jeder Frankfurt-Broschüre angeblafft) rettet den »Kulturstandort« (L. Reisch) Frankfurt nicht. Die Inneneinrichtung des Architekturmuseums halten Klebestreifen auf geheimnisvolle Weise zusammen, das Völkerkundemuseum ist eine ewige Baustelle, und für das Städel muß gesammelt werden. Ja, das Postmuseum sieht prima aus – u. a. deshalb, weil es wohl der einzige Ort in Frankfurt ist, an dem irgend etwas Postalisches noch funktioniert.

Stadtentwicklung scheint hier zu bedeuten, sich möglichst in allem und jedem dem Bielefelder Standard anzupassen. Verglichen mit dem Jahr 1989, liegt die Zahl der Kinobesucher in Frankfurt heute um eine ziemlich exakte Million niedriger, u. a. weil zwei Innenstadtkinos geschlossen wurden. Dasselbe passierte mit mehreren Klubs, in denen Bands auftreten konnten, dem einzigen Independent-Plattenladen der Stadt, großen Veranstaltungszentren –

– doch halt! Gibt es denn wirklich gar nichts wirklich Weltstädtisches in Frankfurt? Das Bahnhofsviertel vielleicht? Pahh! Ein Viertel? Gerade mal drei Parallelstraßen mit ein paar Puffs. Und Weltstar Lee von Tic Tac Toe verdingte sich nicht hier, sondern im Bielefelder *Knusperhäuschen* an der Eckendorfer Straße. Die hohe Kriminalitätsrate eventuell, die vielen Gangster auf Frankfurts unsicheren Straßen? Puuh! In einer Stadt, in der einem innerhalb von acht Jahren nur ein einziges Mal die Brieftasche gestohlen wird (und die man noch dazu zwei Wochen später wiederbekommt), kann man doch nicht wirklich von einer hohen Kriminalitätsrate sprechen! Dann aber wohl die vielen Dealer, die an allen Ecken und Enden Drogen verkaufen? Pooh! Kann man tatsächlich Leute ernsthaft Dealer nennen, die nachts auf dem Hauptumschlagplatz für Drogen, der Zeil, nicht mal zwei bis drei Gramm Gras vorrätig haben? W. k., sagt man da in Bielefeld. Wohl kaum.

Wie man es auch dreht und wendet, wohin man auch schaut, was man auch untersucht: Die einzige mit Frankfurt vergleichbare, die einzige dem Format, Stellenwert und der Ausstattung Frankfurts entsprechende »City« bleibt: Bielefeld. Mit einem signifikanten Unterschied: das Auftreten der Bewohner. Während sich der Bielefelder in Bescheidenheit übt, seine Stadt, die immerhin zu den zwanzig größten dieses Landes zählt, kleiner macht, als sie ist, sich selbst zu Hause und in der Fremde immer nur als Provinzler tituliert und auf Auslandsreisen gerne erklärt, seine Heimatstadt liege irgendwo zwischen Dortmund und Hannover, aber selbstverständlich müsse man dieses unbedeutende Kaff keinesfalls kennen, verhält es sich mit dem Frankfurter genau umgekehrt. Wo er nur geht und steht oder einen Schreibgriffel in die Hand bekommt, schildert er sein Handkäs'-New York in den gewagtesten Tönen, malt das Bild einer extraordinären

Glitzermetropole, bedichtet sein krüppeliges Äppelwoi-Athen (Ex-Deutsche-Bank-Chef Hilmar Kopper: »Was flüstert, was raschelt, was raunt in der Welt? Frankfurt, Frankfurt«), rühmt, übertreibt, lügt es größer – dabei schrumpft die Zahl der Frankfurter seit Jahren –, zahlt Geld, um andere Frankfurt preisen zu lassen (z.B. Manfred Bissinger: »Nirgendwo sonst in der Republik hat sich auf so kleinem Raum so viel kreatives Potential versammelt.« – Wen meint er? Die Frankfurter Vorzeige-Künstler Pit Krüger, die Jacob Sisters, Sabrina Setlur, Ebby Thust und Ferry Ahrlé?), und trompetet in den weiten Kosmos hinaus, wie dynamisch, tolerant, multi-kulturell, urban, interkontinental er, der Frankfurter selbst, doch sei.

Dabei ist natürlich auch das gelogen, denn zunächst einmal ist der Frankfurter bloß engstirnig und verbohrt wie ein Rodgau-Bauer, und die beiden Götter, zu denen er täglich betet, daß er auch so bleiben möge, heißen Muff und Griesgram. Für Kunden und Käufer hat er nur verächtliche Blicke übrig, und Kneipengäste schmeißt er eine halbe Stunde vor der Sperrstunde auf die Straße. Streitsucht gilt zu Recht als sein Hauptcharakterzug, und die im Zorn über fremden Schädeln zertrümmerten Äppelwoi-Gläser sind Legion.

Nur an wenigem kann sich der Frankfurter wirklich aus tiefstem Herzen erfreuen, und das ist die Not. Das Elend. Und das Unglück seines Nächsten. Verkehrsunfälle werden wie Volksfeste gefeiert, man ergötzt sich, wenn irgendwer hilflos sein liegengebliebenes Motorrad zu reparieren versucht, betrachtet voller Wohlgefallen die brandigen Beine der Penner und beneidet Polizisten, die auf der Zeil Dunkelhäutige halbstundenlang an die Wand stellen und sonstwie schikanieren dürfen.

Das heißt natürlich nicht, die Malträtierten seien so oder so besser, fröhlicher, freundlicher. Eine Quote von dreißig Prozent Ausländern an der Stadtbevölkerung hält der Frankfurter für ein Zeichen seiner unermeßlichen Toleranz und Multi-Kulturalität (besonders, weil er noch keinen Fremden angezündet hat, wie er immer wieder gerne betont). Tatsächlich versteht er sich aber so gut schlecht mit ihnen, weil die

Zugewanderten schnell begriffen und sich angepaßt haben. In kürzester Zeit wurden auch Griechen, Türken und Mongolen echte Frankfurter: hysterische Hausmeister, muffige Wasserhäuschenbesitzer, barsche Kneipiers, impertinente Supermarktfilialleiter, schadenfrohe Miesmacher und streitsüchtige Ehepartner. Und so bleibt Frankfurt am Main bis zum Jüngsten Gericht eine enge, dumpfe, mittelmäßige Stadt, ausnahmslos und flächendeckend bewohnt von mißgünstigen Erbsenzählern, unzufriedenen Meckerpötten und größenwahnsinnigen Menschenfeinden.

Ausnahmslos? Natürlich gibt es auch in Frankfurt die eine Ausnahme, jenen Sonderfall, der die traurige Regel bestätigt, und der bin ich. Mir hat diese Stadt nichts anhaben können, und deshalb bestaunt man mich hier wie ein Wunder. Hier gelte ich als liebenswerter, harmoniesüchtiger und nachsichtiger Zeitgenosse, hier hält mich jeder für hilfsbereit, besonnen und außerordentlich reizend, ja, man bewundert mich direkt für meine fast übertriebene Höflichkeit und Toleranz. An welchem anderen Ort der Welt würde es mir wohl ähnlich ergehen? Und deshalb lebe ich eigentlich ganz gern in diesem »Stadt« genannten Schweinekoben namens Frankfurt am Main.

Ansonsten fühle ich mich hier als Bielefelder natürlich wie zu Hause.

Wo sind die Salmonellen zu Hause?

Von Dietrich zur Nedden

Robert Musil meinte, die Frage, wo man sich befinde, sei weit überschätzt, sie stamme aus der Hordenzeit, als man noch Futterplätze suchen mußte. Einerseits hatte Musil zweifellos recht, andererseits ist die Horde Mensch als eine an die Erwerbsarbeit gekettete Sozietät in Zeiten hemmungsloser »mobilisierungspraller Flexibilisierung« (Dietrich zur Nedden) dazu gezwungen, doch wieder die raren Freßnäpfe aufzuspüren. Hamburg beispielsweise »ist ja *die* Medienstadt« (Götz George, *Schtonk*). Wer sein Brot mit was drauf in dieser Branche verdienen muß, weil er möglicherweise nichts anderes gelernt hat, der sollte sich nicht der Chance begeben, an der Elbe zu siedeln. Oder rund um den Dom zu Köln.

Aus strukturell ähnlichen, hier nicht näher zu erörternden Gründen verschlug es mich vor einigen Jahren nach Freiburg. Freiburg, die sinnlichste, ja sinnenreichste, nein sonnenreichste Stadt der Bundesrepublik, wie Statistiker gemessen haben wollen, ist außerdem eine Stadt im Übermaß reich an Eigenschaften, das exakte Pendant zur eigenschaftslosen Stadt, wie sie der Architekt Rem Koolhaas beschreibt: »Die eigenschaftslose Stadt ist die Stadt, die dem Würgegriff des Zentrums, der Zwangsjacke der Identität, entkommen ist. Die eigenschaftslose Stadt bricht mit diesem destruktiven Kreis der Abhängigkeit: Sie ist nichts als eine Widerspiegelung gegenwärtiger Bedürfnisse und Fähigkeiten. Es handelt sich um die Stadt ohne Geschichte. Sie bietet jedem genügend Platz. Sie ist unkompliziert. Sie bedarf keiner Instandhaltung.«

Man nehme jede Teilaussage dieser Definition und formuliere ihr Gegenteil, und man hat – Freiburg. Ein Bekannter, der seit langem »im Breisgau« (R. Beckmann) wohnt, versuchte mir den Fall so darzulegen: »Freiburg ist Hänsel-und-Gretel-Faschismus, Baden-Baden ist Barbiepuppen-Faschismus.« Zugegeben, ich kenne weder Baden-Baden, noch habe ich das Bonmot auf Anhieb verstanden, eigentlich bis heute nicht gänzlich, muß mir aber nur die Auftritte meines ehemaligen Freiburger Vermieters ins Gedächtnis rufen, um zu erahnen, was er, der Bekannte, gemeint haben könnte.

Neulich lief mir eine junge Dame über den Weg, eine Deutsche, die zwar nach Paris gezogen ist, die aber vorher in Freiburg studierte. Freiburg, sagte sie, sei die einzige Studentenstadt, in der die studentische Mentalität (was das nun wieder genau sein mag) nicht auf den Rest der Bevölkerung abgefärbt habe, sondern umgekehrt. Aha.

Allerdings reicht keineswegs aus, Freiburg als multipel geliebte Idylle zu beschreiben oder, noch scharfsichtiger, ja pointierter, als »Birkenstock-Sandalen-Biotop« (Arno Luik). Daneben bzw. darin tummelt sich nämlich das »Bobbele«, wie der südwestdeutscheste aller südwestdeutschen Ureinwohner mit Kosename heißt. Begegnet man einem Bobbele, grüßt er (es?), durchaus intimidierende Ziele verfolgend, vernehmlich: »Hallöhle!« Ist zufällig einer der zahllosen »Hocks« im Gange, setzt man sich dazu, um gemeinsam ein paar Viertele zu sürpfeln oder zu schlörzen. Zum Abschied ertönt ein kaum übersetzbares, einem Mädchennamen zum Verwechseln ähnliches »Adele«, bei jedweder Neuerung aufgeschlossenen Zeitgenossen zuweilen ersetzt durchs eher seifige »Tschüssele«, eine Variante, die in der Hölle ersonnen worden sein muß.

Die Bobbeles und zugereiste Studentenracker vereinen sich wiederum dann besonders gern, wenn es gilt, Heimatgefühle und tiefste -verbundenheit zu zelebrieren und zu demonstrieren. Als exemplarisch müssen die Heimspiele des SC Freiburg gelten: Vor dem Anpfiff wird die Freiburg-Strophe des Badner Lieds gemeinsam und mehrheitlich schmerzfrei abgesungen, der Text erscheint, damit noch jeder Idiot mitgrölen kann, in prima lesbaren Lettern auf der Anzeigentafel und wird von einer Mietwagenfirma gesponsort. Nie war Musik mittelmäßiger, nervender. Des Liedes regionalistischer Stumpfsinn übrigens geht auf die vor etwa vierzig Jahren verbissen geführten Auseinandersetzungen um die Bildung des Landes Baden-Württemberg zurück.

Apropos Bildung: Geisteswissenschaftlich gesehen ist Freiburg natürlich mehr als nur Heidegger, der bald nach dem Krieg seine *Holzwege* publizierte, zu jener Zeit, als die Freiburger ihre Altstadt wieder instand setzten, inklusive einer gewissenhaften Rekonstruktion der *tiny little* Bächle, offener Kanäle zwischen Gehsteig und Fahrbahn. Man muß mit dem Zeugs groß geworden sein, um nicht mindestens einmal in quietschnassen Schuhen nach Hause zu schlorzen. Daß der Stadtkern 1940 bombardiert und weitgehend zerstört wurde, war – wollen wir dem *Lexikon der Kunst* (Leipzig 1989) Glauben schenken – getarnten deutschen Flugzeugen zu verdanken, die einen Vorwand schaffen sollten für den Krieg gegen Frankreich. Heutzutage gilt die Nähe zum Franzos und im Süden zur Schweiz als eines der hervorstechendsten und begrüßenswertesten Merkmale der Stadt.

Ach ja, die Bächle: Wie besonnen sich der Freiburger Würdenträger in diesem Zusammenhang gegenüber Menschen verhält, die vielleicht kein einziges Paar Schuhe zum Wechseln besitzen, und wie modern das Gemeinwesen den hier vorherrschenden katholischen Glauben interpretiert, wie, drittens, das Menschenmögliche getan wird, um den zahlreichen Touristen ein sauberes Ambiente zu bieten, sofern sie den »schönsten Turm der Christenheit« (Jacob Burckhardt zugeschrieben), nämlich jenen des Freiburger Münsters, betrachten oder gar studieren wollen – dies alles unterstreicht das vor einigen Jahren erlassene Verbot, in der Innenstadt zu betteln, ein Erlaß, der mittlerweile typisch für deutsche Städte ist, doch in Freiburg wird seine Einhaltung besonders rigide durchgesetzt.

»Die Stadt ist klein, die Einwohner [sind] abergläubisch«, notierte Erasmus von Rotterdam, als er in Freiburg Exil nahm, während Heidegger bei seinem Versuch scheiterte, Jean-Paul Sartre in den Südschwarzwald, ins nahe gelegene Todtnauberg, in seine hutzelige Skihütte zu lotsen. Sartre gab auf Heideggers Bittbrief keine Antwort, so daß dem brummend breisgauerischen Existentialontologen schwerlich anderes übrigblieb, als einige Jahre später nach seinem 75. Geburtstag dem Gratulanten mit folgendem Kartengruß zu danken: »Wie soll einer das Erfreuende gebührend verdanken? Es sei denn, er fragt unentwegt: Was heißt danken? Heißt es: Bringen den Dank? Martin Heidegger« (zit. nach: *Zeit* vom 29. November 1996).

Ob denken oder danken, ob dit oder dat, ich jedenfalls habe keine üble Zeit in Freiburg verbracht, bin aber auch selten ausgegangen. Hab' nur Balla, Balla, Balla gesehen. Und gehört. Und gedacht.

Um es endgültig und zweifelsfrei mit Gerhard Polt zu sagen: »Apropos – die Heimat der Salmonellen ist nicht ausschließlich der Kartoffelsalat.«

Guernica

Von Peter Köhler

Mir fällt zu Göttingen nichts ein. Zu durchschnittlich ist diese Stadt mit ihren 130 000 Einwohnern, darunter die übliche Anzahl Frauen, Männer, Kinderschänder, Kriminelle und Rechtsradikale, nicht zu vergessen der gewöhnliche Prozentsatz der ganz Normalen, also jener, deren Verbrechen nicht gegen das Gesetz verstoßen. Aber auch Gutes ist zu vermelden: Die Kanalisation funktioniert, die Müllabfuhr arbeitet einwandfrei, die Friedhöfe sind in Betrieb.

Die Göttinger sind stolz auf eine Stadt, die, so verkündet es eine der städtischen Aufklärungs- und Propagandaschriften, das »Oberzentrum Südniedersachsens« ist. Es gibt ein Gefängnis, eine Jugendanstalt, mehrere Pflegeheime, ein Frauenhaus, das nur für Frauen da ist, und ein weiteres Frauenhaus in Bahnhofsnähe, wo die Männer hingehen. Außerdem gibt es das Neue Klinikum, das erst in den siebziger Jahren errichtet wurde und dennoch nicht groß genug ist, um alle 130 000 Patienten aufnehmen zu können.

Die Stadt besitzt einige Sehenswürdigkeiten, die Bevölkerung zählt nicht dazu. Wenn Häuser Beine hätten, wären sie längst auf und davon gelaufen. Tatsächlich hat man den Menschen Beine gemacht: Bis auf die Studenten ist die Bevölkerung aus der Innenstadt hinausgeworfen und wird nur noch zum Einkaufen hineingelassen.

Die Göttinger sind stolz auf ihre Altstadt, die den Zweiten Weltkrieg überstand, nicht jedoch die Vernichtungsangriffe der Nachkriegszeit, die ein ganzes Altstadtviertel zerstört und einzelne Ziele an strategisch wichtigen Punkten, vor allem an Kreuzungen, durch chirurgische Eingriffe vernichtet haben: Göttingen, der Irak Südniedersachsens. Überhaupt sind die Verbrechen des Golfkrieges, genauer gesagt: die Verfehlungen der Stadtplanung in Göttingen offensichtlich. Einkaufszentren und Gewerbezonen am Stadtrand fressen die Landschaft auf, und allenthalben gießt man den Unsinn in Beton und das Verbrechen in Asphalt.

Göttingens Vorzeigemeile ist die Weender Straße (vormals Straße der SA). Wegen der modernen Geschäfte im Erdgeschoß fängt die Altstadt hier erst im ersten Stock an. Statt Flaggen rauszuhängen, stellen die Geschäftsleute inzwischen Sonderangebote auf die Straße und machen ihre Gewinne. »Hier wird gekauft, gebummelt und geschlendert. / Hier wird begegnet, diskutiert, geständert« – so bringt es Erich August Echtermeyer in seinem Werk *Göttingen auch eine sich immerfort wandelnde Stadt durchleuchtet mit Hilfe von 155 Sonetten* schön auf den Punkt. Oder in den Worten irgendeines Dr. Prewo von der Industrie- und Handelskammer: »Die Göttinger Innenstadt bietet eine hohe Erlebnis- und Aufenthaltsqualität.«

Göttingen ist eine demokratisch verfaßte Kommune dem Gemeinwohl verpflichteter mündiger Bürger in Gestalt durch freie Wahl zu ihrem verantwortungsvollen Amt in der Körperschaft gelangter Repräsentanten auf streng rechtsstaatlicher Grundlage, d. h.: Widerstand zwecklos. Nicht zufällig hat Rita Süssmuth hier ihren Wahlkreis, für die Menschen, in dieser Republik, auf den Straßen und Plätzen. Wie sie ehrlich zugibt, »waren die Menschen, die ich in Göttingen und Südniedersachsen getroffen habe«, der Grund, hierher zu kommen. Darauf können die Göttinger Menschen stolz sein. Nun dürfen sie Rita Süssmuth treffen, als Bürgerinnen und Bürger, ohne Wenn und Aber, schnell und unbürokratisch, wenn die Tante mal da ist. Vorausgesetzt, man hinterläßt Name und Telefonnummer, damit »wir so schnell als möglich bei Ihnen zurückrufen können. Danke.«

Göttingen ist eine Stadt wie andere auch: CDU, FDP, SPD und Grüne machen die Politik unter sich aus, bis '45 war es die NSDAP. Schon 1922 erblickte das *Göttinger Tageblatt* in Hitler »den Heiland der Nation«, dessen Göttinger Ortsverein 1925 bereits der größte außerhalb Bayerns war, und bei den Wahlen in der Weimarer Republik errang die NSDAP durch ihre überzeugende Sach- und Personalpolitik 15 bis 20 Prozent mehr Stimmen als im Reichsdurchschnitt.

Heute hat man mit der Umwandlung von Straßen in Fußgängerzonen, der Schaffung von Fahrradwegen und der Ausschilderung von 30-km-Zonen die Bevölkerung ruhiggestellt. Es wird politisch korrekt Politik gemacht. Das Neue Rathaus liegt seit einigen Jahren am Hiroshimaplatz, der von seinem Vorbild nur den Namen hat. Danach sind den guten Leuten, ja Menschen die Ideen aber schon ausgegangen. Dabei wäre es so einfach, schon gibt es ein Tschernobyl-Parkhaus, Göttingen heißt Guernica, alles wird gut.

Die Göttinger sind stolz auf die Universität, die den Namen ihrer Stadt – Gottingen oder Göppingen oder so ähnlich – in die Welt hinausgetragen hat. »Herausragende Wissenschaftlerinnen und Wissenschaftler von internationaler Bedeutung arbeiteten in den letzten drei Jahrhunderten in unserer Stadt«, behauptet eine vom herausragenden Oberstadtdirektor Schierwater, der also auch in den letzten drei Jahrhunderten in dieser Stadt arbeitete, herausgegebene Reklameschrift. »Namen wie Gauß, Wöhler, Born, Hahn und Heisenberg stehen für den mathematisch-naturwissenschaftlichen Forschungsbereich, Lichtenberg, Schlözer, Grimm und Nelson für die Geisteswissenschaften.« Mit anderen Worten: Alle berühmten Gelehrten liegen in Göttingen längst unter der Erde. Einziger Trost für die heutige Dozentengeneration: Auch sie wird eines Tages unter der Erde liegen.

Die Universität dient den Wissenschaften, doch gibt es auch eine Theologische Fakultät. Die Literatur wiederum dient, so der griechische Philosoph Aristoteles, der Belehrung, der Unterhaltung und der Rührung. Er kannte die Göttinger Literatur nicht, sonst hätte er die Einschläferung hinzugefügt. Nur in Göttingen, wo sich Ereignislosigkeit und Langeweile mit dem natürlichen Ruhebedürfnis ungezwungen vereinen, konnte 1772 der Dichterbund des »Göttinger Hains« entstehen. Die heutige Göttinger Literatur besteht aus dem vor allem durch sein hohes Alter bekannten Rudolf Otto Wiemer (zur Zeit der Niederschrift 92), dem für sein

Streben nach Bekanntheit bekannten Heinz Ludwig Arnold, einem Guntram Vesper, der vielleicht einigen noch dadurch bekannt ist, daß er in den achtziger Jahren bekannt war, und Burckhard Garbe, der allenfalls dafür bekannt ist, daß er in seinen texten die kleinschreibung pflegt und damit seine eigene Körpergröße als Prinzip der Rechtschreibung durchzusetzen versucht.

Wer sich noch ärger langweilen möchte und dafür sogar Geld bezahlen will, geht ins Deutsche Theater.

»Göttingähn«, so nennt der Göttinger Privatgelehrte Thomas Schaefer sehr zu Recht seine Stadt, in der einfach nichts passieren will – außer dem Kommen und Gehen der Studentengenerationen und dem Wechsel der Jahreszeiten. Hier gedeihen Professorenkinder in den Häusern, Gedenktafeln an den Häusern, Straßencafés vor den Häusern und Stolz auf die Häuser. Stolz tragen die Göttinger Zufriedenheit, Stadtstolz, Einverständnis, Stadtstolz und Stadtstolz zur Schau. Es ist ruhig, behaglich, ein bißchen biedermeierlich, vielleicht auch stinklangweilig und auf jeden Fall entsetzlich. Hinter der Maske von Freundlichkeit, Weltoffenheit, Zuvorkommenheit, Rechtschaffenheit und Properkeit lauern Abgründe voller Schrecken und Exzesse der Grauenhaftigkeit fürchterlichst.

»Göttingen liegt in einer sehr angenehmen und fruchtbaren Gegend«, schrieb im Jahr 1754 der Student Johann Georg Bärens. Ohne Göttingen gäbe es von ihr noch mehr.

Gleitmittel Gottes

Von Michael Rudolf

Der Verfasser dieser Zeilen mußte sich im Vogtland gebären lassen, einem Landstreifen, der, wie seine Einwohner glauben, zwischen Erzgebirge und Thüringer Wald liegt. Was sich anderwärts vergeblich abmüht, Landschaft zu sein, hier, um die Stadt Greiz, war und ist noch alles wahrhaft, schön und echt und wird es immer sein. Begrünte Teufelskanzeln schlagen ihre Felsenzähne ins blaue Himmelsfleisch. Zögernd hangeln sich die Häuserzeilen an den Höhenlinien entlang. Weiler auf den großzügig bewaldeten Kuppen heißen Hasental, unendlich scheinende Treppen hören auf die Bezeichnung Himmelsleiter und führen aus einem Talkessel, wo das Idyll vor sich hin brodelt. Doch nirgendwo sonst ist die Blaufichtendichte so gewaltig.

Das Schicksal befand es für rätlich, daß ich in einem Haus mit ausgreifendem Grundstück und – parbleu! – ohne Ziernadelhölzer im engeren Weichbild der Heimatstadt zum Wohnen kam, wofür ein läppischer Mietzins zu entrichten war. Das gründete darin, daß der Greizer Bodenwert nach Blautannen pro Quadratzoll bemessen wird und sich die evangelische Kirche als Hauseigentümer verstand. Den ab und an aus biologischen Gründen frei werdenden Wohnraum belegte sie stets aufs neue mit pensionierten Honorarpastoren, denen ich wie ein Pfahl im Christenfleisch wühlte.

Doch sollte sich alles umkehren, denn es kam, daß die neu eingezogene Frau T. mit den Angelegenheiten der Gebäudeverwaltung betraut wurde und seither, wie es PastorInnen frommt, auf Ordnung in und ums Haus sah. Alle Mitbewohner fröstelten schon angesichts der von ihr einberufenen Rasenmäherübungsstunden. Zudem gebot sie über den ebenso als Pastorissimus wirkenden Schwiegersohn M., der sich hervorragend auf die Betätigung kraftstoffbetriebener Motorsägen verstand; nicht genug zu klagen über die Heimsuchung, die er über unseren Baumbestand brachte, den ich bereits seit Äonen vor Kinderverbiß geschützt hatte.

Auch Frau N. tendierte aus habitueller Vorstellungsschwäche zu Dingen, die nicht die Zustimmung zurechnungsfähiger Zeitgenossen finden dürften. Die frischen Sägewunden nämlich pflegte sie unter lebhaftem Gebrauch besitzanzeigender Fürwörter mit Blaufichtenstecklingen zuzupflanzen. Wenn es sie aber besonders ankam, dann hetzte sie in salbungsvoll-listiger Diktion und mit der milden Entschlossenheit jener, denen die Decke täglich auf den Kopf fallen will, die drei anderen Pastorengattinnen zu turbulenten Flurbereinigungen auf. Hierzu scharte man die in der Mehrzahl jagdscheinpflichtige Enkelschar um sich und begann dergestalt lärmend, singend und Gürtelrosenkranz winselnd alles zu verderben, was sich monotheistischer Kognition widersetzte.

Es waren auch die Herren, die als Gleitmittel Gottes hienieden obwalteten, aber in bezug auf ihre Automobile Frevel verschiedenster Artung ersannen, also mit pathognomonischer Verschlagenheit alles Grün zu Klump pflügten, mit ihren jeweils neuen Modellen prahlten und sich gebärdeten wie heidnische Wilde nach Glasperlenerwerb. Besondere Begeisterung vermittelte ihnen das Kurven auf unversiegelter Flur und Slalom um die wuchernde Friedhofsflora, halstiefe Furchen und furunkulöse Altöltümpel hinterlassend, ferner Unterwasserfahrten im Forellenbach hinterm Haus oder das Bauen schaurig ungelenker Wellasbestverschläge, damit ihre Dreckbleche nicht darben müssen. Da diese leider niemals mit Weihwasser betrieben wurden und die Motoren die Süße des Glockenklanges strikt vermissen ließen, wenn das Gepfäff, emsig sich die Erde untertan machend, zigtausendemal, was sag' ich, dutzendemal am Tag vor dem Hause hin und her gaste und raste, schlug eine sonderbare Vorstellung Wurzeln in meinem geschundenen Gemüt, die mit Begriffen wie verfehlte Schöpfung oder verfluchte Scheiße freilich nur sehr unzureichend an Kontur gewann.

Spätestens seit Reichsbahnlaiendiakon F. darauf verfallen war, das Gras um sein Bretterhüttchen mit der Nagelschere auf Façon zu bringen, und der konfessionell gebundene Literat G. jeden Tag einem anderen Teppich Peitschenhiebe aufzählte, während die Sommerluft in geistlicher Trompetenmusik erstarrte, verzeichnete mein Gefühlshaushalt ein eigenartiges Schaukeln. Mit Gewißheit konnte ich nur sagen, daß er irgendwo zwischen wildester Gewaltbereitschaft und finsterstem Atheismus oszillierte und darüber hinaus den alsbald in Tätigkeit gesetzten Umzug in andere Gefilde begünstigte.

Mein Hamburg

Von Harry Rowohlt

Tresennachbar: »Du laberst 'n büschen viel. Du bist wohl nicht von hier?«

Ich: »Äh … Doch …«

Die Große Övelgönner Haßnacht

Von Kay Sokolowsky

Ende Juni, ein warmer wolkenarmer Abend, lachsroter Himmel im Westen, bei Wedel. Ein faules Schlucken und Schlecken im Fluß, ein laues Wehen, ein Dunst aus Altöl und Treibholz, über den Büschen Trauben von Taufliegen. Herbert Nietsch hält Hof auf seinem Lieblingsuferstück, und weil Matthias und ich zu spät kommen, wissen wir schon, was nun anliegt: Haßnacht. »Haßnacht!« brüllt Herbert; »Haßnacht«, quaken wir schüchtern zurück. Jetzt bloß nicht widersprechen. Um seinen Hintern, sauber im Halbkreis: sechs Holstenbüchsen, eingedrückt; die siebte, noch voll, klemmt zwischen seinen Schenkeln. Er reißt die Kühltasche auf, wir fallen in den Sand und fangen die Dosen, die er uns zuschmeißt. »Wo Gert ist«, donnernd.

»Gert«, sagt Matthias, »ist auf dem Weg.« – »Der Schmock! ... Also. Haßnacht. Und erzählt mir bloß nicht, warum ihr mich so lang habt warten lassen. Ich glaub' ja doch kein Wort.« Ein Sirenenton vom Containerhafen, gleich danach ein Krachen und Quietschen, wieder die Sirene. »Wir« (Herbert, diktatorisch) »werden uns also heut abend mit der Freien und Hansestadt Hamburg beschäftigen. Wir werden alles aufzählen, was wir an ihr verabscheuen, uns vollaufen lassen und uns dabei wie die Herren der Welt vorkommen.« Matthias zuckt ein wenig mit dem Mund: Aber da muß er jetzt durch – er hat die Haßnacht schließlich erfunden, damals, als Meike ihn vor die Tür setzte. Doch er zuckt gar nicht aus Verdruß –

– er platzt heraus: »Meike Olesen! Dies ganze verschißne Blankeneser Elbhangpatriziat! Diese blau-blonden Weiber, die sich immer genau zwei Jahre hinter der Mode her anziehen. Moment, by the way, get ready to kotz: Jil Sander. *Joop!*« Er hat sich übernommen, saugt hastig Holsten, Möwen patrouillieren vorbei, und ich übernehme: »Horst Janssen. Ein Zeichner, wie Gott ihn nur alle zehn Jahre hinkriegt, läßt sich nieder mitten zwischen diesen Blankeneser Geld- und Blödsäcken, läßt sich von ihnen einreden, er sei ein Genie – von Leuten, die sich Barlach-Specksteinmännchen in den Salon stellen –, er wird also schlechter und eitler von Jahr zu Jahr, und lang bevor er stirbt, hat diese platte Stadt wieder mal ein großes Talent ruiniert.« – »Weshalb«, ruft Matthias, wieder in Fahrt, »die größeren Talente zusehen, so schnell wie möglich den Krämerseelen hier zu entkommen. Brahms: flieht nach Wien! Und Arno Schmidt: versteckt sich in Bargfeld! Wer aber bleibt an Ort und Stelle? Georg Philipp Telemann.«

Hamburger Flut läuft auf, schlurft wie im Schlaf über den Strandsand. Herbert, abgeklärt lächelnd, denn er hat uns vergeben, sagt nun: »Auch wir, Matthias, bleiben hier.« Protest, Geschrei, denn schlaue Bemerkungen egal welcher Art verstoßen gegen die Regeln. »Dialeckdich«, sagt Herbert, lächelnd, und zieht neue Dosen heraus. Unversehens ist Gert Ockert aufgetaucht und fängt sich eine. Ein gewiefter Hund, hat wahrscheinlich hinter den Büschen gelauscht – ehe wir ihn zur Sau machen können, legt er schon los: »Haßnacht? Fein. Gegen Hamburg? Klasse. Zum Beispiel mein Sankt Pauli, Sankt Pauli bei Nacht – ein einziger verschwitzter Schwindel. Das Bier zu teuer, die Nutten zu blond, die Klubs zu billig. Und seit die Touristen wegen *Cats*, aber nicht mehr zum Ficken kommen, ist die Reeperbahn wirklich nur noch eine begehbare Postkarte.« – »Eines dummen Mannes Wort«, plärrt Herbert, »sie sollen lassen stan!« Wir tun ihm nicht den Gefallen zu murren. Barfuß stapft jetzt durch den jungen Schlick ein junges Paar, bemerkt uns Zausel, hört auf zu lächeln und sieht zu, daß es Land gewinnt. Überm Fluß, weit weg im Westen, erscheint ein Phosphorgrün. Nacht macht sich breit.

Der Lotsenturm am anderen Ufer versinkt, auf der Airbus-Werft blaken die Quecksilberlampen, wieder Gert

Ockert: »Es muß sowieso mächtig was faul sein in einer Gemeinde, die sich selbst so gern auf die Schulter klopft wie diese. Die schönste, grünste, coolste will sie sein; und dann verschlägt es dich nach Wandsbek, Eppendorf, nach Hamm womöglich, und du fragst dich, warum die Stadt mit nur einer Irrenanstalt auskommt.« – »Weil«, sage ich, weil ich mal wieder was sagen will, »dieser gottverlaßne Flecken sogar für kollektiven Wahnsinn zu provinziell ist. Welch eine Dreistigkeit ohnehin, von den vielen Dörfern, aus denen Hamburg zusammengewürfelt wurde, als einer ›Stadt‹ zu sprechen! Eimsbüttel! Duvenstedt! Rissen!! Ortsnamen wie aus dem Neandertal! – Wußtet ihr, daß die Eingeborenen bis zum Einmarsch Napoleons nicht mal ein Wort hatten, um sich voneinander verabschieden zu können? Ohne ›Adieu‹ kein ›Tschüs‹.«

Einige Minuten Kollektivgestöhn übers Plattdeutsche, das seinen Namen aber so was von verdient habe (Matthias); das nicht mehr zu beherrschen der größte, der alleinige Vorzug der zeitgenössischen Hamburger sei (Gert); das Gott, genau wie diese unsägliche, klägliche Stadt, in seinem Zorn erschaffen haben dürfte (ich). Dunkel tuckernd jetzt ein Kümo, sein Kielwasser schimmert im Mondschein. Herbert entzündet die Petroleumfunzel, wir husten ein bißchen, er verkündet: »Nun, meine Herren, in knappen Worten – eine Haßanekdote aus meinem Stadtteil.«

Sternkerzen blinken; der Wind brist auf und mauschelt mit den Bäumen am Hang. »Also. Nienstedten ist der reichste Bezirk dieser reichsten Stadt im reichsten Land Europas. Ihr wißt es.« (Devotes Nicken.) »Jahrzehnte-, jahrhundertelang gab es mitten in dem Viertel eine Brachwiese, zwei Hektar wilde Weide. Da führten also die breitärschigen Millionärsbälger, die Meikes« (Kinnspitze zu Matthias) »und Haukes ihre Reitstallzossen aus. Bis dann Anfang der Neunziger der Realsozialismus, ganz nach Wunsch der Alten, sich verabschiedete und aberhunderttausend Rußlanddeutsche in den Westen entließ. Der Senat beschloß, auf dem Anger ein Aussiedlercamp zu errichten, und in den Eigenheimen rund'rum hub das Zittern an. Man plante eine Bürgerwehr, sorgte dafür, daß die komplette CDU-Führung, die den Einbruch der Hungerleider ja nicht verhindert hatte, abgesägt wurde, und man forcierte die Verschiffung des Ersparten gen Liechtenstein.« Kunstpause. Tuscheln und Huschen auf der Elbpromenade.

Ich frage nach der Pointe. »Letztes Jahr« (in Herberts Brille flackert Petroleumlicht) »wurde unterm Gesträuch gleich neben dem Camp, in Müllbeutel verpackt, ein verwester Ermordeter entdeckt. Finder waren Kinder der Migranten, nebenbei. Die Kripo behauptete, es sei nicht mehr festzustellen, um wen es sich da handle. Dann die offizielle Vermutung, das Opfer sei ganz woanders, nämlich in Wandsbek oder Volksdorf abgeschlachtet worden. Zwanzig Kilometer entfernt! Und damit ist die Sache erledigt. Stellt euch vor: ein Mordopfer, im Plastiksack entsorgt, mitten im reichsten Stadtteil der reichsten ... also. Ihr wißt Bescheid.« (Nicken.) »Und die Pointe« (Kinn zu mir) »– du siehst die Aussiedler nur noch truppweis' ihr Lager verlassen; und so wenig Einbrüche wie in den letzten zwei Jahren hat der Bezirk nie gehabt.« Er trinkt, rülpst, sieht nach Süden.

Volles Mondlicht auf dem Wasser. In den Uferwellen eine Entenflottille: Admiral Erpel paddelt drei Längen vorweg, Frau Kapitän und vier Leichtmatrosen in Linie hintan. Matthias Neumann beginnt zu pfeifen: »Rollin' home«; Gert summt: »To min ol' Hamborg«; etwas später klopfen wir uns den Sand aus den Hosen und rollen zum *Anker*, wo die Haßnacht enden wird, wie immer.

So bunt, so multikulturell

Von Fanny Müller

Genau zwanzigmal bin ich bisher umgezogen, allein sechsmal, bevor ich zwölf Jahre alt war. Jetzt habe ich seit vierzehn Jahren dieselbe Adresse, das muß dann wohl die Heimat sein – Heimat ist da, wo man mehr als einmal renoviert hat. Zum Beispiel. In Wirklichkeit ist Heimat natürlich kein Ort; Heimat sind Leute, zu denen man zu Fuß gehen kann und bei denen man dann einfach nur rumsitzt und nicht geistreich sein muß.

Als ich einmal in Neuseeland war, fragte man mich, ob ich nicht Lust hätte auszuwandern. Hätte ich nicht. Ich finde es einen unschönen Gedanken, dort auf einer grünen Aue zu sitzen und mich freuen zu sollen, wenn hier meine Bekannten nichts zu beißen haben.

Nun werde ich meine Bekannten nicht vorstellen, schließlich möchte ich sie noch behalten; und meine Wohnung auch nicht, die ist sowieso uninteressant, seit ich begonnen habe, »originelle und witzige« Gegenstände rauszuschmeißen mit der Intention, am Ende nur noch mit Tisch, Bett und meinem Power Macintosh 5400/180 zusammenzuleben.

Es bleibt also doch der Ort übrig, das Schanzenviertel. Da wollen sie alle hin, alle diejenigen, die in der *taz Hamburg* nach einer Wohnung suchen. Weil hier Normale und Verrückte wohnen, Studenten und Rentnerinnen, Junkies und späterziehende Mütter; weil es so bunt ist, so multikulturell und was weiß ich. Tatsächlich heißt das, daß es dreckig und laut ist und man an jeder Ecke, mindestens aber am Sternschanzenbahnhof, Dope angeboten bekommt. Man muß es ja nicht kaufen, aber andere tun's, und die kriegt man dann vorgeführt, auf nüchternen Magen, auf dem Weg zur Arbeit, was nicht schön ist. Vor kurzem trat ich aus der Haustür und beinahe auf einen

Punker mit Bauchschuß, während die Nachbarschaft hemmungslos in Fernsehkameras hineinredete, nachdem sie sich vorher noch schnell gekämmt hatte; auch das finde ich eher deprimierend; ebenso deprimierend wie die Film-, Fernseh- und Werbeleute, die sich in ehemaligen Fabriketagen in den Hinterhäusern des Schulterblattes angesiedelt haben und morgens bei *Emilia* Kaffee trinken gehen, weil dort alles so wahnsinnig authentisch ist. Nachts sollen die ja in der *Daniela-Bar* sein, aber nachts bin ich nicht unterwegs, das ist mir zu gefährlich, da kann man die Hundescheiße nicht sehen. Nachts liege ich in meinem Bett und lausche den Polizeisirenen und dem Krach, der bei günstiger Wetterlage, aber auch bei ungünstiger, vom Hafen oder vom Heiligengeistfeld herübergeblasen wird; Hafengeburtstag, Zirkus, Jahrmarkt, Fußball, Popkonzert: Irgendwas ist immer. Und wenn mal nichts ist, sind da noch das Kleinkind von unten, der Säugling von oben und die Punks aus dem Sozialbunker mit ihrer ... Musik, ja, Musik, so nennen die das wohl. Da wächst dann die Sehnsucht nach dem Haus im Grünen, nach ruhigen Nächten und beschaulichen Nachmittagen auf dem Lande, obwohl ich es eigentlich besser wissen müßte, denn ich bin auf dem Lande aufgewachsen. Und deshalb und doch: kehre ich nach einem Besuch in Buxtehude, La Palma oder Hohne zurück, atme ich auf, wenn ich die S-Bahn an der Sternschanze verlasse und um 'ne Maak angehauen werde; es ist nicht zu fassen.

Warum wohne ich hier und will nicht weg? Wegen der billigen Läden und Imbisse und Restaurants, die praktisch immer geöffnet haben? Wegen der Kneipen? Der guten Verkehrsverbindungen? Daran kann es nicht liegen. Ich koche meist selbst, in Kneipen bin ich nicht oft, und die »Schanze« verlasse ich selten.

Es wird wohl so sein: Ich werde nicht gern überrascht. Und in diesem Viertel zeigt sich früher als anderswo, was auf uns zukommt – die Sorte Elend und die Sorte Schicksein, mit der wir es zunehmend zu tun haben werden, aber auch alles dazwischen. Vielleicht, aber nur ganz vielleicht, geht von hier aus auch etwas anderes los, Sie wissen schon. Das wäre dann Heimat, Leute. Und ich werd's wohl nicht mehr mitkriegen.

Hannover, das ist die Autobahnabfahrt zwischen Göttingen und Walsrode. Die Stadt liegt nicht am Arsch der Welt, aber man kann ihn von dort aus ziemlich gut sehen.

Harald Schmidt

Die Stadt everybody loves to hate

Von Dietrich zur Nedden

Wenn ich nicht irre, veröffentlichte zu einer Zeit, als es noch zwei Deutschländer gab, der *Spiegel* das Ergebnis einer Umfrage über die langweiligste Stadt der Republik. Ein Achtungserfolg gelang der niedersächsischen Landeshauptstadt Hannover, sie landete auf dem zweiten Platz. Langweiliger, so das Urteil der Befragten, sei allein Nürnberg.

Während in Nürnberg Reichsparteitage zelebriert wurden, lungerte ausgerechnet Gottfried Benn an der Leine herum; ausgerechnet Benn, der sich von den einst emphatisch begrüßten Nazis abgewandt und die, wie er es nannte, »aristokratische Form der Exilierung« gewählt hatte, indem er zur Wehrmacht gewechselt war.

Benn saß meist im *Weinhaus Wolf*, und wenn nicht, verrichtete er akkurat seinen Dienst als Sanitäts-Offizier bei der Wehrersatz-Inspektion. Oder er schrieb Gedichte wie »Einsamer nie als im August« und »Der Tag, der den Sommer endet«, letzteres übrigens am 6. August 1935 auf die Rückseite einer Speisekarte der Stadthalle Hannover – die Verse versah er mit dem provisorischen Titel »Stadthallenelegie«. Genoß Benn aber während der Niederschrift das Gedeck zu einsfünfzig, also eine »Kraftbrühe mit Rindermark«, einen »Schmorbraten mit Rotweintunke/grüne Bohnen, Kartoffeln« und als Nachtisch einen »Eisbecher«? Oder die nicht näher beschriebene »Bürgerliche Nahrung« für eine Mark?

Als Benn im Juni 1937 Hannover (»Schlechtes Klima,

keine Landschaft, flach alles, riesig öde«) verließ, sprach er rückblickend von der »finstersten Epoche« seines Lebens. Die Tatsache, daß er solcherart eine Mehrheitsmeinung der achtziger Jahre antizipiert hatte, darf uns ruhig wundern. 1950 indessen, vom Alter milde gestimmt, korrigierte er sein Urteil: »Alles in allem waren es keine schlechten zwei Jahre, die ich dort verbrachte.«

Zu diesem Zeitpunkt war der Merz-Künstler Kurt Schwitters bereits zwei Jahre tot, gestorben im englischen Exil. Lange vor Benn hatte Schwitters seine Heimatstadt gültig analysiert. Rückwärts gelesen ergebe Hannover »re von nah«, und das sei gleichbedeutend mit der Zeile »rückwärts von nah«. Abermals von vorne gelesen, folgerte er, müsse es dann »vorwärts nach weit« heißen. Mit anderen Worten: »Hannover strebt vorwärts, und zwar ins Unermeßliche.«

Außerhalb Hannovers ist das so gut wie unbekannt. Dort herrscht immer noch die Auffassung, an der Leine lebe man in »der fahlsten der städte« (Stefan George). Den Volksbeauftragten Noske focht das nicht an. Der Mehrheitssozialist erhielt 1919 den Oberbefehl über den Einsatz jener Regierungstruppen, die anschließend die Reste der deutschen Revolution zusammenschossen. Zum geflügelten Wort wurde Noskes Satz »Einer muß der Bluthund sein«, eine Haltung, die heute noch beliebt ist, auch wenn sie anders genannt wird: Man »übernimmt Verantwortung«. Noske übernahm 1920 den Posten des Oberpräsidenten der Provinz Hannover, ein Amt, das er immerhin bis 1933 innehatte.

Bluthunde kennen sich hier aus, hier, wo die letzten Ausläufer der deutschen Mittelgebirge an ihr Ende gelangen, hier, wo die Republik plan wird. Der erste Medienstar unter den zivilen Serienmördern unseres Jahrhunderts, der Polizeispitzel Fritz Haarmann, schuf sein Lebenswerk in Hannover, Adresse: Rote Reihe 2. »Er ist gut mittelgroß, breit und wohlgebaut und hat ein zwar derbes, grobes, aber gleichsam wie blankgescheuertes, klares und offenes Vollmondgesicht mit frischen Farben und kleinen neugierigen und fröhlichen Tieräuglein.« Was wie eine Beschreibung des Durchschnittshannoveraners anmutet, ist Haarmanns Charakterisierung durch Theodor Lessing, der für das *Prager Tageblatt* über den Prozeß berichtete.

Kurz nach Haarmanns Hinrichtung im April 1925 wurde der Pensionär und Hannoveraner Hindenburg zum Reichspräsidenten gewählt. Lessing warnte vor ihm, denn die Geschichte habe gezeigt, daß auf einen Zero immer ein Nero folge. Für diese »Verunglimpfung« des Generalfeldmarschalls a. D. rächte sich die nationalistisch ausgerichtete Mehrheit der Studenten an Hannovers Universität. In »regelrechter Pogromstimmung« terrorisierten sie Lessings Vorlesungen so lange, bis er vom preußischen Kultusminister nicht etwa unterstützt, sondern beurlaubt wurde. Göring persönlich soll 1933 den Mord an Lessing im Marienbader Exil befohlen haben. Hindenburg starb ein Jahr später, 81jährig, im Bett.

In ihrer klebrigen, naßkalten, faden Behäbigkeit lassen sich die Hannoveraner nicht gerne stören. Umgekehrt werden sie gehörig böse, wenn man ihren Selbsthaß und Kleinheitswahn therapieren möchte, etwa dergestalt, daß man behauptet, Hannover sei denn doch nicht sooo übel. Überhaupt keinen Spaß verstehen sie, sobald die Rede auf ihr Schützenfest kommt. Das ist ihnen Herzenssache. Stücker 468 davon haben bereits stattgefunden, jedesmal »das größte Schützenfest der Welt«, was dennoch keine Sau interessiert. Trotzdem sind die Hannoveraner sehr stolz darauf. Beim traditionellen Ausmarsch bilden regelmäßig 5500 Schützinnen und Schützen das Herz des Festzuges, kommen aber beklagenswerterweise immer wieder zurück.

Mehr als ein Prozent der Bevölkerung bedient Waffen. Folgerichtig belegt Hannover in den Kriminalitätsstatistiken stets einen der vorderen Plätze. Zu diesem Resultat beigetragen haben einige Vorkommnisse der jüngsten Vergangenheit. Als pflichtbewußte Staatsbürger bis zur Selbstaufgabe gerierten sich ortsansässige Rentner: Im Januar 1995 starb ein pensionierter Lehrer bei dem Versuch, einen Bankräuber an der Flucht zu hindern (Kopfschuß); am 27. Mai 1997 kam der achtundsiebzig Jahre alte Pensionär Johannes A. auf die gleiche Weise ums Leben. Und kaum hatte die Fußball-Nationalmannschaft der Ukraine im Frühjahr 1996 die WM-Qualifikations-Spitze übernommen (und Deutschland hinter sich gelassen), wurde vierundzwanzig Stunden später ein Ukrainer ermordet aufgefunden. In Hannover.

Stellungnahmen zur weltgrößten Industriemesse und zur weltblödesten Expo 2000 darf ich mir sparen – wie beinahe den Hinweis auf die schätzungsweise noch zwölf Prozent original hannoverschen Blutes, die in den Adern von Prinz Charles fließen sollen, weil es vor fast dreihundert Jahren eine auf Zufall oder Schicksal beruhende Erbfolge so wollte, daß Hannovers König den englischen Thron bestieg.

Er mag froh über seinen Wechsel nach London gewesen sein. Unbekannt war ihm sicher Arno Schmidts Sentenz, die all jene, die der Stadt entkommen wollen in die Zentren der bewohnten Welt, am Ende doch verzagen und zuallerletzt in Wehmut verharren läßt: »Und was heißt schon New York? Großstadt ist Großstadt; ich war oft genug in Hannover.«

Alles in allem ist Hannover *in nuce* eine Frage der Einstellung: zentraler Verkehrsknotenpunkt für die einen, die ideale Stadt zum Durch- und Vorbeifahren für die anderen. Und ein Sportverein, der nicht nur eine Fußballabteilung hat, sondern auch SC Schwalbe heißt, muß anderswo wahrscheinlich erst gegründet werden.

Jurassic Park. Auf bedeutend historischem Terrain

Von Tom Wolf

Zur Jura-Zeit war Hechingen Hochburg der Dinosaurier – im noch andauernden Quartär ist es Hochburg der Hohenzollern. Der Name des innerörtlichen Einkaufszentrums, das ich nicht betreten kann, ohne an Steven Spielberg zu denken, legt diese Parallele nahe. Vis-à-vis vom Hohenzollern-Gasthof *Prinz Louis Ferdinand* steht es und hört auf den Namen *Zoller-Park*.

Verharrt der von Norden Anreisende kurz auf der Dußlinger Höhe, sieht er bereits die Zinnen der Burg Hohenzollern. Passiert er dann vor Bodelshausen die Staatsgrenze des uralten Zollernlandes, liegt die Euro-Disney-Kulisse prachtvoll vor ihm. Ewig wird das Preußenkastell – eine aufs sanfte Alb-Gewelle gepfropfte Pickelhaube – dem Sightseeing standhalten müssen. Es erhebt sich neben dem neugebauten *Burger-King* direkt vor meinem Schreibtisch und erspart mir nachts doch glatt zwei 100-Watt-Birnen. Der echte Hechinger geht nur bei epochalen Anlässen auf den Zoller: zur Einweihung 1869, zum aufgebahrten preußischen Kronprinzen 1951 oder zum aufgebahrten preußischen Fast-Kronprinzen 1995.

Hechingen nennt sich (allseitig Freizügigkeit vorgebend) »Gemeinde Europas«. Seit Mai 1997 stehen sogar Begrüßungsschilder für Außerschwäbische. Trotzdem entspricht man gerne dem alemannischen Sparbrötchen-Image und prellt schon mal eine schwer schuftende Euro-Dolmetscherin beim deutsch-französischen Partnerdorf-Plausch kleinlich ums kleine Honorar. Archäologische Ausgrabungen werden im kostensparenden Bürgeraktionsmodus durchge-

Hechingen, von hinter Tuttlingen aus gesehen

führt, und der Geschichtsverein muß sich von dem ernähren, was sein Kopiergerät abwirft. Das zweifellos vorhandene Geld sammelt sich derweil in mittelständischen Oberstadt-Reservoiren. Mein Nachbar etwa, der Busunternehmer, hegt verschiedenfarbige Porsche-Autos im Stall.

Als Goethe via Tübingen der Schweiz zureiste, durchfuhr er auf der schlaglöchrigen Schweizer Straße notgedrungen auch das Starzeltal. Hagiographisch geschult, identifizierte er einen an der Starzelbrücke stehenden Steinklotz als Heiligen »Nepomuk« und notierte angesichts der schmucklos-geräumigen katholischen Kirche, wohl aus Freude, gerade eine steile Schmutzstraße samt ekliger Krämerläden absolviert zu haben: »Sehr schöne Kirche.« Im Verschnaufen kamen ihm Gedanken zum »Pfaffentum«, die bis dato Trefflichkeit besitzen, wie mir ein Seitenblick aufs pfäffische – indessen evangelische – Nachbargrundstück zeigt: *Betrachtungen über die Kahlheit der Pfaffen in ihren eigenen Gärten und die Stumpfheit, die sie baumfällend allseits verbreiten*. Wie wahr!

Goethe wandte sich rasch den blauen Bergen im Süden zu, deren jurassischer Fossilreichtum ihm hinterm Fahrtwind keineswegs verborgen blieb. Die am 16. September 1797 zwischen 7.30 und 9.25 Uhr auf den Hechinger Untergrund einwirkende Anwesenheit Goethes hat nach zweihundert Jubeljahren den elementar verwirrten »Initiativkreis Goethe in Hohenzollern« emporblühen lassen. Die Gaststätte *Mohren*, die von zwei ebenso liebenswerten wie unzurechnungsfähigen älteren Damen geführt wird, ist der ideale Treffpunkt für diesen »Club der 6900 Sekunden«.

Die vier wirkungs- und schaffensreichen Hechinger Jahre Friedrich Wolfs finden nur im Straßennamen eines entlegenen Neubaugebiets schamhaft Erwähnung. Fragte man innerorts, wer die Werke aufzählen könnte, die der politisch tatenfrohe Arzt von 1922 bis 1926 in Hechingen geschrieben hat, zeigten sich bloß offene Münder. Dabei ist die weltberühmte Grosselfinger Dorfgeschichte *Der arme Konrad* darunter! Wolfs Sohn Markus-Mischa, der seine steile Karriere im Deutschen-Demokratischen-Geheim-Dienst glücklich ebenerdig als Schriftsteller beschloß, kam hier zur Welt.

Als ich ihm nach seiner einzigen Heimat-Stadt-Lesung vor der Einkaufspassage am Obertorplatz zufällig über den Weg lief, besah er kopfschüttelnd die horriblen Preise im Konsum-Diorama eines Pelzladens, offensichtlich russische Fell-Vergleichszahlen erwägend.

Seit einigen Jahren halten sich die Ratsherren zur Pflege geistigen Anstrichs im Eittelstählinturm einen poetischen Säulenheiligen, aber er tritt, da Dandy, kaum in Erscheinung. Auch bewohnt er lieber das nahe Lustschloß Lindich, wo Kaiser Wilhelm I. als König beim Übernachten den Deutsch-Französischen Krieg geplant hat.

Apropos Schloß: 1848 bebte der sonst nur tektonisch aktive Zollerngraben politisch. Die lokalen Hohenzollern zogen sich aus der Despotie ins Bequemliche zurück und verkauften Kind und Kegel an den expansions- und investitionsfreudigen Preußenkönig. Sigmaringen wurde Regierungssitz, Hechingen Jurapalast. Das Megatonnengebäude des Landgerichts, das weite Teile meines Wohnzimmers überschattet, sowie das Gefängnis, dessen stimmfreudige U-Haft-Insassen nachts besonders laut jodeln, sind solide und lebendige Zeugen des pickelbehaupteten Einzugs. Die preußischen Hohenzollern erkannten den Burgberg als ihre vor zig Generationen verlassene Ahnenstätte an und machten das Manko fehlenden historischen Mauerwerks durch Romantikerphantasie überaus wett.

So kam es, daß Kronprinz Wilhelm, der Vater des jüngst verstorbenen Prinzen Louis Ferdinand, just hier um die Ecke verschied. Frau Wagner, eine patriotisch-rüstige Dame, wacht übers reihenhäusliche Kronprinzenpalais, und die Heimatbücherei zeigt gerne jedem Interessierten den kronprinzlichen Nazi-Reisepaß. Die amerikanischen Befreier wollten den Kaisersohn wegen seiner Nazinähe der weiten Welt ersparen. Vor die freie Horst-Wahl im Okkupationsgebiet gestellt, wählte er die unbeheizbare Urväterburg Hohenzollern, da er sie von Fotos kannte. Nach einigen arschkalten Tagen siedelte die Hoheit aber doch lieber im mollig warmen Bürgerwohngebiet. Fortan spazierte sie mit Windhund umher oder sah, genüßlich Fotografen abwimmelnd bzw. ein gelbes Mercedes-Cabriolet polierend, angeregt der turnenden Gymnasiumsjugend zu.

Die Hechinger Gymnasiallehrer erzogen auch den amtierenden deutschen Außenminister, dessen schätzungsweise zwanzig Meter langen Schulweg ich vom Schreibtisch aus gut einsehen kann. Kinkel joggt bei Elternhausbesuchen mit seiner Leibwache und gibt gerne lokale Audienzen für die *Hohenzollerische Zeitung* oder fürs Fernsehen – etwa auf der Burg Hohenzollern. Auch landet er ab und an per Hubschrauber mit fremden Außenministern neben der Gaststätte *Brielhof*, die genauso fest in blaublütiger wie in blau-gelbblütiger Hand ist.

Das zumeist textilverarbeitende, otto-normal-gesellige Hechingen unterhält ein reges Vereinsleben. Mich betrifft dies etwa, wenn ich beim Umherspazieren nacheinander von den Gehegen des Golfklubs, Schützenvereins, Schäferhundevereins und des Tennisklubs behindert werde. Auch die Lokalkünstler haben sich zur *Gilde* formiert und müssen als exotische Viecher bei den landesüblichen Fasnet-Umzügen tapfer mitmarschieren.

Moralische Mummereien werden im Vielvölkerstädtle das ganze Jahr über gepflegt. So legt man etwa auf nominelle Wiedereingliederung einst tatkräftig ausgerotteter jüdischer Kultur enorm viel guten Schau-Wert. Pausenlos finden in der schamhaft rekonstruierten Synagoge diesbezügliche Alibiveranstaltungen statt. Die nächste Abfahrt der vierspurigen B27 Richtung Balingen heißt nichtsdestotrotz KZ-Friedhof.

Statt eines Nachworts möchte ich sagen, ich würde doch lieber ins benachbarte Killertal nach Killer ziehen. Da ist wirklich was los, jede Woche wird das Ortsschild geklaut, und da gibt es was Richtiges zu sehen, das Deutsche Peitschenmuseum.

Großzügige Toiletten

Von Rainer Moritz

Andere haben es besser, andere haben Geburtsorte, deren Glanz per se adelt. Triest, Nashville, Hammerfest, Villingen-Schwenningen – warum zog es meine leichtfertigen Eltern nicht an diese auratischen Örtlichkeiten? Warum ausgerech net Heilbronn am Neckar?

Nein, Heilbronn hat kein astreines Ekel-Image, ist kein Bitterfeld oder Hannover des Südens. »Und wo kommst du her?« – »Aus Heilbronn.« Schluß, aus, so kurz und knapp verlaufen Partygespräche zu diesem Thema, denn mit Heilbronn fangen die Leute rein gar nichts an, lassen höchstens ein gönnerhaftes »Ja, das kenne ich, vom Vorbeifahren, hat oft Stau da, um Weinsberg rum oder wie das heißt« hören. Dies sind für den daselbst Gebürtigen Momente der Erniedrigung. Wer will im Niemandsland geboren sein? Dann lieber gleich am Maschener oder Kamener Kreuz.

Heilbronn, das ist die blanke Langeweile, ist stadtgewordener Rudolf Scharping. Als Heimstatt der Krämerseelen seit alters verschrieen, gilt es dem Kunstbeflissenen wenig, und entsprechend dürftig nimmt sich sein Stellenwert innerhalb der Weltliteratur aus. Ein paar Beispiele mögen genügen: Gabriele Wohmanns Gedicht »Der kleine wahre Moment« (1978) beginnt mit den überraschenden Versen: »Plötzlich auf dem Bahnhof von Heilbronn / Habe ich gemerkt / Ich ging ja mit erhobenem Kopf!« Doch was so euphorisch und für den Ortskundigen so ungewohnt einsetzt, mündet in der niederschmetternden Zeile »Rechtzeitig bin ich abgefahren«. Oder: Elisabeth Plessens seinerzeit vielgerühmter Roman *Mitteilung an den Adel* (1976) drängt die Rebenstadt auf infame Weise in die Bedeutungslosigkeit: eine einzige Erwähnung auf knapp 200 Druckseiten, und dann so eine: »Das Neckartal verregnet. Gehänge von Wolkensitzen. Es goß. Buderus Vaihinger Eternit. Karlsruhe 107 km. Heilbronn 99 km.« In einem Atemzug mit Eternit und Karlsruhe genannt … auch eine Art, getötet zu werden. Oder: In Eckhard Henscheids Kurzdrama *Im Air-Bus* unterhalten sich Fußballprofis über ihre Aussichten nach dem Karriereende. Einer antwortet: »Hab 'n Angebot von ›Dollys Beerhouse‹. Als Geschäftsführer. Oder was mit Computer. Bei Commodore in Heilbronn.« Warum, fragt man sich nach so gehäufter Demütigung, taugt Heilbronn so trefflich zum Platzhalter des Abgehalfterten und Randständigen, warum lädt dieser Ort so hartnäckig zum Vorbei- und Abfahren ein?

Halt, halt, rufen literarhistorische Kenner aus: Heilbronn, ist das nicht der weltberühmte Schauplatz des Kleistschen Ritterschauspiels *Das Käthchen von Heilbronn*? Reicht diese Titelgebung nicht für die ewigen Annalen künstlerischer Weihen? Nun ja, der preußische Dichter hat Heilbronn zeitlebens wohl nie besucht, seine Verortung (»in Schwaben«) zeichnet sich durch romantische Unverbindlichkeit aus, und selbst den emsig bemühten Lokalhistorikern ist es nicht gelungen, ein einigermaßen passendes Käthchen-Vorbild aufzuspüren. Lisette Kornacher, eine wackere Bürgermeistertochter, hätte man dafür gerne reklamiert; allein, die Faktendecke ist zu dünn, reicht nicht einmal für eine Fußnote in kritischen Kleist-Editionen.

Natürlich hat dergleichen Stadtväter und PR-Manager in keiner Weise davon abgehalten, das Kleistsche Phantasieprodukt für alle möglichen Zwecke auszuschlachten: Aufkleber, Puppen, Wein – all das gibt's in der blondzopfigen Käthchen-Version zu erstehen. Am Rande des Marktplatzes läßt sich ein stattliches *Käthchenhaus* besichtigen, das mit Kleists Stück so viel gemein hat wie der 200 Meter entfernte Götzenturm mit Goethes *Götz von Berlichingen*: nichts.

Heilbronn, das ist die Stadt der kulturellen Nicht-Existenz. Landkarten, auf denen die 120 000-Einwohner-Stadt fehlt, müßten nicht vom Markt genommen werden. Die Lücke zwischen Stuttgart und Frankfurt würde niemandem auffallen. Früher, da war zumindest auch in Heilbronn manches besser, fußballerisch gesehen zum Beispiel. In den goldenen Siebzigern etwa glänzten die Mannen des VfR Heilbronn in der Regionalliga Süd und durften sich ein Jahr lang sogar in der Zweiten Bundesliga tummeln. Unvergessen sind die Nachmittage im ausverkauften Stadion, wo die Ballvirtuosen um Werner Pfeifer, Karl Alber, Hans Hägele, Heiko Racky oder Karl-Heinz Frey Pokaltriumphe über den Erstligisten Kickers Offenbach feierten oder den FC Augsburg (mit dem füllig gewordenen Helmut Haller) abkanzelten. Ja, das waren lichtdurchflutete neunzig Minuten, die die Hoffnung nährten, aus Heilbronn ließe sich etwas machen. Heute krebst die Mannschaft in den Niederungen der Oberliga herum, froh darüber, dem Sumpf der Verbandsliga entronnen zu sein.

Der Untergang des Heilbronner Fußballs bezeugt die permanente Zerrüttung der Stadt, die sich vor allem am fahrlässigen Umgang mit Namen ablesen läßt. Irrwitzige tauften die stattliche Sportarena Frankenstadion, eine geographisch-stammeskundliche Konfusion sondergleichen. Als Faschingsschlachtruf erwählte man – einer beliebten Rebsorte folgend – das unglaubliche »Trolli, Trolli«. Der ehrwürdige Kaiser-Wilhelm-Platz, auf dem Generationen von Gymnasiasten ihre Pausenzigarette rauchten, geriet im Wahn der Bürokratie zum Friedensplatz (es sei hier daran erinnert, daß im Heilbronner Stadtwald jahrelang Pershing-2-Raketen lagerten). Und die zwischen dem herrlichen Pfühlpark und dem herrlichen Pfühlsee gelegene, übrigens völlig einwohnerlose Linnéstraße (der berühmte Botaniker, Sie wissen schon) wurde, da die Anrainer die Probleme der Zweitsilbenbetonung nie in den Griff bekamen, nach einem gewissen und gänzlich unbekannten Richard Becker umbenannt.

Wo so acht- und sorglos mit Worten umgegangen wird, ist nichts Großes und Schönes zu erwarten. Heilbronn, deine Fußgängerzonen – mit dem Fluchtpunkt *Horten*-Fassade – verströmen den Gefrierbeutelcharme des Wiederaufbaus, deine unterirdischen Passagen konnten ihre Schmuddelnote nie abstreifen, und die Einkaufszentren mit einfallsreichen

Namen wie *Shopping-Haus* sind Gradmesser des Häßlichen.

Gewiß, es ließe sich über Heilbronn auch manch Artiges sagen. Für Lobreden freilich ist hier kein Raum, sie seien jenen vorbehalten, die nicht umhinkönnen, sich dauerhaft im Kessel der Stadt (nichts für Wetterfühlige!) einzurichten. Zum Glück ist der Mensch anpassungsfähig und geübt darin, sich sein Leben schönzureden. In einer Straßenumfrage (»Was schätzen Sie an Heilbronn?«) der Lokalzeitung vom 5. Juli 1997 fanden sich prompt denkwürdige Antworten. Edeltraud Yalcin (33), Hausfrau, etwa meinte in interessanter Dialektik: »Ich bin eine Zugezogene, und mir gefällt hier alles«, während Betriebswirt Helmut Müller (55) noch entschiedener argumentierte: »Seit ich vor siebzehn Jahren in diese schöne Stadt gezogen bin, war ich zweimal im Urlaub. Beide Male wurde ich krank. Nun bleibe ich lieber hier.«

Vielsagender im Hinblick auf einen allgemeinen Gesinnungsumschwung im Hinblick auf Heilbronn klingen neuerdings zu hörende Sympathiebekundungen aus intellektuellen Kreisen. Jürgen Berger läßt in seinem Dreiakter *Pinkelpause* (Erstveröffentlichung: *taz* vom 12./13. Juli 1997) mehrere Theaterkritiker am Urinal über den Zustand deutscher Schaubühnen räsonieren. Wir zitieren den aufschlußreichsten Dialog:

»Henrichs: Kennst du Heilbronn? Ich war mal in Heilbronn.

Stadelmaier, inzwischen am Waschbecken, räuspert sich.

Henrichs: Na ja, einmal ist keinmal. Aber ich sage dir, Heilbronn hat großzügige Sitze. Ich träume heute noch von den Sitzen in Heilbronn und sage mir in schwachen Minuten: Benjamin, vergiß München, vergiß Wien und Lausanne. Vergiß auch Berlin, Bochum und Hamburg. Laß uns nur noch nach Heilbronn fahren und die Sitze im Heilbronner Theater genießen.

[...]

Stadelmaier: Und die Toiletten in Heilbronn?

Henrichs: Großzügig, sehr großzügig. Man kann Abstand halten.«

Knapp zwanzig Jahre nach Gabriele Wohmann (»Rechtzeitig bin ich abgefahren«) stehen die Zeichen offenkundig auf Veränderung: »Laß uns nur noch nach Heilbronn fahren.« Es ist zu früh, die Folgen dieses flammenden Appells richtig einschätzen zu können; denkbar indes, daß die zweite Auflage dieses Buches auf Heilbronn verzichten muß und der Beitrag statt dessen in den Band *Geniale Gemeinden* Aufnahme findet.

Schwarzwälder Kirsch, fleischlos

Von Joachim Frisch

»Vier Buchseiten«, hatte der Herr Roth auf meine Frage geantwortet, wieviel ich denn über meine Heimatstadt schreiben solle. Vier Buchseiten, das sind etwa zwei DIN-A4-Seiten, zwei Seiten über Kindheit und Jugend, über Liebe, Leid und Leidenschaft, über Traumen und Träume in dieser Stadt, die mich geprägt und gequält hat, der ich so viel zu verdanken habe und die ich doch auch verachte.

Ich geriet in Panik. Wie sollte ich diese zwei Seiten nur vollkriegen? Gut, mit diesem blöden Einstieg war eine viertel Seite geschafft, doch eindreiviertel Seiten über das nichtssagendste Nest westlich von Ludwigshafen-Oggersheim fehlten noch.

Die Aufgabe wäre unlösbar gewesen, gäbe es nicht den Fußball. Denn am meisten verbinde ich mit Kaiserslautern das, was auch jene Leute damit verbinden, die noch nie dort waren: den Betzenberg, Fritz Walter und Hans Peter Briegel, den ich übrigens fast persönlich kenne. Als ich einmal mit Freunden beim Doppelkopf (Lauterer Version ohne Neunen) in der Gaststätte des Rodenbacher Fußballvereins saß (Briegel begann hier, Fußball zu spielen), kam Briegel herein und trank an der Theke ein Bier. Oder zwei. Ich konnte das nicht so genau beobachten, denn ich hatte gerade einen »Fleischlosen« auf der Hand, ein Solospiel ohne Trümpfe, das einem mittelmäßigen Geschlechtsverkehr vorzuziehen ist, glaubt man eingefleischten Kaiserslauterer Doppelkopffolkloristen. Soviel zu meiner Begegnung mit Hans Peter Briegel, auf die ich noch immer ein wenig stolz bin.

Stolz scheint mir überhaupt das Kriterium zu sein, mit dessen Hilfe man seine »Heimatstadt« von allen anderen Städten unterscheidet. Zum erstenmal stolz auf Kaiserslautern war ich, als meine Volksschullehrerin vom Kaiser Barbarossa erzählte. Ein waschechter Kaiser hatte hier gelebt, mit Purpurmantel, prächtigem Thron und goldener Krone, hier, wo auch ich lebte! Vorher hatte ich mit dem Begriff Stolz primär den *Edelstolzmarkt* in Verbindung gebracht; da hatte mein Onkel den Posten des Filialleiters inne und war so mächtig, daß mir die Frauen hinter der Kuchentheke auf seine Anweisung hin ein Stück Schwarzwälder Kirsch servierten. Da war ich dann mächtig stolz auf meinen Onkel bei *Edelstolz*. Später hieß *Edelstolz Spar*.

Barbarossa war also der Anfang, von da an war ich auf jeden Mist stolz, der diese Stadt von anderen Orten abhob, auf das höchste Rathaus Europas (erbaut 1963), auf die größte amerikanische Garnison außerhalb Amerikas (60 000 amerikanische Soldaten), auf den größten lücken- respektive lichtungslosen Wald Deutschlands oder Europas oder des Universums, auf den Großstadtstatus (den man Anno 1969 mit der Eingemeindung einiger umliegender Dörfer erschummelte). Überhaupt erfüllte mich als Kind jede Erwähnung Kaiserslauterns im Fernseher oder im Radio mit Stolz. Hätte es in den sechziger Jahren schon Staumeldungen gegeben, wäre ich vor Stolz geplatzt. Weil es sie noch nicht gab, mußte ich mich mit Nachrichten über Karl Mildenberger begnügen, der gegen Cassius Clay um die Weltmeisterschaft boxte und verlor, und natürlich mit Fußball.

Schon in der zweiten Klasse löste Fritz Walter Barbarossa als primäres Projektionsobjekt ab, denn bester Fußballer der Welt zu sein schien mir jetzt großartiger, als eine Krone auf dem Kopf zu tragen. Das tragische Scheitern der Deutschen in Wembley 1966, ohne Lauterer, machte mir die Tragweite des 54er-Triumphes mit fünf Lauterern klar: Kaiserslautern war das Zentrum der Fußballwelt gewesen, und die Fußballwelt war die Welt. Sogar auf Fritz Walters Kino in der Karl-Marx-Straße war ich stolz. Es war mir egal, daß dieser Kinokasten scheiße aussah und darin doofe Filme liefen. Er stand da, mitten in der Stadt, und bestätigte die Existenz Fritz Walters und damit die Größe des Lauterer Fußballs und der Stadt – von der ich ein Teil war.

Mit der ersten Deep-Purple-Single (»Speed King«) und dem ersten Petting (Susanne) war der Stolz auf bürgerliche Erfolge wie Fußballtitel schlagartig vorbei. Es waren die Siebziger, und alles Bürgerliche war verpönt. Später wurde ich Sponti. Warum ich nicht K-Gruppler wurde oder RAF-Sympi, weiß ich nicht mehr. Der Stolz aber blieb, nur seltsam verkehrt. Stolz war ich nicht mehr auf das kommerzielle Fritz-Walter-Kino, sondern darauf, daß die Straße, in der es stand, nach Karl Marx benannt war; nicht mehr auf die 60 000 Amerikaner, sondern auf die 20 000 Schwarzen unter ihnen; nicht mehr auf den Pfälzer Wein, sondern auf Meldungen über Kaiserslautern, es sei Hauptumschlagplatz für Heroin; nicht mehr auf den biederen deutschen Namen Fritz Walter, sondern auf den seiner Frau Italia. (Was für ein bescheuerter Name! Man stelle sich eine deutsche Frau vor, die Germania heißt und einen italienischen Fußballprofi heiratet!) Dieser Name und die italienische Herkunft retteten die Helden von Bern und den Lauterer Fußball vor dem Nationalismusverdacht. Später waren die Schweden Hellström, Sandberg und Wendt die Retter, die dem FCK nicht nur etwas Internationales, sondern auch etwas Sozialdemokratisches gaben, das uns linke Lauterer beruhigte. Wir durften den FCK weiter mögen.

Seltsam, daß wir ihn unbedingt mögen wollten. Seltsam auch, daß Patriotismus, die narzißtische Störung zwischen den narzißtischen Störungen Nationalismus und Egomanie, von allen Seiten akzeptiert wird. Wir interpretierten den pfälzischen Dialekt als Symbol des Widerstands, wir waren stolz auf unsere Authentizität, obwohl keiner dieses Wort richtig aussprechen konnte. Die radikalsten K-Gruppler und RAF-Sympathisanten quatschten obstinat das breiteste Pfälzisch, das auf der Kommandoebene kein Schwein verstanden hätte. Eine Art Aremorica-Syndrom beherrschte unser Selbstverständnis. Wie der Streber Asterix und seine Dorfdeppen von Römern fühlten wir uns von Spießern, Kapitalisten, Preußen, Bayern und Amis belagert. So kam es zu einem bizarren Stolz auf die Lauterer Ausläufer der RAF, auf den Überfall auf die Hypobank, auf Susanne Kuby und sogar auf den Spitzel

Klaus Steinmetz. Jeder junge Lauterer kannte mindestens ein RAF-Mitglied, das im Knast saß, und jeder prahlte damit. Es gab halt sonst nichts zu prahlen, der FCK spielte ja permanent gegen den Abstieg.

Und weil es nix gab, machten wir was, Terror oder Musik, z. B. mit der Savannah Blues Band, deren Name verräterisch war: Savannah/Georgia an der amerikanischen Ostküste dürfte einen ähnlich hohen Schnarchfaktor wie Kaiserslautern haben, abgesehen vom rauschenden Atlantik. (Die Lauter, das einzige nennenswerte Kaiserslauterer Gewässer, ist nicht mal zu sehen. Sie fließt in Rohren unter der Stadt hindurch.) Auch diese Band, bei der ich als Bassist dilettierte, konnte ihren verkorksten Stolz nicht retten und sang »Goin' to K-Town City, sweetest place I know« auf die Melodie von »Sweet Home Chicago«.

Das war schon in den Achtzigern. Jetzt hatte der FCK Erfolg, mit Hans Peter Briegel und Ronnie Hellström und Kalli Feldkamp als Trainer und Toppmöller im Sturm. Doch der Stolz schwand, seine Kehrseite, die Scham, kam zum Vorschein. Für die Umbenennung des Betzenbergstadions in Fritz-Walter-Stadion, der einzige mir bis dahin bekannte Fall der modernen Kulturgeschichte, in dem ein Bauwerk nach einer lebenden Person benannt wurde, schämte ich mich wie ein Bettnässer. (Nach Abschluß dieses Textes zog freilich die Stadt Graz nach; zumindest hört man von Bestrebungen, das dortige Stadion Arnold-Schwarzenegger-Stadion zu taufen.) Das Fritz-Walter- und Region- und Heimatgetue und -gesülze rief bei mir den Geschmack verdorbener Schwarzwälder Kirschtorte hervor. Mir wurde übel. Es war höchste Zeit, aus Kaiserslautern zu verschwinden.

Geburtsort der Parkscheibe

Von Peter Köhler

»Gehen Sie hier zwischen den Mülltonnen rechts um die Ecke, links über den Schrottplatz durch das Loch im Zaun und immer geradeaus auf dem Abstellgleis, dann sehen Sie Kassel schon liegen«, sagte am 19. März 1970 in *Loriots Tagebuch* das Knollennasenmännchen zu Willy Brandt und Willi Stoph. Tatsächlich fanden die beiden den Weg und trafen sich noch am 21. Mai desselben Jahres in Kassel. Daß Stoph überhaupt bereit war zu kommen, war kein Zufall. Noch heute ist Kassel die einzige Stadt der DDR, die im Westen liegt.

Aus freien Stücken kommt eigentlich niemand hierher. »Ab nach Kassel!« lautet der bekannte Schreckensruf, der eine Versetzung in die Mitte Deutschlands begleitet. Dann heißt es nach Kassel ziehen oder gleich Selbstmord begehen.

Kassel ist ein Unort. Die Atmosphäre ist herb wie das Bier, die Menschen sind grob und ungeschlacht wie die Nachkriegsbauten, nur daß die Bauten menschlicher wirken. Ob Kasseläner, Kasselaner oder Kasseler – der Kasseler ist zugereist, der Kasselaner in Kassel geboren, und der Kasseläner war schon vor seiner Geburt hier –, unter diesen sturen, unfreundlichen und barschen »Schlacken«, wie sie sich selber nennen, wirkt schon ein einfacher Griesgram wie ein vergnügtes Huhn.

Gott wird sich dereinst dafür zu verantworten haben, daß er eine so schöne, ja anmutige Landschaft mit solchen Leuten verschandelt hat. Versuchen sie gar zu sprechen, so erzeugen sie Geräusche wie »Mäh sin mäh«, uff deutsch: Wir sind wir, also offenbar Ziegen. Öffnen sie statt des Mundes den anderen After, so kommt das »Kasseler Wörtchen« heraus. Da ist es logisch, daß zu ihren liebsten Futtermitteln Abfall zählt, den sie »Weckewerk« nennen, eine ungeformte, bräunliche Masse, die aussieht, als sei sie recycelt worden.

Einkaufen, Essen, Ausscheiden machen hier ein erfülltes Leben. Zweihunderttausendfach geklont und in Mietshaussiedlungen wie aus dem Kopierer eingeschlossen, haben es sich Otto und Ottilie Normalversager im Gefängnis ihres Daseins bequem gemacht und genießen den Freigang am Abend und am Wochenende. In den Worten des Dichters, den Worten Roda Rodas: »Der richtige Deutsche wohnt in Kassel.«

Im 18. Jahrhundert verkaufte Landgraf Friedrich II. 12 000 Untertanen an die Engländer. Leider ist er schon viel zu lange tot.

»Eine aktive Rolle in der Weltpolitik hat Kassel seit mehr als hundert Jahren nicht mehr gespielt«, konstatierte 1981 der Stadtführer Karl-Hermann Wegner in seinem Buch *Kassel. Ein Stadtführer*. Immerhin verbinden sich in jüngerer Zeit die Namen zweier Politiker mit Kassel. Roland Freisler war in Kassel Rechtsanwalt, bevor er unter der Regierung Hitler Karriere machte und sich als entschiedener Befürworter eines zeitgemäßen Wir-Gefühls profilierte, und Antje Vollmer hat Kassel für die Grünen zu ihrem Wahlkreis gemacht. Beide verbindet aber nichts, denn während Roland Freisler Deutschland auf dem Weg zur militärischen Weltmacht unterstützte, möchte Antje Vollmer Deutschland sogar zur moralischen Weltmacht gestalten; eventuell ja mit ihr als moralisch-pastoraler Personen-Mine.

Nicht einen einzigen bedeutenden Künstler oder Wissenschaftler hat Kassel hervorgebracht, sie alle ließen sich lieber anderswo zur Welt bringen. Nicht einmal sterben wollten große Persönlichkeiten hier, ausgenommen Erdmann, dessen Grab auf der Roseninsel im Bergpark Wilhelmshöhe liegt: »Andenken / an meinen treuen Dachshund / Erdmann / 1890–1901 / W. II.« prangt auf dem Grabstein. »W. II.« ist Wilhelm II., dessen Sommerresidenz Schloß Wilhelmshöhe war. Wilhelm überlebte seinen Dackel um vierzig Jahre.

Die Kasseler sind weder Künstler noch Wissenschaftler, sondern praktisch, auch in der Kommunalpolitik. »Das Rathaus verfügt über eine ›Tauben-Fernhalte-Einrichtung‹«, meldete 1995 Eckart Winkler (*Kassel von A–Z*). »Alle Stellen, an denen sich Tauben niederlassen können, wurden mit Metalldrähten versehen, die in kurzen Abständen unter Strom gesetzt werden. So wird der Gebäudezerstörung durch Taubenkot wirksam vorgebeugt.«

Daß die Zerstörung das Beste für ein Gebäude, ja für alle Gebäude sein kann, ahnen die mit einem festen Wohnsitz in dieser Stadt Gedemütigten nicht einmal, vielleicht wegen der Erinnerung an den derzeit letzten Weltkrieg, als die schuldlose »Stadt der Reichskriegertage«, die schuldlose Stadt des Generalkommandos der IX. Armee, die schuldlose Stadt der Rüstungsindustrie bei einem sinnlosen Terrorangriff in Schutt und Asche gelegt wurde. Die Kritikaster haben recht: Tatsächlich waren manche der zehntausend Toten keine Parteimitglieder.

»Das ehrwürdige Gesicht dieser Stadt«, so beschrieb 1966 Hans Römhild die Totalsanierung der Altstadt, »wurde am 22. Oktober 1943 durch einen der größten Luftangriffe fast völlig zerstört. Allein über 30 Orgeln fielen dem Angriff zum Opfer.« Was aber an Fachwerkhäusern stehenblieb, wurde sofort nach dem Krieg dem Straßenasphalt gleichgemacht, denn getreu der Losung »Autos sind die besseren Menschen« hat man mehrspurige Straßen durch die Innenstadt gebrochen und Zweckbauten errichtet, statt Häuser zu bauen. Seither ist Kassel zur »autogerechten Stadt« und die Innenstadt zur City pervertiert. Spuren menschlicher Besiedlung sind nicht zu finden, statt dessen haben sich Gewerbefleiß und Erwerbssinn vor dem Altar des Gewinnstrebens das Jawort zum Geld gegeben und im Puffbett der harten Mark mit Profitsucht die Raffgier gezeugt.

In Kassel wurde die Parkscheibe erfunden, als Stadt geistiger Neuerungen ist sie nicht hervorgetreten. Die Brüder Grimm, die lange Jahre in Kassel lebten, sammelten Märchen, denn die Realität war schon damals allzu schrecklich. Gleichwohl sieht sich Kassel selbst als »Stadt der Künste und Kongresse«. Aber die alten Meister, die Rembrandts, Dürers, Tizians, van Dycks, Frans Hals' und Rubens', befinden sich wohlweislich in Wilhelmshöhe, und selbst die moderne Kunst, der doch sonst vor gar nichts graut, kommt nur alle fünf Jahre nach Kassel. Spuren hinterläßt die *documenta* nicht, denn die Bierzelte und Imbißbuden auf dem Friedrichsplatz werden sofort nach Schluß abgebaut.

Kassel hat keine Universität, sondern eine 1970 im Rahmen der Großen Studentischen Weltrevolution ins Dasein gerufene Gesamthochschule. Daß die Gesamthochschule inzwischen die »Universität« im Namen führt, liegt allerdings in der Logik der Sache, schließlich gibt es an ihr auch »Professoren«: Musiklehrer von der Grundschule, die einen Lehrstuhl ergattert haben und nun Kurse im Flötenspielen anbieten, oder Dozentinnen für Arbeitswissenschaft und Polytechnik, die in ihrem früheren Leben Hauptschullehrerinnen für Hausarbeit und Stricken waren.

Vor allem in den Fachbereichen Hochstapelei und Inkompetenz sowie den Sonderforschungsbereichen Vetternwirtschaft und pseudolinkes Arschgerede genießt diese Scheinuniversität einen gewissen Ruf. Ausgerechnet in Kassel mußte ein solches Narrenhaus für Akademiker gegründet werden. Armes Kassel! Denn Kassel ist doch eine Stadt, die mit ihrer Existenz schon genug gestraft ist.

Noch 'n Kölsch, bitte!

Von Peter O. Chotjewitz

Ursprünglich hätte ich mir nie träumen lassen, nach Köln zu ziehen.

Ich war 'n paarmal da, früher, schon in den sechziger Jahren, aber wenn mir diese Frau nicht begegnet wäre, die irgendwie nicht dazugehörte, die paßte überhaupt nicht zu dieser städtebaulichen Mißgeburt, dieser kriminellen Anhäufung von Palazzo Prozzi und Scheußlichkeiten in Beton und Sandstein, aber mit einem Schuß Alt-Nürnberg.

Ein völlig verbautes Kaff, dieses Köln. Dagegen sind Wolfsburg, Pforzheim und Berlin-Mitte urbanistische Perlen, und die sind schon ein Fanal für den Untergang des Abendlandes. Denk nur mal an die Reichsparteitagsarchitektur vom Gerling-Konzern.

Also, nä, Köln, nie im Leben, wenn diese Frau nicht gewesen wäre. Und jetzt, wo ich zehn Jahre da bin, muß ich dir sagen: Ich habe recht gehabt!

Was das menschliche Leben betrifft in dieser deutschen Pissoirlandschaft – der Ausdruck ist nicht von mir –, verfüge ich dagegen über keine besonderen Erfahrungen.

Ich sitze in meinem Kiez, lauter nette Leute, »Guten Tag, wie geht's, sieht man dich auch mal wieder«, dabei haben wir uns erst gestern nacht um eins das letzte Mal gesehen, als die Stühle hochgestellt wurden, und die fünfhundert Meter im Radius verlasse ich eigentlich nur, wenn's sein muß, schon wegen der vollgekackten Bürgersteige.

Ich bin wirklich viel rumgekommen in meinem langen Leben, Paris, Madrid, Rom, Kopenhagen, aber nirgends habe ich eine Zivilisation erlebt, die so ungeniert ihre Stadt vollscheißt wie der Kölner Hundehalter.

Nicht nur die Bürgersteige, nein! Am liebsten scheißen sie aufs öffentliche Grün, gibt ja nicht viel, wo man sich mal hinsetzen könnte, wenn's schön wird; oder diese Straßenverschönerungen, die neuerdings überall aus dem Boden gestampft werden, wirst du vielleicht schon gesehn haben.

Da werden also mit viel Getöse und gartenbauamtlichen Mitteln gewisse Boulevards geschaffen in den Wohnvierteln, Bäume und Blumenrabatten links und rechts, ein breiter Kiesweg in der Mitte, den sie mit Eisenrohren garnieren, und überall Poller, damit die bescheuerten Autofahrer, die sich auf der Nordsüdfahrt umzubringen versuchen, diese neumodischen Anlagen nicht auch noch zuparken.

Aber was ist, wenn du denkst: Jetzt geh' ich da mal spazieren? Total zugeschissen!

Um alles kümmern sie sich: Klagemauer auf der Domplatte? Muß weg, Schandfleck! Zigeuner, Roma, Fixer, Straßenmusiker, Penner, Bauwagen, Hausbesetzer, Fahrradfahrer? Schandfleck, muß weg!

Nur da, wo der Mensch sich mal ein bißchen die Beine vertreten könnte, wegen der Wadenkrämpfe, die man vom Kölschtrinken kriegt. Früher, als man jung war, haben einem nie die Beine weh getan, wenn man morgens aufstand, aber da hat man auch noch mehr Pils gezischt.

Trinkst du auch noch einen? Na bitte. Zwei Kölsch, Ernesti, dann ist aber Schluß für heute. Wo waren wir stehengeblieben? Ah ja.

So ist das in Köln. Ihr Köter ist ihnen heilig. Der Köter und das Auto. Je größer, desto besser, weil dann noch mehr Scheiße rumliegt. Nur in Köln ist es mir passiert, daß ein Nachbar zu mir sagt: »Oh! Kann man zum neuen Auto gratulieren?«

Kleines Beispiel.

Treffe ich neulich unseren Dorfpolizisten vor seinem Revier in der Elsaßstraße. Da lungern sie ja immer rum, wenn das Wetter schön ist, schlotzen ihr Eis oder schmatzen an ihrer Dönerpita. Wenn du sie brauchst, sind sie nicht da, aber dafür haben sie Zeit. Doch, ehrlich. Bei uns im Haus ist letztes Jahr dreimal eingebrochen worden. Am hellichten Tag.

Einmal haben sie den ganzen Türrahmen mit rausgebrochen.

Polizei angerufen, mal kommen sie, mal kommen sie nicht. Unternehmen tun sie nie was. Lohnt sich nicht. Höchstens, daß du mal 'nen Einstellungsbescheid kriegst, wenn du Glück hast.

Wegen jedem Knöllchen gibt's ein Gerichtsverfahren, mit Zeugen, volle Besetzung, Haufen Papierkram. Aber wenn das Privateigentum, der Grundpfeiler unserer demokratischen Grunzordnung, verletzt wird? Lohnt sich nicht.

Da müssen sie schon bei einem Spitzenpolitiker in Marienburg die Orden aus der Vitrine geklaut haben, bis diese grünen Pfeifen ihren Arsch aus dem Dienstwagen liften.

Oder Körperverletzung auf offener Straße. Lohnt sich auch nicht. Da stehen sie ein bißchen blöd rum, bis der Krankenwagen abfährt, und damit hat es sich.

Du trinkst ja gar nicht?! Na, dann Prost. Noch zwei Kölsch, Ernesti, aber dann ist Schluß.

Also neulich in der Elsaßstraße: »Möchten Sie bar zahlen, oder hätten Sie lieber eine Anzeige? Mit zehn Mark sind Sie dabei.«

»Wofür?«

»Einbahnstraße falsche Richtung.«

Da bin ich vielleicht ein bißchen zu scharf geworden.

»Haben Sie nichts Besseres zu tun? In Köln wird alle fünf Minuten ein Einbruchsdiebstahl begangen, Aufklärungsquote Nullkommafünf pro Mille. Und Sie belästigen harmlose Radfahrer.«

»Das müssen Sie schon uns überlassen.«

»Und was ist mit dem da?«

»Das ist ruhender Verkehr, dafür ist die Stadt zuständig.«

Nun meinte er natürlich, ich hätte die Falschparker gemeint. Die Merowingerstraße von Anfang bis Ende zweireihig zugeparkt, zum Teil schon dreireihig. Da ist kein Durchkommen, und wenn du normal geparkt hast, brauchst du Tage, bis der Abschleppwagen kommt.

Dafür war er nicht zuständig. Aber ich hatte ja auch nur den Menschen gemeint, der seinen Köter gerade auf den Bürgersteig kacken ließ, und da hörte sich das jetzt so an, als hätte dieser Polizist gesagt: »Das Scheißen vor meiner Haustür gehört in Köln zum ruhenden Verkehr.«

Das ist genau wie mit der Kunst. Kunst und Köter, da lassen sie nichts drauf kommen. Was die Kölner Stadtverwaltung für Kunst hält, das ist wie der ruhende Verkehr auf den Bürgersteigen. Werden ja permanent irgendwelche Denkmäler aufgestellt und in der Lokalpresse bejubelt.

HA Schult und sein Flügelauto zum Beispiel. Das ist Köln, wie es singt und lacht. Überall auf der Welt muß der Halter sein Fahrzeug ordentlich entsorgen, wenn er's nicht mehr durch den TÜV kriegt und stillegen will. Nur in Köln darf er es auf den Turm des Stadtmuseums stellen und behaupten, es wäre Kunst.

Aber an solchen Geschmacklosigkeiten sind in erster Linie die Lokalzeitungen schuld. Eine Schlagzeile wie »Mit achtzehn schon Jungfrau« wäre auch nur in Köln möglich. Oder daß ich wochenlang mit der Lebensgeschichte eines Pferdehändlers gepeinigt werde, nur weil er im Zweitberuf Karnevalspräsident war.

Ich hab' mir mal die Mühe gemacht und im *Express* nachgezählt, wie oft King Size Dick oder dieser HA Schult und seine Muse erwähnt werden. Das ist die, die nicht mehr alle Kaffeekannen im Schrank hat, weil sie so viele davon hat, daß sie nicht mehr alle reinpassen.

Es ist unglaublich! Wenn du in Köln die Zeitung aufschlägst, könntest du meinen, die Welt besteht nur aus dem Herausgeber, ein paar Callgirls, die erfolgreiche Porno-Filme machen, einigen Schreckschrauben, die mit Versicherungsfritzen und Bierbrauern verheiratet sind und auf Parties für schlechte Kunst schwärmen, Willy Millowitsch, Wolfgang Niedecken, Trude Herr ihrer Nichte und der Bockmist-Theatergruppe, den versammelten Deppen von EMI Elektrola und einer gewissen Frau Käse oder Kessel, die im Mustöpfchen hockt.

Die Bevölkerung kommt praktisch nur vor, wenn sie schunkelt und ihre Kinder aus dem Fenster wirft.

Ich kann jetzt nicht alle Abartigkeiten aufzählen, durch die mir diese Stadt in den vergangenen zehn Jahren ans Herz gewachsen ist.

Ein Hauptpluspunkt sind sicher die vielen Ausländer. Ohne die hätte ich's nicht so lange ausgehalten. Die sind dermaßen verwurzelt hier, daß sie sich zum Teil schon genauso aufführen wie der Deutsche.

Aber die Vorteile überwiegen zweifelsohne. Du brauchst z. B. nicht mehr in Urlaub zu fahren; wenn du mal in einer italienischen Bar ganz ohne Deutschland sein willst, brauchst du nur zweimal über die Straße zu gehn, kriegst prima Lammfleisch, und keiner zuckt zusammen, wenn du zugibst, daß du immer noch Kommunist bist, weil der Deutsche ja praktisch weltweit die einzige Spezies ist, die den Kommunismus so haßt wie der Kölner den Arbeitsmarkt.

Na ja. Ist auch nicht alles. Das Leben geht vor. Zwei Kölsch noch, Ernesti, oder meinst du, wir hätten genug für heute? Na bitte, sag' ich doch.

Ob du hier bleibst oder nicht, ist gehuppt wie gesprungen. Oder meinen Sie, Zürich ist eine andere Stadt? Oder Stuttgart? Na bitte. Da kannst du genausogut in Köln bleiben.

Ich geh' manchmal ins Völkerkundemuseum. Ist gleich bei mir um die Ecke. Ganz hübsch. Nur die Blickrichtung ist falsch. Wie schon der Dichter sagt: »Warum denn in die Ferne schweifen?«

Die wahren Abartigkeiten liegen nicht in der Südsee, am Polarkreis oder in Schwarzafrika. Die find'st du hier in Köln. Ein Eldorado für Ethnologen.

Na, dann Prost. Bevor die Nordsee kommt.

Mein Vorschlag: Zaun drum, Schild davor, Eintritt nehmen!

Dr. Theissens letzter Fall

Von Albert Hefele

Obwohl die Stadt, in der ich lange lebte, nicht sehr groß ist, hat sie es zu einem eigenen Brettspiel gebracht. Alle Städte, die das auch von sich behaupten können, mal aufzeigen … na also: So viele sind das nicht. Meines bzw. unseres bzw. denen, die in Memmingen leben, ihres heißt »SUPER-MEMMI« und hofft folgendes: »Wir hoffen, daß unser SUPER-MEMMI viele junge und alte Memminger ihre Stadt bewußter erleben läßt und daß dieses neue Spiel dadurch eine Bereicherung für unsere Stadt wird.« Wird es ganz ohne Zweifel, das kann ich guten Gewissens beschwören, denn an den langen Allgäuer Winterabenden, wenn sich meterhohe Schneewehen vor den Butzenscheiben türmen, krame ich oft und öfter in meinem »SUPER-MEMMI«. Nicht nur, weil es eine geschickte Kombination aus »Monopoly« und »Mensch ärgere dich nicht« ist und mich rasch in tiefsten Schlaf versetzt; nein, auch, weil es mich extrem weiterbildet.

Per Erlebniskarte zum Beispiel: »Wenn du vom Marktplatz aus in Richtung Martinskirche schaust, siehst du zwei Memminger Wahrzeichen. Welche?« Weil es Aktivitäten fördert: »Tante Lili ist zu Besuch in Memmingen. Zeige ihr die Kanonenkugel im Lindauer Tor!«, und die Jugend erzieht: »Besuche deine Oma im Altenheim Bürgerstift!« Was will man mehr? Nix, alles bestens. Trotzdem würden mir schon noch einige Erlebniskarten einfallen. Zum Beispiel:

»Im großen *ADAC-Reiseführer Süddeutschland* ist unter ›Memmingen‹ ein Bild zu sehen: In einer braunen Brühe stehen mehrere fragwürdig gekleidete Männer. Sie tragen bunt gemusterte Hemden und schlampige Pullover, dazu ›witzige‹ Hüte, von denen Bommel und Quasten herabhängen oder auf denen sich Federn und Grasbüschel sträuben. Die Herren blicken ratlos in große Netze, die sie in den Händen halten. Warum tun die das?«

Antwort: »Die Herren sind Memminger Bürger, die mindestens fünf Jahre in Memmingen gewohnt haben und Mitglieder des Fischertagsvereins sind. Darum dürfen sie beim traditionellen Memminger Volksfest, am Fischertag, den Stadtbach ausfischen. Die Netze, die sie mit sich führen, sind sogenannte ›Bären‹, keine pelzigen Tiere, sondern Fischfanggeräte, mit denen sie in der braunen Brühe nach Forellen stochern.«

Wozu aber die schlampige Kleidung, die Troddeln und das Gras? Solchermaßen ausgestattet zu sein, gilt vor Ort als »originell« und signalisiert Ausgelassenheit. In der Stadt, in der ich geboren wurde, stellen sich dieserart angezogene Männer in den knietiefen Stadtbach und haschen nach Forellen – nicht etwa, weil sie dazu verdonnert werden, sondern aus freien Stücken, mit sichtbarem Stolz springen sie eines schönen Julitages in den Schlamm, der hier »Schmotz« heißt und sogar folkloristisch wertvoll besungen wird: »Schmotz, Schmotz, Dreck auf Dreck ...« Was das zu bedeuten hat? Nichts weiter. Wahrscheinlich handelt es sich um eine Art Hymne auf Matsch und Schlicker, aus reiner Lust an der Regression, am Wühlen im eigenen Kot und so.

Dazu paßt auch die Forelle, schwanzwedelndes, schwimmendes Penissymbol, welches sie ist. Wer den Größten hat, ich meine natürlich: die größte fängt, darf sich Fischerkönig nennen und einen Strohhut aufsetzen. Arme Forellen, armer Stadtbach, der ansonsten zu nichts taugt außer zum Augenbad für die wenigen Touristen, die sich in den Ort verirren.

So richtig, mit voller Absicht, fährt kein Mensch nach Memmingen. Warum auch? Es gibt so gut wie nichts zu sehen. Eine alte Stadtmauer bröselt vor sich hin, ein grauer, kahler Marktplatz lädt zum raschen Drüberhinwegeilen ein.

Hört man da nicht »SUPER-MEMMI« umstandslos fragen: »Warum gibt es wohl auf dem ganzen großen Marktplatz kein einziges Bäumchen, kein Sträuchlein, das die fußballfeldgroße Fläche etwas erträglicher aussehen lassen

Imagekampagne ’97

würde?« Antwort: »Weil auf dem Markusplatz zu Venedig auch keine Bäume stehen ...«

Eine saublöde Antwort, könnte man einwenden, handelte es sich nicht um ein sinngemäß korrektes, vielleicht sogar Originalzitat eines stadtbekannten euphorisierten Heimatpflegers. Schwesterstadt Venedig? Warum denn nicht! Wasser ist da, alte Bruchbuden sind da; zwar weit und breit keine Gondel – aber im nahe gelegenen Ausflugsweiher zu Buxheim dümpeln schließlich etliche Ruderkähne. Außerdem: die Berge! Wie bitte? Ja! Wenn Föhn ist, kann man sie sehen, wie gemalt und zum Greifen nahe. Die meiste Zeit herrscht aber kein Föhn, und so müssen sämtliche Memmingen-Touristen durchfahren (Richtung Oberland), um des erhabenen Panoramas auch bei normalem Wetter ansichtig zu werden. Pech ... oder auch Glück, denn schließlich bleibt Memmingen unter sich, was sowieso besser ist. »Fremd isch elend«, spricht der Unterallgäuer.

Und schon wieder eine Fragekarte: »Was will uns der Volksmund damit sagen?« Antwort: »Alles, was außerhalb der Stadt- oder Gemeindegrenzen sein Unwesen treibt, ist mit äußerster Vorsicht zu genießen.« Darum hat es der Heranreisende bzw. der Fremde, der gezwungen ist, in der Stadt sein Brot zu verdienen, nicht leicht. Der Memminger reagiert schroff, wenn man die Frage des zwischenmenschlichen Mindestabstands lax behandelt oder zur Unzeit dahingehend löst, ihn, den Mindestabstand, zu verringern – eine Kontaktsphäre, die beim extremen Südländer zwanzig Zentimeter beträgt, beim geselligen Rheinländer einen knappen Meter, beim Unterallgäuer die Entfernung zwischen Freistoßschützen und Mauer, neun Meter fünfzig. Wer schon einmal beobachten konnte, wie barsch der eingeborene Memminger die zarten Annäherungsversuche eines x-beliebigen Auswärtigen niederbügelt, wird mir recht geben: Da weicht der Eingeborene zurück, als würde ihn der um Kontakt ersuchende Gast wie Quallenpest anspringen. Keine vertrauenerweckende Szene.

Eher würde ein Auswärtiger Granitblöcke erweichen denn das kühle Mißtrauen aus den Augen des Memmingers vertreiben. Könnte ja jeder kommen. »SUPER-MEMMI« fragt indessen: »Woher rührt eigentlich der Mißmut gegenüber freundlichen Fremden? Sind die Einheimischen so ängstlich?« Antwort: »Angst im engeren Sinne ist es nicht, eher eine tiefsitzende Scheu, sich voreilig zu verbrüdern.«

Steht uns die Knurrigkeit eines in der Sonne brütenden Hundes vor Augen, der nicht mit jeder dahergerannten Promenadenmischung spielen will? Ein Homo ludens ist der Unterallgäuer jedenfalls nicht. Wildes Herumtollen und zügelloses Benehmen sind ihm fremd – was ein pensionierter Oberschulrektor und Fußballvereinsvorsitzender seinerzeit aufs schönste belegte, als er während eines Freundschaftsspieles gegen – immerhin – Sparta Prag die für den Memminger FC kreischend tätig gewordene Fan-Jugend folgendermaßen zur Ordnung rief: »Gebt jetzt mal endlich Ruhe, wir sind hier doch nicht ...«

Ja wo denn nicht? Da fehlten ihm die Worte. Dabei scheint den Memminger durchaus eine heimliche Lust an der Geselligkeit umzutreiben. »SUPER-MEMMI«-Frage: »Wie viele Gasthäuser gibt es eigentlich in Memmingen?« Antwort: »Eine ganze Menge.« Frage: »Wird in der Stadt ein Bier gebraut, und wie schmeckt es?« Antwort: »Erstens ja und zweitens zum Davonlaufen.« Dennoch wird es offenbar in größeren Quantitäten verzehrt, denn laut Polizeibericht fällt man während und nach dem Ausschank gerne übereinander her oder raubt Fahrräder, was der Stadt zu einer schönen Kriminalitätsrate verholfen hat. Neben einer kleinen Mafia-Dependance, die hin und wieder überregional Erwähnung findet, zählt der bekannteste Memminger der Neuzeit dann auch zur Gerichtssaal-Prominenz.

Dem allzeit erschrocken glotzenden Grauschimmel und eigentlich harmlosen Frauenarzt Horst Theissen hat die Stadt viel zu verdanken: einen Skandalprozeß, eine Demonstration und – via Fernsehberichterstattung – einen bundesweit schlechten Ruf. Theissen – ebenfalls ein Thema für »SUPER-MEMMI«? Prinzipiell ja. Immerhin heißt es in der Spielanleitung: »... ein Spiel zu entwickeln, ist so ähnlich wie ein Kind zur Welt bringen.« In diesem Fall ein ziemlich überflüssiges Balg: Horst Theissen, übernehmen Sie!

Geht aber leider nicht, der gute Horst hat sich nämlich davongemacht und die Profession gewechselt. Er verkauft jetzt gesunde Öle auf dem Markt.

Der Memminger denkt währenddessen: »Geschieht ihm recht, irgendwas Kriminelles wird schon dran sein. Wie der schon spricht! Wie der schon aussieht! Wie der schon heißt ... Theissen, so heißt kein Mensch – außer diesem dicken Boxer. (*Langsam ausblenden.*) Wer weiß, vielleicht sind die ja irgendwie verwandt. Würd' mich nicht wundern. Theissen, Tyson. Brutale Kerle alle beide ... stechender Blick ... und nicht aus der Gegend ... da kann man nie wissen ... unberechenbar ... mit Vorsicht zu genießen ...«

Eine nicht ganz marginale Abwägung

Von Eckhard Henscheid

Eine mir sehr gewogene und sonst sehr kompetente Hamburger Literaturwissenschaftlerin schrieb über mich in ein Lexikon: »Der Provinzler H., der seinen katholisch geprägten Heimatort Amberg auch spirituell niemals ganz verließ …« So schön gesagt das letztere, das erstere ist natürlich nicht wahr. Zwar in der Provinz, im oberpfälzischen Amberg geboren und aufgewachsen: »Provinzler« in diesem und d. h. im üblichen Sinn bin ich wirklich keinen Tag meines Lebens gewesen, nicht mal als Kleinkind, und auch dann nicht, wenn, wie heute fast durchgehend üblich, der Begriff der Provinz keineswegs mehr allzeit pejorativ gemeint ist; sondern eine durchaus denkbare und sinnerfüllte Lebensform eben fernab der – offenbar aber noch immer recht beweihräucherten und kulturell für tragend erachteten – »Metropolen« impliziert. Bei allem Begriffs- und Begriffsbedeutungswandel: Ein geistiger Habitus des Beschränkten ist der Provinz eigen und definiert sie ja eben – der Begriff steht halt spätestens seit Flaubert stellvertretend fürs Beengte, Kleinkarierte, Zurückgebliebene, Philiströse, Seelenverkümmerte, oft auch für eine spezielle und sehr tückische Torheit – und wer schon möchte deshalb all dem angehörig sein? Nein, dieser Provinz möchte keiner zugehören, und ich schon gleich gar nicht; sondern, auch wenn der süddeutsche Kritiker aus München (geboren aber: in Aalen) darüber leicht amüsiert spöttelt: Der »Weltgeist« kommt schon seit spätestens 1971 aus »Amberg«, das aber dadurch eben grad nicht mehr Provinz ist.

Was aber die Literaturwissenschaftlerin (ich weiß es) gewiß meint: Wohl fühle ich mich allzeit der »Heimat« verbunden, und das nicht nur »spirituell«, sondern auch per Bratwürstl und Fichtelbrunner Bier und semispirituell via allerlei Maria-Schnee-Kirchlein, und ich hab' das der sehr nördlichen und deshalb vielleicht etwas heimatlosen Literaturprofessorin auch gesagt –: der Heimat als einem trotz Bloch und Ludwig Thoma und Eichendorff und aller gleichfalls in den letzten Jahrzehnten gleichfalls erfolgten Begriffsüberprüfung da und dort gleichfalls noch immer dubiosen und belächelbaren Terrain.

Die fast immer belustigte, sich besserdünklerische und partiell ja auch berechtigte Reaktion unserer aufgeklärten Kreise auf Composita wie »Heimatfilm«, »Heimatmusik«, »Heimatmelodie« war mir früh, seit zirka dem zehnten Lebensjahr 1951, vertraut – dies beiseite, beinhaltete für mich der Begriff Heimat gleichwohl immer nur Freundliches, Vertrauensvolles, Gemütvolles, wie im gleichnamigen Brahmsschen Chorlied ein gleichsam schwebend Geborgenes; immer also ein Positives – auch wenn ich ihn dann z. B. 1986 in der Kleintextsammlung *Blick in die Heimat* (im Gefolge einer vollends narrisch gewordenen Polizeimeldungs-Kolumne eines fränkisch-weißenburgerischen Lokaljournalisten) selbstverständlich auch – auch – ironisch-negativistisch verwende. Die Suggestion und blindwütige Aufrechterhaltung von gemütvoller Heimat gerade da, wo sie gerade garantiert nicht mehr ist, sei's durch den Kanzler Kohl für seine Schuhkartonbungalows im schönen Oggersheim, sei's durch rabiat törichte Provinzpresse und allerlei lärmig assoziierte Folkloregruppen – die sind natürlich auch ein Thema. Und waren z. B. mir auch immer ein literarisches, ja über Umwege sogar poetisches. Aber nicht nur und nicht in erster Linie. Ich wüßte wirklich nicht – auch und gerade heute nicht –, was das Gefühl von Heimat, verbunden mit einer schon unverdient wunderbaren Kindheit, groß »brechen«, »relativieren«, »ironisieren« sollte. Die kruden und dummen Beschädigungen dieser Heimat sind das eine – der Heimat approximative Kongruenz mit einem Gefühl fürs Poetische, ja Paradiesische das andere. Um es sehr verkürzt zu sagen: Ohne dies Gefühl für Heimat wäre meine Schriftstellerarbeit nicht denkbar – noch am Schreibtisch und in der täglichen Schreibtischfron gilt und stärkt Eichendorffs von Schumann vertontes und tränentreibendes Wort: »Aus der Heimat hinter den Blitzen rot da kommen die Wolken her« – und das ist speziell von Amberg aus gesehen präzis: Ammerthal, Siebeneichen und Sulzbach-Rosenberg.

Kurzum: Blochs vielzitierte Formel, Heimat sei, wo noch nie einer war, ist mir ein bißchen gar zu vielzitiert und spektakulär und auch spekulativ. Ich war schon da. In der mittleren Oberpfalz. Kurios nur, daß über Eichendorff doch auch noch das schlesische Lubowitz und die Karpaten irgendwie dazugehören.

Glotzen, kiffen, kalben

Von Michael Ringel

Moers kommt von Moor, Moos, Morast – nicht nur etymologisch. In früheren Zeiten, als der Rhein noch kein festes Bett hatte, überschwemmte er regelmäßig die flache Landschaft auf seiner Westseite, so daß sich die zotteligen Ureinwohner mit ihrer Habe auf die wenigen trockenen Inseln im Fluß flüchten mußten, weshalb noch heute jeder verwarzte Huckel am linken Niederrhein ein Berg ist: Asberg, Essenberg, Scherpenberg ... – das Piz-Palü-Syndrom des Flachländers. Und der Rest ist Sumpf, ist Moers.

Ausgerechnet Odysseus, der offenbar auf seinen Irrfahrten nebenbei die halbe Welt erschuf, soll um 1000 v. Chr., nach der im Jahr 98 n. Chr. verfaßten *Germania* des Tacitus, »Asciburgium«, den späteren Stadtteil Asberg, gegründet haben, der tatsächlich ab 11 v. Chr. ein Römerlager beherbergte. Alle sind sie im Laufe der vergangenen 2000 Jahre durch Moers gezogen: Römer, Spanier, Oranier, Franzosen, Belgier, Amerikaner ... – doch keiner ist geblieben, bis auf die Preußen, die sich beim schollentreuen Moerser als einzige wohlfühlten.

Die ehemalige Grafschaft Moers liegt zwischen Rhein und niederländischer Grenze nördlich von Düsseldorf und ist auf Grund ihrer 106 000 Einwohner (Stand 1996) die kleinste Großstadt Deutschlands, wie die Behörden verdächtig oft betonen. Denn mit dem Status einer Großstadt sind finanzielle Zuwendungen aus der Landeskasse Nordrhein-Westfalens verbunden, weshalb man keinem Zahlenspiel aus dem Weg geht und sich gern mal was zurechtbiegt. Um nicht unter die Hunderttausender-Marke zu rutschen, produziert denn auch der obrigkeitsgetreue Moerser soviel »Blagen«

wie möglich. Wahrscheinlich wird nirgendwo in Deutschland so fleißig gekalbt, überall rabääähen »Osel« aus ihren Plastikwindeln heraus in die Winkel und Gassen der klein gebliebenen Stadt.

Auf ewig eingebrannt in das Gedächtnis des Moersers aber ist die Furcht vor dem Fluß, obwohl der seit Jahrhunderten kilometerweit entfernt fließt, so daß nur in einer besonders stillen Nacht die dunkel warnenden Schiffshörner zu hören sind, mit deren Tuten man den Kindern auch heute noch ihre heimatliche Sprache austreiben tut: »Tuten tun tut nur der Rheinschiffer.«

Alles Fließende, Neue, Fremde ist dem bewegungsfaulen Moerser ein Greuel, wobei er die »Escheks« oder »Spalucken«, wie er Ausländer nennt, nicht einmal dumpf ablehnt, sondern lieber unerbittlich assimiliert. Der polnische, italienische oder türkische Bergarbeiter mußte sich in der Meerbecker Zechensiedlung dem stadteigenen Rhythmus anpassen und trägt deshalb nach Schichtende mit Ledersandalen, kurzer Cordhose und Feinrippunterhemd längst die ortsübliche Feierabendkleidung, wenn er im Campingstuhl auf seinem teppichglatt gemähten Vorgartenrasen sitzt oder durch die Sehschlitze der bereits am Nachmittag herabgelassenen Jalousien wie nur ein Moerser das Straßenbild überwacht.

Um aber dem immerwährenden Kommen und Gehen wenigstens *ein* Bollwerk entgegenzustemmen, wird seit zirka 2000 Jahren SPD gewählt, die sich als unverrückbar regierende Partei dankbar eingerichtet hat in einem Morast aus Kommunalbürokratie, evangelischen und sozialdemokratischen Interessen – was fortlaufend ein derart preußisch-protestantisches Provinzklima erzeugt, daß sich noch nie ein über die Region hinaus irgend beachtenswerter Gedanke zu entfalten vermochte. Manche Moerser Figur mag man noch kennen: den pfiffig seichten WDR-Fußballreporter Wilfried »Fifi« Luchtenberg; den stets gequält dreinschauenden, weil offensichtlich von seinen Kirchengeschäften vollkommen zerrütteten, ehemaligen Bundesjustizminister und EKD-Ratsvorsitzenden Jürgen Schmude; den meist englisches

Deutsch nuschelnden Hippie-Musikanten und lebenslangen Dylan-Imitator Danny »Ada« Dziuk; oder den erzensten aller Erzschurken, den sumpfdummen Kabarettisten Hanns Dieter Hüsch, der sich in den sechziger Jahren zum »schwarzen Schaf vom Niederrhein« verklärte, um in den Neunzigern für diese dreiste Gesinnungsattitüde nicht nur die höchste Auszeichnung der Stadt, den Goldenen Ehrenring, zu erhalten, sondern auch einen quasi für ihn ausgelobten und mit 20 000 DM dotierten AOK-Preis des Kreises davonzutragen – ins domkatholische Köln, wo das Ex-Schaf mittlerweile als teilzeitseniler Hirte lebt und auf Einladung diverser Kirchen von Kanzeln herab predigt.

»Moers – keiner stört's« ist denn auch der Wahlspruch des Ortsansässigen, der, statt zu denken, tunlichst seine Lieblingshaltung annimmt: Glotzen. Und so steht er die meiste Zeit des Tages an seinem angestammten, wenn nicht bereits gemieteten Platz in der Fußgängerzone: mit breit geöffnetem Maul, die Einkaufstüten unter die Achseln geklemmt, damit er die Finger zum Popeln oder Fuchteln frei hat. So stiert es sich leichter in den Strom der Passanten. Und sollte mal ein »Kaaskopp« aus Holland nach dem Weg fragen, wird wortreich die falsche Richtung gewiesen, denn die erste Tugend des Moersers lautet: Er weiß nichts, kann aber alles erklären.

Flieht angesichts solcher Verhältnisse ein hier beheimateter Jugendlicher nicht sofort nach Erreichen der Volljährigkeit aus der Stadt, muß er zum bemosten Alt-Hippie werden, der sich ganz dem klassischen Freizeitsport des Niederrheiners verschreibt: dem Haschischrauchen. »Die Wohn- und Einkaufsstadt mit Flair« (Eigenwerbung) liegt nämlich wegen ihrer Nähe zu den Niederlanden in einer der breitesten Drogeneinfuhrschneisen des Westens. Jeder ranzige Fusselkopf hat seine »Connections« nach Venlo, Nijmwegen oder Amsterdam, wo man als Heranwachsender traditionell zum Kiffer ausgebildet wird, falls man es nicht im nahe gelegenen Homberg bei Freunden aus dem Kifferschinderheim, äh: Schifferkinderheim gelernt hat.

Und so fällt denn einmal im Jahr zu Pfingsten für vier Tage und Nächte eine Horde von 50 000 Menschen in die Kleinbürgerhölle ein, um das seit 1972 installierte »New Jazz Festival« zu besuchen. Am Rande des großen Festivalzeltes im Schloß- bzw. Freizeitpark entsteht dann eine riesige, von »Jatzern« bevölkerte Campingstadt, die spätestens samstags dank des pünktlich zu Pfingsten einsetzenden Dauerregens im Schlamm versinkt und sich zur verkrusteten, von Räucherstäbchen, Fußschweiß und Gras (»echt Kolumbien«) eingenebelten Zentrale des Muffs entwickelt. Seit sechsundzwanzig Jahren ist das »New Jazz Festival« laut Eigenwerbung »trendsettender Dauerbrenner«, weil es immer wieder gelingt, mit seltsam quietschenden und knarzenden Instrumenten ausgerüstete Jazz-Musiker aus aller Welt in das Städtchen zu locken, die denn auch vielerlei Zinnober hervorbringen: Für 1997 z. B. war laut Programminformation »Commander Brenken mit seiner militärischen Eingreiftruppe« angekündigt, der gemeinsam mit dem WDR »einen Luftangriff auf die irdischen Radiohörer startet. ›In the air‹ – das heißt: Aus zehn Heißluftballons« rabauken und rabustern »Ghettoblaster und Transistoren live über den Sender, der sich ...« – aus Haß? Wut? Verzweiflung? – »... aus Liebe zum Moerser Publikum mit diesem Hör- und Sehspektakel zu diesem bisher aufwendigsten Projekt in der Festival-Geschichte entschied«. Da das von der zuständigen Anstalt betreute »Projekt« wegen der Pfingstgewitter in letzter Minute scheiterte, durften in einem eigens auf dem Festivalgelände festgezurrten »Projektzelt« alle Arten privaten Schnickschnacks veranstaltet werden – bis der Moerser rauchte vor Begeisterung und selbst den New Yorker Saxophonisten »James Chance« beklatschte, dessen Laufbahn mit dem Versiegen der Punk-Ära zwar längst zu ihrem Ende gekommen war, der hier aber sein verspätetes und nur um so dankbareres Provinzpublikum fand: »Nach 15 Jahren taucht der Komet des Punk-Jazz wieder in den Orbit ein. Und der Orbit heißt in diesem Jahr Moers.« Vom Sumpf in den Orbit – eine steile Karriere. Respektive wie man im regionaltypischen Slang zu sagen pflegt: Wat enne dampfende Kack.

Doch um nicht ungerecht zu sein – Moers hat oder hatte vielmehr auch immer schöne Seiten, nachgerade bezaubernde

Plätze und Menschen: so das Naturschwimmbad Bettenkamper Meer mit seinen landalten Holz-Umkleidekabinen, in denen nach geläufiger Sitte die erste verschwitzte Liebe erglüht. Oder den zentral gelegenen Busbahnhof Königlicher Hof, von welchem aus man Moers zu jeder Zeit verlassen kann.

An erster Stelle wäre da allerdings das eigentliche Zentrum der Stadt, ein Ort von nahezu mystischem Rang zu nennen: das in der Homberger Straße gelegene *Hopfenhaus*, eine altgediente, schon zu Resopalzeiten betriebene Stätte bürgerlichen Trunkes, in der eine resolute, von ihren Gästen nur liebevoll »Witwe Bolte« genannte Wirtin seit Jahrzehnten regierte. Ab vier Uhr nachmittags standen am Holztresen Arbeiter, Handwerker, Angestellte, Beamte, Staatsanwälte, Rentner und andere verdiente Kräfte des Stadtlebens beieinander. Für zwei, drei Stunden tranken sie jeweils etwa 17 Gläser Bier bis »Deckel auf«. Denn Witwe Bolte, die ihr Trinkgeld meist dem auf der Theke stehenden kleinen Holzschiff des Seenotrettungsdienstes überantwortete, zapfte nach alter niederrheinischer Art: Ist nur noch ein Boden Bier im Glase, kommt sofort und rapido ein neues – solange der Gast nicht widerspricht; will oder kann er nicht mehr, legt er den Bierdeckel drauf.

Nie durfte es dem Gast an Bier mangeln, sei's am regional althergebrachten und weiblichen Alt, sei's am vermeintlich moderneren und männlichen Pils. Während in der darüberliegenden Etage der lokale Fußballverband sein oft beklagtes Unwesen trieb und Schiedsrichter für die Wochenendpartien der Kreisklassen zuteilte, wurden im Schankraum nicht nur die Geschäfte des »Sparklubs« verhandelt, sondern vor allem die hiesigen Zustände: »De' Hein, de' kommt gar nich' mehr. Wat macht de' für Spökes? Is' der wieda im Krankenhaus?« – »Im Krankenhaus hab' ich g'rade 'nen holländischen Lastwagenfahrer verhaftet, weil der auf der Autobahn gewendet hat. Volltreffer: eine tote Frau.«

Kurz vor sechs Uhr endlich sprang die Tür auf, und das Ereignis selbst betrat die Gaststätte: »Tach zusammen!« Otto Bolte schlurfte herein. Ein Denk-, ja Mahnmal von einem

Wirt, mit einem Bauch in Bierfaßgröße, den seine Gäste unter Hallogeschrei begrüßten, während er still kopfnickend die Huldigungen entgegennahm. Ein Mann, ein Raum. Zunächst bedachte Otto Bolte seine Frau mit einem liebevollen Kuß, dann übernahm er die Macht hinterm Tresen, und die Welt war endgültig gerettet. Nie zapfte einer schöner und schneller Bier – bis vor einiger Zeit die schreckliche, tieftraurige Nachricht in der Stadt verbreitet wurde: Bolte tritt von seinem Amt zurück und nimmt die ewige Witwe mit in den Ruhestand.

Und wo war er, der Aufschrei des Entsetzens? Dem sonst so verquakten Moerser verschlug es die Stimme. Nie mehr *Hopfenhaus*, die letzte Insel inmitten des Sumpfes ist untergegangen, der Tresen auf ewig verwaist. Otto und die Witwe Bolte – all ihre Geschichten werden verloren sein in der Zeit wie Tränen im Regen.

Semantisch uneindeutig, auch sonst: eher mies

Von Jürgen Roth

Wieviel Torheit muß eigentlich speziell in München ansässig sein? In dieser weiß Gott richtiggehend verfehlten Stadt südlich von Regensburg, südöstlich von Augsburg, nördlich von Garmisch-Partenkirchen, über deren Bewohner das durch den Telekom-Keller-Telefonbuchverlag verbreitete Gratismagazin *Schaufenster München* urteilt (Ausgabe März 1995): »So sind sie eben, die Münchener: witzig, selbstkritisch und geschäftstüchtig zugleich«?

Wobei bislang nicht einmal nachgewiesen werden konnte, welchen Namen exakt sie tragen. Ähnlich dem ungelösten Problem, ob es korrekt *bayrisches* Weißbier oder *bayerische* Weißwurst heißen müsse, ist die »Situation« (K. Ebel) betreffend *Münchener* bzw. *Münchner* diffus, d. h.: eine einzige unermeßliche Kopflosigkeit, mutwillig angestiftete Verwirrung und parabelhafte Unordnung. Klarer stellt sich die psychische Disposition jener eher rückständigen als mondän gesonnenen Bewohner dar, von denen die Mär geht, sie seien kultiviert, gemütlich im Gemüt und gastlich im Rahmen endloser Gastlichkeiten, bei Steckerlfisch, beim Bier unter sonnenstrahlenabweisenden Kastanien und beim Hendlbraten – obschon alle drei Gelegenheiten die klassische, die strenggenommen anthropologisch zentrierte Melange aus mopsiger Herzlichkeit, also Emotionsschleim, und Barbarei zum Ausdruck bringen.

Immer galt München jedem, der von außen kam, und bald auch den Stadtoberen, weil sie ihr deprimierendes Image gerechterweise nicht los wurden, als »Millionendorf«. Dank der Olympiade 1972 belobigte man den zusammengewürfelten Haufen ziemlich unansehnlicher Gemarkungen, schäbiger

Käffer, abbruchreifer Höfe und stets Autobahnbreite erreichender Durchgangsstraßen als »Weltstadt mit Herz«. Anläßlich starker U-Bahn-Grabetätigkeiten zierten Bautafeln die laute Stadt und schrien qua alarmroter Lettern folgende hopfenfrische Erkenntnis aus wie Spatensauerbier: »München wird modern« – und dokumentierten somit der Gemeinde hergebracht eisernen Willen zur nun nicht mehr bloß orthographischen, sondern obendrein semantischen Uneindeutigkeit. Wenigstens der angebliche Philosoph Wolfgang Welsch (*Unsere postmoderne Moderne*, Weinheim 1988) reflektierte noch zu abebbenden Hochzeiten der sogenannten Postmoderne, daß man ja durchaus den Wortsinn von *modern* durch eine einzige winzige Betonungsakzentverschiebung in ein *modern* verändern, transformieren könne, so daß Habermasens »Projekt Moderne« und auch das ganze Projekt U-Bahn-Bau, daß letztlich beide genuin der Aufklärung geschuldete Vorhaben ihrer prinzipiellen Antimodernität überführt seien, denn – und jetzt kommt der erklärende Clou – München werde eben nach wiederholter Lektüre mitnichten künftig mo*dern*, sondern *mo*dern, verrotten, haha. Super.

Es könnte aber auch Jean-François Lyotard während einer Durchreise nach Genf so was gedacht haben (Durchreisen via München generell schwierig wegen Sackbahnhof!).

Streift man heute als unvoreingenommener Tourist durch Bayerns Landeshauptstadt, scheint an allen Ecken und Enden Franz Josef Strauß zu fehlen. Übrigens wirken diese modernen Großstadtgesichter ihrer Mehrzahl nach »gehetzt«, keineswegs gemütlich oder knorrig-grantlig; sie machen einen recht miserablen, nicht zu klagen: schlechten, miesepetrigen, förmlich miesen Eindruck. Rasend oft bin ich nach München gereist, zumeist, um bei guter Sicht, d.h. unter Föhneinfluß, die vors Alpenpanorama geklebte Medienlandschaft zu erforschen. Es konnten dennoch ausschließlich kaum mitteilenswerte, wenig qualifizierte Eindrücke (»Impressions«) »entstehen« – was nicht weiter verwundern darf bei einem »Umfeld«, unter dessen Einfluß selbst Uli Hoeneß an- und eingespannt wirkt, obwohl er es über Jahre und Jahr-

Günter Grass domestiziert die vom Aussterben bedrohte Prosapause.

zehnte hinweg verstanden hatte, »Münchens Medienlandschaft« (U. Hoeneß) zu instrumentalisieren (Spieler anlokken, Spieler davonekeln). Schließlich zieh er diese/jene »Medienlandschaft« (F. Beckenbauer) jedoch übertriebener, eben »typisch Münchnerischer« Aufmerksamkeit für seines Vereins Belange und sperrte demzufolge an der Säbener Straße und teils auch im Olympiastadion die vollständig erschienene Presselandschaft bzw. Medienlandschaft für länger aus. Weil er die Schnauze voll hatte. Iss klar.

Interessenkonflikte also zerfurchen das schöngeredete Gesicht der Aushängevoralpenmetropole München, sehen wir nur genauer hin. Beispiel Olympiapark. Seine wichtigste, seine herausragende Sportanlage, das Radstadion, gleicht heute einem Trümmerhaufen, und die weltberühmte Zeltdachkonstruktion taugt laut Bayern-Spitze Rummenigge-Hoeneß-Beckenbauer auch nicht mehr viel. Abriß wäre wohl das Beste.

Verfall, Fäulnis, Verwesung. Bequemes Leben an der Isar: unmöglich. Freilich vor der dortigen Ufer- hat es schon die »Medienlandschaft München« (U. Hoeneß) in sich. Der *Münchner Merkur* meldete am 5. Mai 1997 auf Seite 1, Regierungschef Stoiber motiviere Ohlstadter landsmannschaftliche »Gebirgsschützen«, der »Überfremdung dieser Kultur«, d.h. der Gefährdung ihrer Trachtenweltanschauung entgegenzutreten, notfalls mit dem Schießgewehr. »›Wir in Bayern‹, rief er, ›pflegen unsere Identität wie nur wenige Völker der Welt.‹« In derselben Zeitung am selben Tag: »Stoiber will das Amerikahaus retten.« Ist da noch ruhigen Gewissens von Glaubwürdigkeit zu reden?

Inkonsistenz scheint Münchens Hauptcharakterzug zu sein, daneben regieren Mißgunst und Verbohrtheit sowie »Ruhe und Bequemlichkeit«, wie abermals der *Münchner Merkur* erneut am 5. Mai postulierte. Hinsichtlich »Faxen und Telefonieren« jedenfalls.

Die Konkurrenz schläft währenddessen nicht. Denn München gilt ab ovo vor allem als »Medienlandschaft« (U. Hoeneß), in der sich mindestens fünf gewichtige Presseorgane tummeln und »zwanzig, dreißig Kameras« (Franz Beckenbauer bei *Blickpunkt Sport*, Bayerisches Fernsehen, 5. Mai 1997) stehen. Fragen muß man sich heute bohrender denn je, ob es mit den »Medienvertretern« (U. Hoeneß) und »der Medienlandschaft Münchens« (U. Hoeneß) insgesamt eventuell übertrieben wurde. Sauer der FCB, sauer die »Medien« (U. Hoeneß). Folgen: bekannt. Verheerung. Zwist. Negativstimmung. Bonjour, Tristesse.

Deshalb baute die *tz* ihren Kulturteil ab Mai 1997 signifikant aus und setzte münchenweit ein Signal, indem nun eben just das Feuilleton Aufmacherqualitäten bewies: »Günter Grass treibt's bunt«, lautete die Topmeldung vom 5. Mai 1997. Grass selbst: »Nach einer langen Prosapause habe ich meinen alten Aquarellkasten entstaubt und angefangen, in der Natur zu aquarellieren.« Erscheinen mußte das erschreckend schlampig-dilettantisch-quietschbunte Steidl-Malbuch (*Fundsachen für Nichtleser*) zum 70. Geburtstag des Poeten (»Nach einer gewissen Zeit meldeten sich Wörter. Es wurde dinglich [...]. Aus den Wörtern wurden [...] kurze Gedichte. Die Niederschrift fand im Aquarell statt, direkt in das Stilleben, das Landschaftsbild hineinkomponiert«); während einen Tag zuvor, am 15. Oktober, die verfilmte *Rättin* lief, Peter Radek in der Rolle des »Otto Matzerath«, welcher, wir lesen den Roman-Klappentext zur Kontrolle quer, »als Chef eines Medienkonzerns wiederauftaucht« und eigentlich mit Vornamen Oskar heißt.

München: ein Circulus vitiosus? Eine Medienhölle, woselbst der Kreis sich buchstäblich schließt? Wird der Streit der Meinungen auf die Spitze getrieben? Liegt München schon in Agonie? *Bild München* am 5. Mai 1997: »Dreister Streich«: »Michael Jackson – Ein Double in seinem Bett«; *tz*: »Der Besuch eines Doubles«, und trotzdem: »Die ganze Zeit über schien Jacko in München wirklich gut drauf zu sein«, schien, *schien*! War er's? Oder war er längst vom Münchner Gefühl befallen, war er heimgesucht worden von dieser zähen, immer wieder medienverursachten Bosheit, Lumperei und Buben-Gaunerei? »Schwungvoll warf er ein großes Kissen« vom Balkon seines Hotelzimmers, auf dem vorher ein wahnsinniger Doppelgänger »mit Teddybären und Luftballons gespielt« hatte. Die *Abendzeitung* allerdings schlief noch, meldete tags zuvor (3./4. Mai), »der private Besuch des King of Pop bei Marcel Avram im Gefängnis [...] wurde auf unbestimmt verschoben«; der schmierige Dröhnbold »1860-Präsident Karl-Heinz Wildmoser [nutzte] geschwind die Gunst der Stunde, um Michael Jackson kurz vor dem Derby ein Trikot mit allen Unterschriften der Löwen-Stars zu überreichen«. Und Hoeneß guckte wieder in die Röhre.

Am 5. Mai aber doch auch die *AZ*: »Also doch: Jacko & Avram: Umarmung in der Zelle.« Und die *Süddeutsche Zeitung/Stadtausgabe* (5. Mai 1997): »Michael Jackson doch hinter Gittern.« Sappradi!

Hoch geht es allzeit her und zu in München, wahrhaft.

Und die Eingangsfrage? Beantwortet?

»Einkaufen in München, Genießen in München, Leben in München« (*Schaufenster München*) – es sind jeweils für sich ziemlich zweifelhafte Unterfangen, dürfen wir festhalten, jedes einzelne Unternehmen gleicht wahrscheinlich sogar einem »Menetekel« (W. Welsch).

So liegen die Dinge in München.

S'wädschowiddä oder: Der lange Abschied

Von Klaus Bittermann

Zehn Jahre habe ich in Nürnberg oder zumindest in der Nähe der Stadt gelebt, in der Stadt des Lebkuchens, der Bratwurst und der Reichsparteitage, zehn Jahre meiner Jugend, zehn verlorene Jahre, denn in Nürnberg ist jedes Jahr ein verlorenes Jahr. Ich schätze, das ist heute noch so, denn was immer sich in den vergangenen fünfzehn Jahren, seit ich Nürnberg fluchtartig verließ, auch geändert haben mag, die Stadt wird immer die geziert-idyllische, geistig beengte Zuckerbäckerstadt bleiben, die sie seit jeher war. Nicht mal die Alliierten schafften es, aus Nürnberg etwas anderes zu machen, obwohl sie sich große Mühe gegeben und tonnenweise Bomben abgeworfen hatten; denn rechnen konnten sie nicht damit, daß der Brei aus Lebkuchen, Bratwurst und Nazis so zäh sein würde. Nicht umsonst hat Nürnberg mit Julius Streicher einen Nazi hervorgebracht, dem selbst Hitler viel zu gemäßigt war und der auf normale Menschen den Eindruck eines »schmutzigen alten Mannes« (Rebecca West) machte, der kleine Kinder belästigt. Aber statt ihn in eine Anstalt zu stecken, jubelten ihm die Nürnberger zu.

Als Jugendlicher hatte ich natürlich keine Ahnung davon, wie ranzig und klebrig Nürnberg wirklich ist. Ich war einfach froh, dem Elternhaus entkommen und in einer nahe Nürnberg gelegenen Wohngemeinschaft gelandet zu sein, die man damals noch Kommune nannte. Richtig weltmännisch kam ich mir vor, wenn ich ab und an einen Ausflug in die Großstadt unternahm. Ich merkte nicht, daß hinter der Kulisse das gleiche Provinznest steckte, dem ich entronnen zu sein glaubte, nur etwas aufgeblähter, voluminöser. Ohne Eltern im Nacken sah die Welt eben gleich ganz anders aus. Ja,

Wenn die Deutschen ein wenig mehr Geschmack gehabt hätten…

nicht mal der scheußliche Dialekt irritierte mich. Ich war dumm und unerfahren und erfüllte somit genau jene Kriterien, die einen Menschen zum idealen Einwohner Frankens und Nürnbergs (als dessen Metropole) qualifizieren.

Heute weiß ich, daß jemand, der zu seiner Stadt »Nänbech« sagt, auch sonst ein bißchen verrückt oder, wie der »Nänbechä« sagen würde, »ballaballa« ist, was aber niemanden, der freiwillig in Nürnberg lebt, besonders stört, denn den echten Nürnberger bringt nichts aus der Ruhe. »S'wädscho« respektive, wenn der Nürnberger ausgesprochen redselig ist, »S'wädschowiddä« und »Basdscho« lautet folgerichtig sein bei jeder Gelegenheit unermüdlich vor sich hin gebrabbelter Wahlspruch, der wörtlich übersetzt bedeutet: »Es wird schon« bzw. »Es wird schon wieder«; bzw. »Paßt schon«.

Nun irrt man, würde man annehmen, der Nürnberger wäre ein Mensch mit vielleicht schlichtem, aber sonnigem Gemüt. Nein, der Nürnberger ahnt in seinem tiefsten Inneren, daß die Aussicht, alles gehe irgendwie weiter, schließlich auch zutiefst deprimierend ist. Dieser frustrierenden Perspektive begegnet der Franke im allgemeinen und der Nürnberger im besonderen mit Eigenschaften, die er zur Vollendung entwickelt hat: Mit Sturheit und Wortkargheit trotzt er allen Wechselfällen des Lebens, allen Anfeindungen und allen gutgemeinten Ratschlägen. An ihm perlt alles ab, solange er sich am Tresen festhalten und voller Verachtung für das eigene Schicksal eines der weltweit schlechtesten Biere hinter die Binde kippen kann; oder, wie mir der letzte noch in Nürnberg ausharrende Freund, Dietmar Dorn, optimistisch zukeckerte: Der Nürnberger ist weltoffen und gesprächsbereit. Man darf ihn nur nicht ansprechen.

Natürlich ist an dieser Dickfelligkeit noch jede Aufklärung gescheitert. Einer, der selber aus Nürnberg stammt und diese Stadt vermutlich in Notwehr schon frühzeitig verließ, nämlich Hans Magnus Enzensberger, hat dahinter die Renitenz als Tugend des Kleinbürgers ausgemacht. Aber diese Renitenz steht in keiner Verbindung zu einer wie immer gearteten Aufsässigkeit gegenüber Autoritäten, sie ist lediglich

Attitüde, mit der angedeutet wird, man ziehe so etwas wie eine widerständige Handlung unter Umständen vielleicht irgendwann mal in Erwägung, würde man es der Mühe für wert befinden, einen Gedanken zu verschwenden, der über das nächste Tucher hinausginge – was nicht der Fall ist.

In Nürnberg hätte Karl Valentin keinen Erfolg gehabt. Sein subversiver Humor wäre auf völliges Unverständnis gestoßen. Der Humor der Nürnberger hieß Herbert Hiesl: »Is miä schlääächd! Ich glaaab, ich hob zvill Kadofflsalod geßn.« Und weil dem unergründlichen Geheimnis, was an der schlichten Darstellung eines in Nürnberg ganz gewöhnlichen Benehmens komisch sein sollte, nicht beizukommen war, rückte man den sechziger Jahren, die solchen Humor hervorbrachten, eben durch eine ordentlich aufgerüstete Ordnungsmacht zu Leibe. Schließlich stieg Nürnberg in den siebziger Jahren zur Stadt mit der höchsten Polizeidichte auf, was zu den ästhetischen Zumutungen dieser Zeit nicht unerheblich beitrug. Die Menschen waren so schlecht gekleidet wie überall, wurden jedoch aus ganz anderen Gründen verfolgt und drangsaliert. Obschon die RAF um Nürnberg immer einen großen Bogen machte, erschoß man dort etliche ihrer Mitglieder – z. B. Elisabeth von Dyck.

Ich selbst hatte Glück. Ich war nicht bei der RAF und wurde auch nicht erschossen, was aber leicht hätte passieren können. Als durchaus normal galt beispielsweise, zu jeder beliebigen Tages- und Nachtzeit auf der Straße angehalten zu werden. Mir nahm gewöhnlich ein schnittiger BMW mit quietschenden Reifen die Vorfahrt, und nicht-uniformierte Polizisten, sogenannte Zivis, sprangen, ihre MPs im Anschlag, heraus, um mich in Schach zu halten. Obwohl ich nie eine Waffe besessen habe, wurde ich jedesmal auf Waffen untersucht. Die Prozedur nahm mindestens eine Stunde in Anspruch. Manchmal wurde ich sogar auf die Wache mitgenommen. Dann dauerte es zwei Stunden oder noch länger, eine alles in allem lästige Angelegenheit, vor allem dann, wenn ich es zufällig mal eilig hatte, was zugegebenermaßen nicht sehr häufig vorkam.

Eines Tages brachte mir ein Freund einen Kassettenmitschnitt des Polizeifunks vorbei, dem zu entnehmen war, wo genau ich mich in den vergangenen Tagen aufgehalten hatte. Das aufmerksame Auge Nürnbergs wachte darüber, daß ich keine Dummheiten anstellte, die ich sowieso nicht zu unternehmen gedachte. Zuletzt wuchs die polizeiliche Fürsorge ins Grenzenlose: Gegenüber meiner Wohnung hatte die Polizei in einem Laden auf Kosten der Steuerzahler hinter heruntergelassenen Jalousien Quartier bezogen und Richtmikrofone und Kameraobjektive in Anschlag gebracht, um meinen geruhsamen Tagesablauf vollständig zu dokumentieren. Als jedoch nach den berühmten Vorfällen vom 5. März 1981 (auf einer Demonstration in der Innenstadt waren drei Fensterscheiben zu Bruch gegangen) das *KOMM* umzingelt und 172 harmlose Jugendliche festgenommen wurden, entwischte ich ihnen, ich, der »Rädelsführer«. Ich spazierte durch die polizeiliche Abriegelung hindurch.

Später hat mich dieser immense Aufwand amüsiert, damals jedoch war ich schwer empört über die Eingriffe in meine Privatsphäre, auch wenn die Observierung sehr diskret vorgenommen wurde. Andererseits fühlte ich mich natürlich äußerst geschmeichelt, denn das ganze Theater verriet ja ein überaus großes Interesse an meiner Person. Ich durfte mir also ungeheuer wichtig vorkommen, ja geradezu gefährlich, was ich allerdings nicht war. Irgendwann begann mir allerdings die ständige Polizeipräsenz ebenso stark und nachhaltig auf die Nerven zu gehen wie der Dialekt meiner Mitmenschen und ihr »Basdscho«-Gemüt. Wollte ich nicht als Bratwurst enden, übers Bierglas hinweg meinem Gegenüber ein »S'wädschowiddä« zuhauchen oder gar einem finalen Rettungsschuß erliegen, mußte ich schleunigst verschwinden. Das tat ich auch. Und es war eine meiner weisesten Entscheidungen.

Noch heute leide ich unter den Langzeitschäden, die ein Jahrzehnt Nürnberg hinterlassen hat. Selbst nach fünfzehn Jahren werde ich darauf angesprochen, woher ich denn käme, weil ich es nicht geschafft habe, den fränkischen Akzent restlos zu eliminieren. Und wenn ich beschämt meine Herkunft gestehe, dann sehen mich die Leute voller Mitleid an oder machen sich laut lachend darüber lustig – wie mein Untermieter Wiglaf Droste, der ganze Abende damit zubringen kann, meinen Dialekt zu imitieren, am liebsten vor Gästen.

Doch ich weiß, auch er hat eine schwere Jugend hinter sich, in Bielefeld, einer Stadt, die Nürnberg vielleicht sogar noch übertrifft, und deshalb bin ich ihm auch nicht böse.

Schöne neue Heimat

Von Hans Zippert

Die Gegend, die ich Heimat nennen darf, habe ich mir nicht ausgesucht. Das hat Frau Radtke von der Firma City Immobilien-Consulting getan. Zuvor hatte sie versucht, mir liebenswert heruntergekommene Altbauwohnungen an vielbefahrenen Frankfurter Durchgangsstraßen nahezubringen: »Wenn Sie die Türklinken polieren, dann sieht das richtig pfiffig aus.« Ich weigerte mich, zu polieren, heuchelte aber weiterhin Interesse, und eines Tages bestellte sie mich, »es ist vielleicht nicht ganz, was Sie sich vorgestellt haben«, nach Oberursel. Dort wartete eine prächtige Vierzimmerwohnung inklusive polierter Klinken darauf, von mir mit Kunststoff-Teppichböden ausgelegt zu werden. So wurde ich Oberurseler oder, wie die Menschen hier sagen, »Oscheler«.

Zunächst war mir dieser Zustand sehr fremd, deshalb fühlte ich mich auch so. Geduckt schlich ich durch die Straßen, immer darauf bedacht, mich nicht zu häufig dem harten Idiom der Einheimischen auszusetzen. Nie hätte ich es damals gewagt, ein Geschäft mit Namen *Oscheler Teebüchs* zu betreten. Nach und nach legte sich die Angst, und ich begann, eine ständig wachsende Wertschätzung für meine neue Heimat zu entwickeln.

Das Beste an Oberursel ist höchstwahrscheinlich, daß es nicht Bad Homburg ist. Obwohl alle Stadtbusse mit dem Befehl »Bad Homburger lieben Oberurseler und umgekehrt« verziert sind, hassen sich die Bewohner dieser Städte auf das innigste. Kein Wunder, Bad Homburger sind arrogant, borniert, kleingeistig, häßlich, geizig, ungezogen, humorlos und reich – eigentlich genau wie die Oberurseler, nur daß die nicht auch noch damit angeben. Bad Homburger halten sich für etwas Besonderes, nur weil Hölderlin die Bücher des Kurfürsten alphabetisch geordnet hat, wozu wohl damals sonst niemand fähig war, und weil Dostojewski mal in ihren Kurpark gekotzt hat und Alfred Herrhausen direkt vor der *Taunus Therme* in die Luft gesprengt wurde. Sollen doch sämtliche Touristen die sogenannte Kurstadt mit »Champagnerluft« besuchen und uns Oberurseler dafür in Ruhe lassen. Wir haben hier nämlich genug zu tun. Seit dreißig Jahren bauen wir beispielsweise an einer vollkommen überflüssigen Umgehungsstraße, und jedes Jahr müssen wir mindestens drei neue Brunnen einweihen oder eine Geschenkboutique eröffnen.

Andere haben es da aber keineswegs besser. Epinay-sur-Seine, um mal einen exotischen Namen ins Spiel zu bringen, ist eine grauenvolle Ansammlung von sozialen Wohnbauten im Pariser Norden, deren Höhe ungefähr der Verbrechensrate entspricht. Bei Rushmoor handelt es sich um einen häßlichen britischen Industriestandort, an dem hauptsächlich Rüstungsgüter hergestellt werden. Beide Städte sind, wie nicht anders zu erwarten, mit Oberursel verschwistert. Generationen von Oberurseler Schülern werden Jahr für Jahr an diese sozialen Brennpunkte transportiert und lernen die schmutzige Seite Europas kennen. Das kann ihnen nicht schaden. Sehenswerte Sehenswürdigkeiten sieht man in Oberursel so gut wie keine, nur eine fade Innenstadt, die problemlos mit ähnlichen Schandflecken in Detmold, Gifhorn oder Rheine zu verwechseln wäre, gäbe es da nicht noch diese Unzahl von teilweise abenteuerlich gestalteten Brunnen. Es existiert auch eine semimalerische Altstadt, in der außer einem Beerdigungsinstitut keine nennenswerten zwischenmenschlichen Begegnungsstätten zu finden sind, mit Ausnahme von Sankt Ursula, wo ich zu Weihnachten 1996 einer wirklich aufrüttelnden Messe beiwohnte. Bis kurz vor Schluß las mir der Pfarrer derartig die Leviten, daß mir die ewige Verdammnis beinahe wie eine Erlösung erschien, doch im letzten Moment bekam er leider noch die Kurve und speiste mich mit Hostien und einer versöhnlichen Lüge ab.

Oberursel hat nur ein Ereignis von historischer Bedeutung zu verzeichnen, nämlich die Erfindung der Seifenkiste und des dazugehörigen Rennens. 1903 rasten erstmals geschwindigkeitsberauschte Jungen durch die Straßen der Stadt. Heute finden sogar Weltmeisterschaften statt, allerdings in den USA. Das Umland von Oberursel wird durch diverse keltische Befestigungsanlagen archäologisch aufgewertet. Diese sind zugewachsen und nur mit viel gutem Willen und ausreichender Beschilderung überhaupt zu erkennen. Brunnen muß es dort aber auch geben. Klar, daß sich kaum jemand hierher verirrt und man im Wald wirklich seine Ruhe hat.

Der kratzbürstige Charme von Oberursel entfaltet sich nicht beim ersten Hinschauen, doch hat man erst mal ein Auge für die verborgenen Schönheiten entwickelt, entdeckt man z. B. den Weinhändler, der auf Befragen erklärt: »Also, direkt empfehlen kann ich Ihnen den Wein nicht, ich hab' den nur im Angebot, weil er öfters verlangt wird.« Für Liebhaber der bizarren Küche gibt es ein mexikanisches Restaurant mit indischer Bedienung unter hessischer Leitung. Glücklicherweise findet man kein Café, das nur den Hauch von Atmosphäre böte und somit zu unproduktivem Müßiggang verleitete. Ebensowenig wird man auf die abseitige Idee verfallen, sich in den schmalen und spärlichen Parkanlagen niederzulassen, die einzig zu dem Zweck existieren, damit schwer sozialisierbare Mitbürger ihren Kötern beim Koten zuschauen können. Die Menschen ohne Hunde sind aber zum überwiegenden Teil sanftmütig und von angenehmen Manieren. Niemals würde es einem Oberurseler einfallen, mit einer Kettensäge in der Innenstadt ein Blutbad anzurichten; obwohl er die Kettensäge bei *Alberti* zu einem erstaunlich günstigen Preis bekäme. Nein, wenn der Oberurseler mal so richtig über die Stränge schlägt, stellt er Tische und Bänke raus, grillt Würste, zapft Bier und dreht die Musik ganz laut. Das nennt man hier Brunnen- oder auch Marktschreierfest und ist so erbärmlich wie überall sonst auch.

Oberursel überzeugt durch ein rigoroses Bekenntnis zur liebenswerten Durchschnittlichkeit, und man kann sich nur glücklich schätzen, von dieser Stadt als Bürger akzeptiert zu werden. Der richtige Wohnort ist nämlich von entscheidender Bedeutung, will man jemals den Titel »Größter Sohn der

Stadt« einfahren. In Bielefeld, wo ich geboren wurde, wäre ich niemals gegen den Regisseur Friedrich Wilhelm Murnau angekommen, und selbst Showmaster Ingolf Lück würde mir den Ruhm streitig machen. Hätte ich mich unvorsichtigerweise im benachbarten Schmitten niedergelassen, wäre sofort der bärtige Schatten von Gerhard Zwerenz und seinen 89 Büchern (sieben lieferbar) auf mich gefallen. Frankfurt am Main scheidet automatisch goethetechnisch aus; in Oberursel gilt es immerhin Hans Thoma hinter sich zu lassen. Der lebte aber bloß zwei Jahre hier und malte unglaubwürdige Stadtansichten. Da wäre also nur noch Gerda Jo Werner, die Frau, die jeder Deutsche schon mal hatte, weil sie auf der Rückseite des Fünfzigpfennigstückes abgebildet ist. Doch spätestens mit der Einführung des Euro brauche ich auch diese Konkurrenz nicht mehr zu fürchten.

Bleibt mir, eine möglichst umfangreiche Hinterlassenschaft zu produzieren. Seit Jahren werfe ich praktisch nichts mehr weg, Einkaufszettel genausowenig wie Kleidungsstücke, Zehennägel und Barthaare. Mein altes analoges Telefon soll künftige Generationen zu ungläubigem Staunen veranlassen. »Damit konnte man sich mal unterhalten?!!« Meine abgelaufenen Monatskarten werden mich zum Propheten einer postöffentlichen Nahverkehrsbewegung machen, in einer Zeit, in der Menschen problemlos zum Mars fliegen, aber nicht mehr wissen, wie sie nach 18 Uhr von Oberstedten nach Gonzenheim kommen sollen. Allein mein Schallplattenbesitz wird drei ABM-Kräfte zirka vier Jahre beschäftigen, ganz zu schweigen von den Büchern und Krawatten. Um die Kosten für Gedenktafeln möglichst gering zu halten, habe ich bisher nur einmal die Wohnung gewechselt und nach meiner Heirat keinen Doppelnamen angenommen. Ich hoffe, Oberursel wird das eines Tages zu würdigen wissen und einen Brunnen nach mir benennen – mit polierten Türklinken.

Vorsicht! Herunterfallende Birnen!
Warnhinweisblatt an einem Oldenburger Birnbaum

Zettels Traum. Ein Rundgang

Von Günther Willen

Es war kurz nach Mittag, als ich meinen Audi 100 Diesel am Stadtrand parkte. Was für ein Name: Drögen-Hasen-Weg! Wild entschlossen stieg ich aus und holte tief Luft. Ein milder Wind strich durch die denkmalgeschützte Eichenallee, leichte Düfte wehten aus den renovierten Bauernhäusern herüber. Eine Stimme sagte: »Der Anteil von Ein- und Zweifamilienhäusern an der Gesamtbebauung beträgt 90 Prozent!« Dann war wieder nur das Rauschen der Bäume zu hören.

Irgendwo bellte ein Hund, wahrscheinlich ein Bobtail, der seinem Nickituch hinterherjagte. Gemächlich ging ich weiter. Am Gartentor gab gerade eine Frau mit einer Turmfrisur ihrem Mann einen dicken Kuß und rief ihm hinterher, als dieser auf seinem Holland-Rad »Gazelle« schon längst die Kurve gekratzt hatte: »Und vergiß nicht die Mittelmeerlangusten von *Klöter* abzuholen!« Wundervoll, seufzte ich, ein Auftakt nach Maß. Frische Mittelmeerlangusten von *Klöter*, dazu einen weißen Burgunder …

Es war jetzt halb eins. Die Sonne stach vom Himmel. Über mir knatterte ein Segelflugzeug mit einem Spruchband dran. Ein Malergeschäft in der Innenstadt umwarb mich auf dem Luftweg mit den Worten: »Kaufst du Farben nur bei Rieger, bleibst du bei Wind und Wetter Sieger.« Wie kann man nur an so einem herrlichen Tag zu Fuß gehen, kritisierte ich mich in Gedanken. Und was sollten eigentlich die Bäume an den Straßen? Gehörten die nicht in den Wald?

Als ich eine Weile auf der Ammerländer Heerstraße hin und her gelaufen war, fiel mein Blick auf einen »Strafzettel«, der hinter dem Scheibenwischer eines dreckigen Opel Kadett mit Bremer Kennzeichen klemmte. Die Mitteilung war verwirrend: »Bitte nicht mehr als 30 fahren!« Nein, darauf konnte ich mir keinen Vers machen. Ich blieb einen Augenblick stehen und ließ mehr als dreihundert jugendliche Radfahrer vorbei. Offensichtlich befand ich mich auf dem Radweg und ganz in der Nähe einer Universität. Richtig, ein ausgetüfteltes Plakat von Klaus Beilstein an der Straßenkreuzung kündigte an, daß es ab dem Wintersemester 1997/98 einen neuen Magister-Studiengang »Frauen- und Geschlechterstudien« gebe. Zusammengeknüllte Plastiktüten unter den Fahrradsatteln erweckten kurz mein Interesse. Wozu sollte das gut sein? »Regenschutz«, half mir eine Gärtnerin in den Sattel und pfiff sich wieder ein Liedchen. Dann studierte ich eifrig den Speiseplan der Mensa »für diese Woche«. Es gab: Spargelsalat und Viktoriabarsch, Buchstabensuppe und Huhnfleisch, Hirschmedaillons mit Wildpfeffersoße, Sellerieschnitzel mit safranisiertem Blumenkohl, Grünkernbratling, Paprikaschiffchen, heiße Banane mit Pinienkernen und frisches Obst. Sogar das Brot aus der Bäckerei *Störtebäcker* versprach »ein Stück Lebensqualität«. Ich holte ein kleines Notizheft von Brunnen aus meiner Adidas-Tasche und einen BIC-Kugelschreiber und notierte: »Lebensqualität wird in dieser Universitäts-Stadt groß geschrieben.« Ich sah auf. Wer mochte das sein? »Wo geht's denn hier zum Clowns-Workshop«, fragte mich freundlich ein ewiger Student mit struppigen roten Haaren und frecher Pappnase, der aus dem Nichts aufgetaucht war, drei ungespritzte Zitronen jonglierend. Ich schmunzelte, schüttelte den Kopf und verdünnisierte mich. Nebenan durchsuchten ein paar Kinder vom Uni-Kinderladen *Unsere Kinder* den Sandkasten nach verräterischen Spuren, ohne etwas zu finden. Hier ergab sich für mich die Möglichkeit, endlich einen Blick auf den Handzettel zu werfen, den vorhin ein fürsorglicher Geist verteilt hatte. Es handelte sich um die Ankündigung eines Kurses »Kreatives Schreiben« nur für Frauen. Man wollte an diesem Wochenende mit verschiedenen Schreibübungen und -spielen dem weißen Blatt Papier den Garaus machen, hieß es dort. Und: »Eine Studentin vom Ammerland / sich vor einem leeren Blatt befand / mit Tips schrieb sie los / es klappte famos / ist seither als Poetin bekannt.« Es war, als sei ein Blitz aus heiterem Himmel in mich gefahren. Diese Stadt – ein Gedicht!?

Nachdenklich lehnte ich mich gegen den VW Passat, der vor der *Paracelsus-Apotheke* in der Ofener Straße parkte. Verwundert betrachtete ich das Blatt von einem Rezeptblock an der Windschutzscheibe: »Sie behindern einen als Privatparkplatz ausgewiesenen Parkplatz – Dr. Mader.« Das reimte sich doch hinten und vorne nicht!

Die Botschaften in dieser Stadt waren eindeutig und dennoch geheimnisvoll, wenn Sie verstehen, was ich meine. Eine Entenfamilie mit fünf Küken watschelte hernach über die Ofener Straße, ein Volvo-Fahrer stieg voll in die Eisen. Zwei nachfolgende Autos, ein Golf und ein Saab, fuhren auf. Blechschaden. Die Enten verschwanden schnatternd im Dobbenteich. Wie gebannt schaute ich zu einem großen Baum am Haarenufer hinüber. So einen Baum hatte ich während meiner Kindheit im Emsland schon oft gesehen.

Just in diesem Augenblick trabte mir ein Lehrer, ein Kerl wie ein Zettelbaum, in kurzen Hosen entgegen. Auf seinem weißen T-Shirt war zu lesen: »Geht dir dein Zuhause auf den Keks, fahr mal weg mit Unterwegs.« Zügig schritt ich voran Richtung Fußgängerzone. Eine Erfrischung wäre jetzt herrlich. In einem kleinen *Spar*-Markt kaufte ich eine Dose Sprite und ein Bounty und stellte mit Befriedigung fest, daß auf der Ablage an der Käse-Wurst-Theke ein rotes Schild mit dem Hinweis pappte: »Nur für Taschen – für Kinder zu schwer.«

Leichten Herzens machte ich mich auf den Steinweg und blieb ruckartig vor einem Haufen Sperrmüll stehen. Regale, Gartenset, Katzentisch plus Stühle, Isomatte, lauter so Sachen. Auf einem alten Kühlschrank war ein DIN-A4-Blatt angebracht. In Schönschrift hatte jemand draufgeschrieben: »Nicht schön, aber voll funktionsfähig!« Die Männer von der Stadtreinigung lachten sich einen Ast und wuchteten eine Biotonne (»Ich bin eine Biotonne«) auf ihr Fahrzeug, das wiederum mit einem leuchtenden Graffiti versehen war: »Ich bin ein Müllwagen!« Diese Drecksäcke! Ich schlenderte weiter. Nanu? Ein Beatles-Fanclub auf den Spuren der Pilzköpfe? Nein, eine Wohngemeinschaft auf dem Weg zum Fleischer. Doch der Öko-Metzger *Wurst-Salat* in der Blumenstraße hatte gerade Mittagspause. Verzweifelt hämmerte eine Bohnenstange in schwarzen Klamotten gegen die verschlossene Tür. Stumm wies ich mit meinem Wurstfinger auf das bunte Schildchen: »Von 12 bis 15 Uhr, das müssen Sie doch verstehen, wollen wir zum Essen gehen.« Die Bohnenstange sagte »Moin« und verschwand samt WG um die Käse-Ecke.

Ich glotzte inzwischen auf einen getippten Zettel, der an einem Laubbaum in der Nelkenstraße festgetackert war: »Wer hat die helle Damenjacke von Frau Dick gesehen? Bitte bei Frau Mohrmann melden!« Ja, was war denn das? Zur gleichen Zeit waberte »eine Durchsage in eigener Sache« aus dem nahe gelegenen Fußballstadion am Marschweg herüber. Ich war ganz Ohr: »Die Zunge schnalzt, die Augen blinken, sehen wir den Ball ins Tor versinken.« Der anschließende Jubel war unbeschreiblich. Helle Tränen der Spielfreude liefen mir über die Wangen. Es wurde immer schöner. »Wer das Großstadtleben einmal ausgekostet hat, kann es am ehesten entbehren.« Wer hatte das noch mal gesagt? Dr. Hammer? Dr. Johnson? Dr. Mader? Oder Frau Mohrmann?

Noch eine halbe Stunde. Ein Trupp ammerländischer Klootschießer in bunten Trainingsanzügen überholte mich. »Rheuma, Ischias oder Gicht gibt's in unseren Reihen nicht«, behaupteten sie steif und fest und zogen reimwärts nach Bad Zwischenahn, der »Perle des Ammerlandes«. Kopf hoch und durch. Wo waren wir stehen geblieben? Ach ja, Pferdemarkt. Längeres Nachdenken bereitete mir freilich das Schild am Standesamt: »Heiraten – na klar, die Torte ist schon da!« Dichtende Menschen soll man nicht aufhalten, bzw. Lyrik ist doch das Schönste! Aber weiter im Text. Vor dem Schaukasten der *Nordwest-Zeitung* in der Peterstraße blieb ich allerdings wie angewurzelt stehen. Die Anzeige auf der Glückwunschseite ging folgendermaßen: »Unglaublich aber wahr, unser Blödschweinchen wird heute 43 Jahr! Hast Du Sonne im Herzen, kannst Du auch dieses verschmerzen.

Deine Freunde Akka, Rainer, Christine, Charlene, Puppe, Nancy Wood, Sherman, Ralph, Bernd, Peter, Klaus und Klaus, Horst, Alte Zeltbahn und die ganze Mannschaft!« Wie beneidete ich die 150 000 Einwohner dieser Stadt um ihre poetischen Fähigkeiten!

Endlich jedoch befand ich mich in der 25 Hektar großen Fußgängerzone. Welch ein Geschiebe und Gedränge. Gilt als größte ihrer Art in Deutschland, verriet mir sogleich ein Transparent am Lappan, dem Wahrzeichen der Stadt. Es hatte sich nichts verändert, alles war genauso wie immer. Vor der Lotto- und Toto-Annahmestelle prangte das Plakat »Greif zum Glück auf Wulff zurück«, an der Schaufensterscheibe des Spielzeuggeschäftes Bente stand riesengroß in Flammenschrift: »Großes B und kleine ente, mein Spielzeug kauf ich nur bei Bente«, und an der Speisekarte der guten *Gaststätte Steffmann* konnte ich mich gar nicht satt sehen: »Brille vergessen? Wir bringen Ihnen gerne eine Lesebrille!« Den Rest reimte ich mir zusammen. Alles in großes B und kleiner utter! Nur das abgeblätterte Schild beim Herrenfrisör G. Kruse in der Mottenstraße fiel etwas ab: »Hier nach wie vor immer noch Ihr Herren-Friseur.«

Mir war wohl zumute. Zur Feier des Tages bestellte ich mir in einem Café in der Wallstraße einen Cappuccino. Prompt erhielt ich einen Cappuccino mit Sahne – und nicht mit Milch, wie ich irrtümlich angenommen hatte: der einzige Schönheitsfleck in dieser kleinen Weltstadt. Und soviel zur Wallstraße, in der fitneßbewußte Bankangestellte mit Handy flanierten, zum Flugzeug »Flieger« sagten und darauf brannten, daß der Bierhahn endlich sprudelte.

Aber Ente gut, alles gut. Ein Knirps im Fußballdreß überreichte mir auf dem Schloßplatz mit den Worten »Ob gewonnen, ob besiegt, wir haben uns ganz arg vergnügt« die Stadionzeitung des VfB Oldenburg. Ich war gerührt. Sofort überflog ich die Anzeige von *Ripken & Ripken*. Dort stand es blau auf weiß: »Vielen Spielern Dank! Sie haben sich nicht durch gute Leistung und Einsatz für einen Wechsel empfohlen. Sie müssen die Stadt Oldenburg lieben.« Genau. Von der Lamberti-Kirche schlug es jetzt 13, nein 14 Uhr. Ich hatte mein Ziel erreicht. Ich stand vor dem Vereinsheim. Mein neues altes Zuhause! Meine neue Rückennummer! Am liebsten die 10. Oder doch die 4? Unschlüssig kaute ich auf der Unterlippe herum. Sollte ich lieber im zentralen Mittelfeld spielen? Oder doch als Mittelläufer zurückgehen? Jäh wurde die Tür geöffnet, und der Trainer kam heraus. Er hatte einen hochroten Kopf und war völlig aufgelöst. »Und?« keuchte er. »Normal!« antwortete ich. Dann überreichte er mir einen Zettel. Die Mannschaftsaufstellung? I wo. Ich las eine Grußbotschaft von Gardi Hutter, der »Clownerin« aus der Schweiz: »Hier ist der Himmel frei, die Wolken sind sehr speziell, sie schimmern anders … und das Publikum ist sehr viel liebevoller.« Mit anderen Worten: Hier in Oldenburg i. Oldb., in Oldenburg i. Oldbg., in Oldenburg i. Old., in Oldenburg i. O., in Oldenburg/Oldbg., in Oldenburg (Oldb.) herrscht zwar die reinste Zettelwirtschaft, aber die Welt ist noch in Ordnung, das heißt i. O. Hier, in dieser zwischen Weser und Ems gelegenen wunderbaren Stadt, die vermutlich im 9. Jahrhundert gegründet und 1108 erstmals als gräfliches Aldenburg urkundlich erwähnt wurde, kann man ruhig und in Würde alt werden. Ohne wenn und würde. Aber hallo. Denn mit *Onken*, dem »Haus der Füllhalter« (seit 1889), zu unken: »*Onken* hat vieles, manches hat nur *Onken*.« Oder mit meinem Schweizer Freund Rudi zu radebrechen: »Hier hab i's guad. I bleib hier, bis i sterb.«

Doch in Oldenburg überlebt nur, wer gut reimen kann. Wer schreibt, der bleibt. Und plötzlich verstand ich auch den Lieblingsspruch der Oldenburger, nämlich: »Kannste knicken!« Gemeint war der Zettel, den man in der Mitte knickt usw. Und wenn der Oldenburger etwas partout nicht will, dann sagt er bloß: »Das habe ich nicht auf dem Zettel!«

Es wurde Abend, und ich kehrte zu meinem Auto zurück. Ich befand mich in ausgezeichneter Stimmung. »Bürger, bildet Reime!« rief ich aus. Gleich darauf linste ich auf ein zusammengefaltetes Stück Papier, das an meinem alten Audi steckte. Die Nachricht war kurz: »Sie parken schlampig!«

Der Sieg der Autositz-Schaffelle

Von Knud Kohr

Das Städtchen, in dem ich einen gehörigen Teil meiner Jugend fristete, hat 6000 Einwohner und ist seit knapp sieben Jahrhunderten damit beschäftigt, auf der niedersächsischen Seite der Elbmündung zu liegen. Seine Ansammlung roter Backsteinhäuser wird zersägt von der Bundesstraße 73; sein Deich wacht über schnöselige Neubauten am Stadtrand ebenso wie über eine Sauerkrautfabrik und ein salzwassergefülltes Hallenbad. Der Name des Städtchens ist Otterndorf. Jahrhundertelang hat man sich hier die Zeit vertrieben, indem man beim ersten Hahnenschrei aufstand, den lieben langen Tag den Feldern das Obst und der See den Hering abtrotzte, abends nach schweigend gekipptem Bier dem Nächsten das Nasenbein einschlug und dem durchziehenden Fremden den Hund an die Kehle hetzte. Irgendwann wurde die Stadt touristisch erschlossen, und die Gewohnheiten der Einheimischen änderten sich geringfügig: Statt des Hundes hetzt man nun Kellner mit unverschämten Rechnungen auf den Fremden, und statt im Wirtshaus trifft man den Nächsten nun bei der Cardiogymnastik in der Volkshochschule. Und auf einem am Stadteingang von Otterndorf seit Vorzeiten geparkten quietschgelben Planwagen steht in geschwungenen Lettern geschrieben: »Historisches Otterndorf – Immer etwas los. Baden, Wattwandern, Segeln ...«

Damit ist das Grunddilemma des heutigen Otterndorf hinreichend umrissen: Man hat so gut wie nichts, tut aber, als könne man aus dem vollen schöpfen – und macht sich lächerlich. Dabei hätte Otterndorf womöglich seinen Reiz, wenn die Amtmänner in Rathaus und Fremdenverkehrsverein sich nur durchrängen, zur allertiefsten Provinzialität ihres Ortes zu stehen. »Ja«, könnten sie sagen, »wir sind ein gottverlassenes Nest in einer derart strukturschwachen Gegend, wie man selbst im albanischen Bergland kaum eine schlimmere findet. Bei uns ist nicht nur der Hund begraben; es haben auch schon alle vergessen, wo das Grab liegt. Wenn wir am Wochenende einen draufmachen wollen, dann fahren wir nach Cuxhaven, um dort dann auch nicht zu wissen, wo wir einen draufmachen sollen. Aber: Unsere Altstadt geht auf Zeiten zurück, als der Buchdruck noch neumodischer Schnickschnack und der Dreißigjährige Krieg noch Science fiction war. Unsere Strände sind schön, und bevor bei uns gegen 22 Uhr 45 die Bürgersteige hochgeklappt werden, kann man sich in unseren Kneipen die Bäuche mit fangfrischem Fisch vollschlagen. Wer im Urlaub nichts als Muße will, für den sind wir ein Traumziel.«

Mit seinem Mangel an Realitätssinn steht Otterndorf vielleicht repräsentativ für die Mehrheit deutscher Provinzstädtchen. Denn heute läßt kein Kaff mehr auf sich sitzen, daß es »verschlafen, aber schön« ist. Ein Image muß her, ein Slogan, eine Kampagne, eine Corporate identity, kurz: alles, wovon man in 6000-Seelen-Gemeinden soviel Ahnung hat wie der Hering vom Obstanbau.

Im Fall Otterndorf begann diese Fehlentwicklung Ende der siebziger Jahre, als im Rathaus ein Patt entstanden war und der FDP-Mann Hermann G. zum Bürgermeister gewählt wurde. Name und Partei des Mannes tun aber nichts zur Sache. Entscheidend ist der Typus: Die Macht besaß plötzlich ein intriganter Kraftkerl, ebenso gewohnt, die beiden großen Fraktionen in ständig wechselnden Mehrheiten gegeneinander auszuspielen wie sie mit Drohungen und Versprechungen zu disziplinieren. Zu allem Überfluß glaubte er außerdem, von Unternehmensführung Ahnung zu haben, weil er das war, was sie in der Norddeutschen Tiefebene einen Unternehmer nennen: Ihm gehörten ein paar Morgen Brachland und ein Fotogeschäft. Die Folge war, daß Otterndorf eine Image-Kampagne verpaßt bekam, wie nur Männer sie ersinnen können, die es für den Gipfel der Werbekunst halten, wenn sie in die Schaufenster ihrer Geschäfte Schilder mit der Aufschrift »Supersonderangebot! Alles muß raus!« hängen.

Otterndorf also hatte einen Slogan. Während München die »Weltstadt mit Herz« spielen muß und Hamburg »Das Tor zur Welt« sein soll, war Otterndorf plötzlich »Kleine Stadt am großen Strom«. Da in diesem Titel aber unterschwellig etwas Offensiv-Provinzielles, ja Unbeugsames im asterixschen Sinne mitschwingt, machte man sich – nun von allen guten Geistern verlassen – daran, dem Ort eine Art folkloristisches Germanentum aufzuzwingen.

Die Gegend um Otterndorf heißt »Hadeln« oder auch »Land Hadeln«. In der PR-Legende der Tourismuswerber wurde daraus das sagenumwobene germanische Haduloa, dessen tapferste Kämpfer einst Otterndorf gegründet haben sollen. Und wo schon mal eine Tradition erlogen worden war, baute man gleich die nächste zusammen: In Erinnerung an die Heldentaten der alten Germanen läßt nämlich das Verkehrsamt seither in jedem Sommer den »Germanischen Fünfkampf« austragen, einen Wettkampf, der selbst überzeugten Volksläufern, Teebeutelweitwerfern und Hau-den-Lukas-Schlägern die Tränen in die Augen treibt.

Das alljährliche Szenario ist absurd und auch dadurch nicht aufzuwerten, daß die Veranstaltung mittlerweile Teilnehmer aus dem Ruhrgebiet und Dänemark sowie Beachtung in regionalen Sportsendungen gefunden hat. Hunderte von Menschen treffen sich am Wettkampfsonntag um sechs Uhr auf dem Otterndorfer Marktplatz zur Eröffnungszeremonie. Alle sind sie gehalten, germanisch kostümiert zu erscheinen. Im besten Fall heißt das: Kurz nach Sonnenaufgang reichlich vom Frühstücksbier gezeichnete Rheinländer lungern in Autositz-Schaffellen und Jogginghosen herum. Gemeinhin finden sich jedoch Herren – und leider auch Damen – zu »Stämmen« genannten Teams zusammen. Hier dominieren derart liebevolle Kostüme, Helme und Speere, daß man sich bangen Herzens fragt, was diese Menschen in ihrem Leben bloß falsch gemacht haben, da sie ein Gutteil des Daseins für die Vorbereitung auf den Germanischen Fünfkampf verwenden.

Nach der Zeremonie ziehen die Hundertschaften johlend zum Elbstrand, um auf dem Deichvorland ihre Wettkämpfe auszutragen. Unter den Disziplinen: Keulenzielwurf; ein Hindernisparcours namens »Angelsachsenpfad«, der an das Vietnam-Ausbildungslager in Kubricks Film »Full Metal Jacket« erinnert; sowie das für Uneingeweihte nicht zu verstehende »Dieken«, eine Übung, bei der ein mit Steinen beladener Holzkarren den Deich hinaufgezerrt wird.

Die Ergebnisse bewertet man nach einem strengen System, das jenem der Bundesjugendspiele ähnelt. Bis auf wenige Extremisten kann dennoch so gut wie niemand auch nur einen einzigen Gewinner dieses immerhin schon fünfzehn Jahre alten Wettkampfes nennen. Da nämlich laut Vorstellung der Otterndorfer Touristik-Experten der rechtschaffene Germane nicht nur ständig Felsen auf den Deich geschleift, sondern auch noch ohne Unterlaß gezecht hat, fließt während der gesamten Veranstaltung unter praller Julisonne ein knallesüßer, »Met« genannter Trunk aus Honig, Bier und Sekt. In Verbund mit den regionalen Spezialitäten – Krabbenbrot und Apfelpfannkuchen – mündet der Tag für die Wettkämpfer traditionell in durch Filmrisse geminderte Magenkrämpfe. Die Folgen für Unbeteiligte sind dramatischer: Wochenlang ist der Strand kaum begehbar, weil Lachen aus Kotze und Durchfall das Geläuf besudeln.

Daß es angesichts eines solchen Treibens irgendwelche Schamgrenzen zu verletzen gäbe, ist kaum vorstellbar. Trotzdem kam's dazu einmal. Vor etlichen Jahren – der Wettkampf war noch jung – entwickelte man ein Werbeplakat, auf dem eine junge Dame im äußerst knapp sitzenden Fell verkündete: »Ich bin die sexte Disziplin beim Germanischen Fünfkampf.« Dieses Poster ging den Otterndorfern dann doch gegen den Strich: Daß Germanen Felle tragen, klar, daß sie Honigsekt auskotzen und aus dem Rheinland kommen, na gut, die Zeiten haben sich geändert. Aber Germanen und Sex? Das ging zu weit.

Wohingegen Otterndorfer und Germanen gut zu harmonieren scheinen, wenngleich die eingeschlagene Richtung des Image-Transfers Ansässige und Sommergäste zu einem Haufen Toren und Idioten stempelt, die sich beim Keulenzielwurf besaufen und beim Wattwandern nichts anderes vor Augen haben als Germaninnen im Fellbikini. Das geht niemandem zu weit, sondern kommt, wie anders könnte man's verstehen, dem Selbstverständnis der »Kleinen Stadt am großen Strom« doch recht nahe.

Zum Spaß gebaut oder: Unfrohe Hommage à Ludwig IX. von Hessen Darmstadt

Von Dieter Steinmann

Meine Heimatstadt heißt Pirmasens, liegt am Rand des Pfälzer Waldes und macht auf den ersten Blick einen einigermaßen unauffälligen Eindruck: eine Mittelstadt mit weniger als 50000 Einwohnern, in der ziemlich normale Menschen leben und Verhältnisse herrschen. Sachlich und historisch gesehen ist Pirmasens allerdings eine merkwürdig unrichtig in die Welt gestellte Ansiedlung.

In der ersten Hälfte des 18. Jahrhunderts war Pirmasens ein kleines Walddorf, über das es vermutlich bis heute wenig zu berichten gäbe, wenn nicht in Person des Erbprinzen Ludwig IX. von Hessen Darmstadt (1719–1790) ein ganz spezielles Geschick über das Pirmasenser Ländchen gekommen wäre. Jener, ein durchaus klug-sympathischer Mann, ragt aus seiner an hochwohlgeborenen Langweilern nicht armen Epoche als sehr besonderer Sonderling, wohl aber auch als nicht vollends zurechnungsfähiger, ziemlich dramatischer Knallkopf weit heraus. Ihm gehörte die Gegend des heutigen Pirmasens. Weil er offenbar nichts Besseres zu tun hatte, ließ er sich, Landgraf, der er war, auf diesem einsamen, schwer zugänglichen Stück Pfälzer Wald nieder, um auch gleich eine Stadt zu gründen. Das heißt: Die entstehende Stadt nahm er als sich selbst zeugende Folge seiner eigentlichen Gründung, einer Garnison, in Kauf.

Ludwig war ein ausgemachter Soldaten- und Militarianarr, und er hatte den festen Entschluß gefaßt, mit dieser Liebhaberei aufs Ganze zu gehen – sich bis zum Anschlag zu verwirklichen, wie man heute sagt. Zügig ließ er – trotz chronischer und waghalsiger Verschuldung – ein Schloß, eine Garnisonskirche, Unterkünfte für Mannschaften und Offiziere, die zweitgrößte Exerzierhalle Europas und einen gigantischen Exerzierplatz in den Wald rammen. Mit der bald stattlichen Armee war mächtig Staat machen: Ludwigs auch sozial fürsorglich behandelte Soldaten besaßen die höchsten Hüte weit und breit (inklusive innerer Metallverstrebungen), und man hatte sie so verschwenderisch mit Uniformen in x-erlei Farben ausgestattet, daß ihre Aufmärsche eher an heutige Jux-Performances gemahnten denn an Manifestationen praktischen Wehrwillens.

Die dergestalt Herausgeputzten wurden durch ein spezielles Hobby ihres Herrn mächtig auf Trab gehalten. Ludwig liebte die Militärmusik so sehr, daß er als Tondichter tatsächlich mindestens 92 000 verbürgte Kompositionen zustande brachte, in der Hauptsache Märsche jeglicher Couleur. Der Mann verfaßte an guten Tagen über 300 Musikstücke, eine Leistung, die spezielle Bewunderung auch verdient, weil dieser entfesselte Komponist nicht mal Noten lesen, geschweige denn welche schreiben konnte. Man muß davon ausgehen, daß er seine musikalischen Eingebungen fast pausenlos hauptamtlichen Notenschreibern vorbrummte, die sich vermutlich die Finger krummschrieben.

Nicht nur die rekordträchtige Menge gibt zu denken. Mit etlichen – um es nett zu sagen – schwindelerregend putzig geratenen Werken stellte sich Ludwig auch souverän an die Speerspitze der Kuriositätencharts seiner Zeit: Beispielsweise ist ein »persischer Musketiermarsch« erhalten, der vage an schnuckeligste Mickymaus- und Schlumpf-Filmmusiken erinnert und bestenfalls so persisch klingt, wie sich gewisse Backsteinmoscheen in schottischen Schloßgärten an die klassischen Bauten Isfahans anlehnen.

Ludwig, ulkiges Zerrbild des Ideals vom seligen Amateur, komponierte dermaßen störungsfrei, quietschfidel und unbremsbar vor sich hin, daß seine Kapellen und Infanteristen Mühe hatten, mit dem Fortgang und der Ausweitung seines Werkes Schritt zu halten: Sie sahen sich gezwungen, fast rund um die Uhr vor seinem Balkon und auf ihren Übungsplätzen auszuschreiten und Krach zu machen. Uniformen, Hüte, Fahnen und andere Dekorationsartikel wurden bei diesen Marschchoreographien so lange und pingelig vertauscht und rekombiniert, bis nach des Grafen Ansicht das Optische tipptopp zu seiner Musik paßte und der ganze Zirkus in Ausmaßen flotten Eindruck machte, tönte und hin und her wuselte, wie er sich die Pracht vorbildlichen Militärgerumpels zusammenphantasiert hatte.

Vor anderen, weitaus schlimmeren Unbilden des Soldatenlebens waren Ludwigs Truppen hingegen aufs konsequenteste geschützt: Mit dumpfer Realpolitik, echtem Krieg, blutigem Kampf und ernstem Schlachtengetümmel hatten sie nicht nur nichts zu tun, sondern sie wurden von solchen Würgereien sogar mit aller Entschiedenheit ferngehalten. Während zahlreiche Regierende jener Epoche ihre Landeskinder schiffsladungsweise als Kanonenfutter an x-beliebige Kriegsparteien verhökerten, um mit dem Erlös die leergesoffenen Kassen zu füllen, borgte Ludwig seine Grenadiere, Trommler und Pfeifer bestenfalls mal zu Dekorationszwecken für Hochzeitsfeiern aus und achtete im übrigen scharf darauf, daß sie beim Transport zu ihren pazifistisch motivierten Einsätzen pfleglich behandelt wurden. Unschönes Spießrutenlaufen war zwar auch in der Pirmasenser Garnison Disziplinierungsmittel erster Wahl, aber ansonsten ging es selbst hinsichtlich der Bestrafungsrituale vergleichsweise zivilisiert zu: Während andernorts am Galgenplatz stets Mordsbetrieb herrschte, wurde bei Ludwig lediglich ein Bedauernswerter, ein Koch, exekutiert; auch zum Hinmetzeln per Strafrecht waren dem Landgrafen seine lebenden Zinnsoldaten zu schade.

An martialischen Zeichen allerdings wollte es unser Landgraf dann wiederum auch nicht gänzlich mangeln lassen – und verlegte seine diesbezüglichen Neigungen auf das Feld der Baukunst. Die Tore der schnell wachsenden Stadt – die Soldaten hatten ja immerhin Familien, und es entwickelte sich bald eine einigermaßen »urbane«, wenn auch schwache Infrastruktur – zierten elegante Sandsteinsäulen, deren Spitzen von artig gemeißelten, kugelförmigen Granaten gekrönt waren – mit bezeichnenderweise sehr weit heruntergebrannten Zündschnüren. Heute schmücken diese Artilleriesäulen die prima geratene Pirmasenser Fußgängerzone und veranschaulichen handfest metaphorisch den Bombencharakter des einstigen Stadtobersten.

Das Pulverfaß Pirmasens ist in Folge solch einzigartiger Mischung aus Militärspielerei und höherem Pazifismus nicht explodiert, sondern erst mal knallhart implodiert. Ludwigs beinahe »lyrisch« zu nennender Garnisonsbetrieb wuchs sich zur gewaltig teuren Einrichtung aus, die ihren eh schon als Pleitier angetretenen Erschaffer bald schwer unter Druck setzte. Etwaige Versuche Ludwigs, Gewerbe und Handel anzukurbeln, fruchteten wenig. Selbst seine durch Ideen der Aufklärung inspirierte moderne Verwaltung und seine vorbildlich liberale und tolerant inszenierte Kleinstaatsführung vermochten keine nennenswerten Betriebe oder geschäftlich interessierte Investoren hereinzulocken. Zu dicht, dräuend und dummdunkel standen die pfälzischen Urwälder rings um das kleine Soldatenidyll, zu weit entfernt von jeglichen Verkehrs- und Handelswegen hatte der aktiv kreative Spinner Ludwigneun seine mit Tausenden bevölkerte, ökonomisch vollrohr zerrüttete Spielzeugstadt hingebastelt.

Und genau diese harte Hypothek lastet bis heute bürdenschwer auf meiner Heimatstadt. Ludwigs Hauptwerk, die Stadtgründung, hat mehr mit gegenwärtigen Kunst- und Nonsensprojekten zu tun als mit seinerzeit üblicher oder allgemein zweckmäßiger Besiedelungspolitik. In seiner letztlich wahren und echten Stärke gründet leider auch sein gewaltiges, heute mit Schmerzen zu bilanzierendes historisches Negativverdienst: Nach den Folgen diverser städteplanerischer Siebenmeilen-Fehltritte beurteilt, steht er als ziemlicher Dilettant, um nicht zu sagen: als völliger Idiot da. Europaweit hätte er kaum einen ungünstigeren Landflecken finden können, um sein im Exerzierwahn zusammendeliriertes Spezialelysium ins Werk zu setzen. Hätte er Pirmasens auf einer Hallig, in einem Sumpf oder an den Steilhängen des Watzmann gegründet, der Stadt wäre vermutlich auch kein ungünstigeres Schicksal erwachsen. Bis heute reißen sich die

Verantwortlichen sämtlicher Bundes- und Landesregierungen, die zuständigen Regional- und Stadtverwaltungen wakker den Arsch auf, um Pirmasens einigermaßen standardgemäß an all jene Autobahnen und Fernstraßen anzuschließen, die in großer Distanz die schwer zerklüftete Wald- und Hügelregion passieren. In Pirmasens auf namhafte Investoren oder von »außen« initiierte Industrieansiedlungen zu schielen, ist weniger sinnvoll als die Hoffnung, der Papst möge freiwillig die nächste Love-Parade im Namen der Präservativindustrie segnen. Licht und Schatten, Fluch und Segen, drolliger Unfug und schlimmer Absturz lagen in Ludwigs Tun bitter eng beieinander und verliehen seiner Hinterlassenschaft spezifischen wie dauerhaften Charakter: Vermutlich nur hinter den mehr als sieben Bergen versteckt konnte dieser große Naive seinen kleinen Märchenstaat durchziehen, ja durchexerzieren.

Die Bilanz ist in der Tat schrecklich und von grausamer Deutlichkeit: Pirmasens durfte etliche Jahrzehnte so etwas Ähnliches wie eine Blüte als Metropole der deutschen Schuhindustrie erleben, eine Hochzeit der Produktivität und Rentabilität des Daseins, an die nunmehr leerstehende Fabriken, dauerhaft furchterregende Arbeitslosenzahlen und eine zwar beschäftigungspolitisch irrelevante, jedoch teils vor Erfolg nur so strotzende Schuhhandelsbranche erinnern. Auch nach Ludwigs Zeiten verstanden es die Militärs allerweil, sich rund um Pirmasens pudelwohl zu fühlen und die Gegend in toto mit blödsinnigen Milliardengräbern zu verunzieren. So tangierte z. B. Hitlers von nichts als Schwachsinn und Paranoia angestifteter Westwall die Stadt und brachte, während der Bauzeit, kurzfristig Geld und Remmidemmi in die damalige Nazi-Hochburg. Die US-amerikanische Armee verbuddelte in zahlreichen geräumigen Bunkern Atombomben, Giftgasgranaten sowie Schnaps-Vorräte und gab sich der Hoffnung hin, daß der Russe im Ernstfall kaum die Anreise schaffen würde. Gorbatschows starker Arm reichte dann allerdings schnell bis hierher und bereitete auch diesem Spuk ein Ende. Die entsprechenden Truppenreduzierungen der Amerikaner sorgen unterdessen für Hochbetrieb und Ratlosigkeit auf den Arbeitsämtern – offizieller Stand der Erwerbslosigkeit im Winter 1997/98: zirka 20 Prozent. Alles in allem: mehr Flops als Wiederaufstiege.

Der extravagante Landgraf Ludwig IX. gründete einst Pirmasens nicht nach den Gesetzen der Ökonomie und der Vernunft, sondern nach seinen allzu privaten Regeln der Kunst. Infolge derartiger und sehr singulärer Luxusvorstellungen hat es Pirmasens und haben es nicht wenige Pirmasenser heute verdammt schwer, und man müßte eine Menge Lokalpatriotismus aufbringen, um sich hier richtig wohl zu fühlen. Doch Ludwig – irgendwie war er vermutlich – auf seine Art – ein Bombenkerl!

Blick in die östliche Ebene

Von Hermann Kant

Ein vaterlandsloser Geselle kann ich schon deshalb nicht sein, weil in meinem mählich dünneren Fell kein Platz für weitere Brandzeichen ist. »Honeckers Kettenhund« und auch »Kettenhund der Stasi«, »stalinistischer Büttel«, »Bauernleger« und »Poeten-Würger« hat man mich genannt, von Zärtlichkeiten wie »Meister der Konspiration« und »Informellem Martin Hari« einmal abgesehen. Was fügte es diesem Liebeswerben hinzu, wenn ich sagte, daß ich kein Parzellenbewußtsein habe und ein Bluthund ohne Bodenhaftung sei? Und wie unpatriotisch wenig es mich rühre, an welchem Standort der Vogel singt und in welchen Zweigen er wohnet? Welcherart Erschwerung könnte es noch geben, verriete ich, daß mir Heimat nur als ein Wort mit Strohdach gilt?

Doch ist es nicht nur nicht so, sondern abgebraucht, wie ich bin, kann ich ein wenig Heimat ganz gut gebrauchen. Auch mag ich Strohdächer und meine Hütte unter einem solchen. Zudem fänden sich Schreiben, aus denen ich vorsorglich bekennerisch zitieren will, ehe mich die hessische Fledermaus zu allem auch noch als bodenständig ausmacht.

Für einen Reiseführer, der dem Bundesland Mecklenburg-Vorpommern zwecks seines Aufblühens mehr Reisende zuführen soll, habe ich gegen wenig Geld und aus viel Überzeugung geschrieben: Die Leute, die dort wohnen, sind so unterschiedlich wie Leute überall, und sie haben wie die ihre Gemeinsamkeiten. Wer ihre Bedächtigkeit als Trägheit mißversteht, begeht eine Dummheit. Wer ihre Sprechpausen als Denkpausen deutet, bringt sich in Schwierigkeiten. Wer Gefährten braucht, sollte sich dort umtun; wer sich Feinde machen muß, unterläßt es hier besser. Ich habe in Prälank bei

Neustrelitz ein paar Bücher geschrieben. Die Nachbarn dieser Jahre gönne ich nur meinen besten Freunden; sie nahmen mich wahr und haben mich nie bei der Arbeit gestört. Ich habe in Greifswald die Universität betreten, Neuland in damals neuestem Land, und die Geschichte, die ich daraus machte, las man in allen deutschen Ländern und Bezirken. Manchmal, wenn ich besonders norddeutsch auf mir bestehe, denke ich, man liest sie noch. Hamburg ist meine Stadt auf der Welt, aber in Mecklenburg und in Vorpommern, dort, wo es Hiddensee und Usedom und Rügen heißt, hat es mir manchmal nur am Mut gefehlt, den Jubel über das, was ich sah, unter die Leute zu schreien. Auf den Ruhner Bergen der Blick in die östliche Ebene, die Buchenwälder vor Schwerin, im Winter die Haffbrücke am Weg nach Usedom, im Sommer der Darß bei Prerow und der Sand von Prerow, der Himmel zur See hin, wie er bei Jarmen beginnt, die Hügel um Hohenzieritz und die Höhe bei Wanzka, die hohen Ränder der Friedländer Wiese, der Tollensesee, die Buchten der Müritz, das Nebelland um Ückermünde, mein fast verlorenes Prälank, ach – Hamburg ist meine Stadt, doch das alles gäbe ich gegen Hamburg nicht her.

Einmal in so lokalpatriotischem Schwunge, fuhr ich a. a. O. fort, es gebe auf der Karte von Mecklenburg-Vorpommern erstaunlich viele Punkte, die zugleich Merkpunkte meiner Lebenskarte seien: In Parchim scheiterte ich so an der Mittelschule, wie es in den schlimmsten Schulgeschichten steht. In Parchim erlernte ich einen guten Beruf, nach dem ich mich nicht nur heute und gestern sehnte. In Schwerin erwarb ich hinter der Schelfkirche zur Elektrikerpraxis einige Elektrikertheorie. Im Rostocker Lazarett lag mein Vater auf den Tod, und seine Krankheit trug den Doppelnamen Deutsche Wehrmacht & Krieg. In Rostock sah ich (beim Buchbasar) alle Jahre wieder Leute nach Büchern rennen, als gelte es Goldclaims abzustecken. In Bützow saß der zweite Mann meiner Mutter, kaum hatte er Sachsenhausen hinter sich, zu Unrecht ein. In Greifswald … aber das sagte ich schon öfter. In Lubmin begann ich, als der Ortsname noch kein Atomwort war, jenes Buch, in dem ich es besonders heftig sagte.

Auf Hiddensee war ich Heimleiter in Käthe Kruses Haus. In Neuburg an der Elde hat erste Liebe angefangen. Bei Usedom wohnt mein ältester Freund. In Prerow erlebte ich den letzten Sommer der DDR und wußte bald, wie sehr mein Winter kommen würde.

Wie winterhaft er sich benehmen würde, wußte ich freilich nicht. Doch wurde ich auf kommende Läufte eingestimmt, als mehrere Rezensenten empfahlen, meinen Lobpreis aus der Drucksache zu kippen, da ich erkennbar ein Verrückter sei. In diesem Falle kam der Bescheid von rechts, doch heftiger pflegt es von links zu kommen, wenn man bei »Heimat« nicht gleich zum Hohne neigt. Selbstredend rührt diese Gepflogenheit von der Erfahrung her, daß ins fremde Gras vor allem jene beißen, denen im Vaterland kein Halm gehört.

Nach dem Vorrecht meiner Altersklasse will ich zwischen Vorsängern und Verächtern von Heimat zu vermitteln suchen, indem ich gerafft berichte, wieviel weite Welt sich zutrug an meinem Tisch unterm Strohdach eines Sommer- und inzwischen auch Winterhauses, das an einer Dorfstraße steht, die Dorfstraße heißt. Einen Aufsatz schrieb ich hier, den Frau Lea Rosh von *Kennzeichen D* (was wohl Deutschland meint) in vier Teile schnitt, so daß sich das Ganze ins Gegenteil verkehrte. Mit Angela Davis saß ich unterm hiesigen Stroh beisammen, als sie Vizepräsidentschaftskandidatin der Vereinigten Staaten von Amerika war und dazu Gründe wußte, die sich bis zu meinen Genossen von der Hamburger PDS herumgesprochen zu haben scheinen. An meiner Tafel bewog mich ein fernmündlicher Günter Grass, in beinahe allererster Gemeinsamkeit, den uns gemeinsamen nationalen Verlag vorm niederländischen Konzern zu retten. Von diesem Platze brach ich nach Polen auf, und als ich wiederkam, war die mir Vermählte zu einem Sachsen übergelaufen, der etwas später, ob an den Folgen oder nicht, in Lima verstarb. Radio Kanada rief aus Toronto in Prälank an und bewog mich, seinen kanadischen Hörern live in unerhörtem Englisch von deutschen Zuständen zu berichten. Kaum hatte ich aufgelegt, war die nordkoreanische Botschaft dran, die von meinen Erfahrungen bei der deutschen Vereinigung zu profitieren trachtete. Mit Erich Honecker wechselte ich etwas früher am selben Apparat ein letztes Wort, bevor er via Liebenthal, Beelitz, Moskau und Moabit nach Westen ausreiste, um unweit von Lima für immer zu verstummen. Als sei es mit der Welt, die mich in Prälank derart gehaltvoll umstellte, nicht genug gewesen, schickte gestern das Jenseits ein Botenpaar. Ein Buch hätten sie dabei, sagten die beiden Zeugen Jehovas, aus dem ich alles erfahren könne, was ich schon immer über den Sinn des Lebens habe wissen wollen. Ich wurde sie mit der Auskunft los, den hätten wir im Parteilehrjahr mehrmals durchgenommen.

Klar, Freunde, braucht auch der linke Mensch ein Stückchen heimatlichen Bodens. Und sei es nur, damit er, derart archimedisch mit festem Standpunkt ausgestattet, bei zwingender Gelegenheit in den einen oder anderen nationalen oder internationalen Hintern treten kann.

Finstre Mauern, dunkle Biere, düstre Dünkel

Von Ludwig Lang

Man mag sie nicht mehr hören, all die um Bauwerke und Wahrzeichen sich rankenden Legenden, die man in Regensburg nur zu gern erzählt. Und weil der Regensburger auch dunkel mal was von Freier Reichsstadt mitbekommen hat, wird er zudem nicht müde, einem zu bedeuten, daß er schon wirklich »extra« ist. Das stimmt sogar. Der Regensburger ist kein Oberpfälzer, obwohl Regensburg die Hauptstadt der Oberpfalz ist. Er ist auch kein Niederbayer, wie die geographische Lage vermuten läßt. Fragt man dummerweise, warum das so sei, bekommt man etwas von freiem Bürgertum zu hören und der »Sprachinsel«, die Regensburg seit jeher gebildet hätte, was zum einen eben vom Status als Freier Reichsstadt, zum anderen aber von der Verbindung über die Donauschiffahrt zu Wien herrühre, dessen charmanter Dialekt dem Regensburgerischen im übrigen noch am nächsten komme.

Was ein Schmarrn! Was ein Schmäh! Ein Einbildungsbürgerschmonz, wie er dünkeliger und sinistrer ja gleich gar schon nimmer sein könnt'. Wenn's nämlich gilt, was für die Wahrzeichen zu tun oder zu lassen, dann scheißt der Regensburger drauf wie der Domspatz auf den Dom und echauffiert sich über die Sperrung der Steinernen Brücke, die ihm offenbar noch nicht genug unterm Verkehr gelitten hat. Dagegen nahm er es gelassen, als der letzte Eisen- und Haushaltswarenladen der Stadt zusperren mußte. Anstatt das zu verhindern oder zumindest zu bedauern, hat er groß und breit darüber debattiert, ob dort nun Beate Uhse eine Filiale eröffnen dürfe, weil doch vor dem Laden seit jeher am »Prangertag« einer der Altäre für die Prozession stehe – und daß man dafür dann die Schaufenster verhängen müsse …

Wo vormals Bäckereien, Kolonialwaren- und Jeansläden waren, gibt's nun Bistros, Feinkostläden und Boutiquen. Seit Siemens die Werke erweitert und BMW eine große Fabrik auf den grünen Rasen geklotzt hat, zieht's immer mehr Leute in die Stadt, die mehr Geld als Hirn haben – wofür ein Fünferl aber oft langt. Bewundern lassen sich diese Arrivierten ungeniert im edlen Eiscafé *Galerie*, wo Türsteher höllisch aufpassen, damit nicht Unleidliches die schöne Aussicht stört. Türsteher werden natürlich nicht erst aufgestellt, seit verstärkt die Münchner Bussi-Bussi-Bagage einrückt. Im *Scala* und im *Sudhaus* z.B. sorgten immer schon Schnösel dafür, daß draußen mehr Leute warten, als sich drinnen anöden durften. Bei den neuen Bauern-Techno-Koben, die *Q* oder *M 1* heißen, wird's nicht anders sein.

Der Alt-Regensburger aber hockt sowieso lieber im Biergarten und dröhnt sich selber zu, was ihn fast schon wieder sympathisch machte, wär's nicht zwangsweise mit einem dunklen Kapitel verknüpft: den Regensburger Bieren. Die heißen *Bischofshofer*, *Spital*, *Kneitinger Bock* oder *Thurn und Taxis* und schmecken, sieht man von den Hellen ab, mehr nach Karamalz als nach Bier. Aber so mag er's, der Regensburger Zecher: zuckerwattensüß, damit ihm der Arsch zammbabbt, auf daß er endlos saufen kann, ohne vom Dünnpfiff gestört zu werden. Ein als *Schierlinger Roggen* eingeführtes, besonders »würziges« Betrugsbier vermochte die fürstliche Brauerei allerdings auch nicht mehr zu retten. Sie wurde von Paulaner übernommen. Das war gerechte Strafe, das war ein Fingerzeig, wurden doch damals als Erkennungszeichen Reisig-, also »Hexenbesen« vor alle Kneipen gehängt, die dieses Gebräu anboten. Wenn nicht wieder die Hexen-, dann wenigstens die Hexenbesenverbrennung hätte man einführen sollen! Doch der für derartige Ketzereien ziemlich sicher zuständige Dogmatiker war da bedauerlicherweise bereits ab- und zu Höherem berufen: Joseph »Kardinal« Ratzinger, nunmehriger Leiter jener Glaubenskongregation, die 1965 die Heilige Inquisition ablöste. Die ansässigen Kuttenbrunzer indes werden den Teufel tun und gegen diese Bierpanscherei vorgehen: Dazu leben sie, weil ihre Verbraucherlämmchen ja noch schafsköpfiger sind, selber zu gut davon – der wahre Grund, warum sich die Horte der Einkehr zu wahren Wallfahrtsstätten mauserten. Freilich hat's in Regensburgs Nähe auch so eine, das Kloster Weltenburg. Dort treibt der *Asam Bock* sein Unwesen, eine schnapsige Öligkeit so trübe wie die »Donauläddn« – das ist kein Bier mehr, sondern ganz sicher Likör, billiger. Zwei, drei Maulvoll, und der Ausflügler: dicht.

Dicht sein und dichtmachen, abgrenzen gegen alles, was man nicht kennt, weil man's gar nicht erst kennenlernen will, nix wissen von der Welt da draußen, umnebelt von einer drückenden Dunstglocke aus vertrautem Stallgeruch, Bratwurstdampf und Starkbierfurz, die jeden frischen Wind fernhält und noch die stärksten Impulse nur gedämpft durchläßt, seien's kulturelle, seien's politische: Das ist Regensburg. Die erste OBin mußte gehen, ein neuer OB kam – ob den nächsten die SPD oder die CSU stellt, ist völlig Wurscht, denn wenn nicht regiert, beherrscht wird Regensburg allemal vom Imperium des Dr. Eckert, dessen Vater sich einst vom Fahrlehrer zum Besitzer zahlreicher Fortbildungs- und Umschulungszentren samt zugehöriger Wohnheime, Hotels u. v. a. m. hochgearbeitet hat. So will es die Familiensaga; schlaue Bazis, doch, aber eben bloß Regensburger Würschterl verglichen mit einem Kaliber vom Kaliber Strauß. Daß der oberste Oberbazi akkurat in Regensburg den goldenen Löffel abgeben mußte, mag manchen mit falschem Heimatstolz erfüllen, aber bitte niemanden verwundern. Die »Barmherzigen Brüder« haben in ihrem Krankenhaus noch jeden hingekriegt, der sechzig oder älter war.

Indessen, was mal drin und »in« ist in der Regensburger Szene, das setzt sich krakenartig fest. So wie das Bürgerfest, zu dem sie allesamt wiederkehren, die mal an der Donau gelebt, gearbeitet, studiert haben: eine auch schon zur Tradition gewordene Festivität, die laut der gleichermaßen traditionsreichen Regensburger Wochenzeitung *die woche* mehr und mehr zur »Melkkuh« verkommt. Grad recht! Eine förm liche In-Group stellt die Rockmusikszene dar, die aus etwa zwanzig Musikern besteht, welche an die dreißig Bands formieren, die in toto alle wie Toto klingen respektive klingen wollen. Damit nicht genug, muß diese inzestuöse Miefigkeit auch noch in einem Musiker-Informations-Verein manifestiert werden – abgekürzt, eben, MIV. Sie hören die original Inzüchtler. Und lesen sie sowieso; sei es im Feuilleton der *woche*, wo ein Dr. Helmut Hein Woche für Woche die immergleiche Nabelschau betreibt – egal, was er beschreibt, man erfährt nichts über das Beschriebene, aber alles über den Schreiber; sei es in der *Mittelbayerischen Zeitung*, dessen leitender Redakteur einem, sofern man als Außenstehender Artikel anbietet, gradheraus steckt, daß er sich »zur Zeit nur auf den festen Mitarbeiterstamm stürzen, äh: stützen« darf. Es ging – konkret – um den Skandal, den Wiglaf Drostes und Gerhard Henschels *Barbier von Bebra* in der *taz* verursacht hatte – eine Story, die in der *woche* wiederum ebenso schlicht wie entwaffnend gar nicht mal ganz abgelehnt wurde: »Jo, Intresse hamma scho, oba dös mach ma sölba, weil der Henscheid is ja sowieso [!] aus dera Gegend.« Ja mey …

Vom lichten Schein und der Aufgeschlossenheit einer vielleicht tatsächlich einmal freien Stadt scheint nichts geblieben; nur tumbes Traditionsbewußtsein und dumpfe Überlegenheitsgefühle gegenüber allem, was nicht auf dem eigenen Misthaufen gewachsen ist, umrahmt von morbidem Mauerwerk, dessen Steine jeweils einzeln noch den Pesthauch des Mittelalters atmen. Wie könnte daraus jemals etwas Erneuerndes, Erhellendes, Erfrischendes erwachsen!

Punktuell glamourös

Von Rayk Wieland

Rom kennen Durchreisende praktisch nur vom Durchreisen. Gleich hinter dem Ortseingangsschild winkt nämlich auch schon wieder was? Genau: das Ortsausgangsschild. Vom Weltraum aus gesehen existiert Rom wahrscheinlich gar nicht. Allein, es ist doch da und liegt wie ein faules Ei zwischen der mecklenburgischen Kleinstadt Parchim und dem Ort Lutheran an der Landstraße 191. Bzw., von höherer Warte, wie kleiner Fliegendreck an einer dieser unzähligen, die Erdschrunde einschnürenden Asphaltadern, auf denen kleine Kügelchen wie irre hin und her rollen.

Aus allzu vielen Steinhäusern besteht die Ortschaft mit dem historiographisch ungeheuer essentiellen, ansonsten aber eher schmucklos einsilbigen Namen nicht eben, und unter den wenigen ragen wenige wenig fulminant hervor. Als zweifellos erste Adresse Roms nimmt der Durchreisende das regionale Müll Speditions-Zentrum *küga* wahr. Der Müll der Umgebung wird hierorts nicht einfach abgeladen, sondern speditiert. Ähnlich verhält es sich übrigens mit dem vergitterten, gleichwohl seltsam protzigen *Backshop*. Die Römer in Mecklenburg denken nicht daran, Brot bloß zu kaufen, sie machen Brotshopping. Dies verleiht Rom, im Unterschied zu den umliegenden tristen Ackerecken, punktuell ein durchaus glamouröses (metropolitanes?) Feeling.

Viel mehr freilich als Müllspeditieren und Brotshoppen können die Einwohner auch nicht tun. Das heißt, sie können natürlich in die über alle Kreisgrenzen hinaus bekannte Gastwirtschaft *Zum Römer* einkehren und sich die Hucke volllaufen lassen, was sie dem Vernehmen nach ausgiebig und exzessiv bewerkstelligen. Hiervon jedoch muß der Durchreisende, so er seine Durchreise fortsetzen und nicht womöglich für immer um die Ecke speditiert werden will, Abstand nehmen. Rom sehen und sterben – das wäre doch ein arges und nur dem (der?) Allerärgsten zu wünschendes Schicksal.

Hat Rom einen Bahnhof? Die Meinungen darüber sind geteilt. Es könnte sein, daß es mal einen hatte bzw. daß er außerhalb der Ortsumrandung an den Gleisen hängt. Der Durchreisende jedenfalls sieht, während er durchreist, keinen. Statt dessen erblickt er die unbestrittene und akkurat dorfmittig plazierte Höchstattraktion Roms – das schillernde, von silbrigen Girlanden umsäumte Daihatsu-Autohaus *Abraham*. Es ist zwar eher unwahrscheinlich, daß Außerirdische, wenn sie einmal in Rom landen, sich einen Daihatsu zulegen werden. Aber für alle Fälle hält *Abraham* ein paar Modelle vorrätig.

Ansonsten herrscht hier der regionale Durchgangsverkehr, selten überregionaler, kaum je weiter ausgreifender. Dem Durchreisenden jedenfalls, der sich mit einem unauffälligen Ford unter den stupenden Verkehr gemischt hatte, begegnete die ein loses (löchriges?) Spalier am Landstraßenrand bildende Einwohnerkohorte mit befremdlichem Gaffen.

Pott-Gefasel gestern und heute

Von Thomas Gsella

Schon Anfang der Neunziger war alles in Butter. Als im Mai 1990 Dortmunds OB Samtlebe von seiner Stadt »zentraler Lage in Europa« lärmte, schüttelten nur noch wenige den Kopf. Und es ging weiter. Vollen »drive« bescheinigte im selben Monat Essens OB Annette Jäger ihrem Arbeitsplatz: »Essen ist eine der attraktivsten Städte im Revier«, machte sie einem via Diktatur von Industrie und Handel leidlich derangierten Häuserhaufen feine Komplimente und sah überdies voraus, daß diese »Metropole alle Chancen hat, die Zukunft bis zum Jahr 2000 zu meistern«. Im Juli '90 hängte dann auch fix der rand- und bodenständige Kreis Wesel denselben Bockmist hintendran und hieß »Kreis Wesel 2000«: ein durchaus fahles, wenn auch strahlend blödes Appendix, aber immerhin ein abgeschautes. Denn alles war ja schon viel früher angeregt und explodiert. Spätestens seit Ende der Achtziger hießen alle Ruhrgebietsstädte hintendran exakt »2000«: In vermutlich vollster Ansehung des Baudrillardschen Grundzweifels (»Das Jahr 2000 findet nicht statt«) und aus schlichtem Trotz hatten sowohl Essen als auch Dortmund, Oberhausen, Duisburg und einige der Kleineren sich für diese Zahldreingabe entschieden. Um eben zu verkünden: ja, was? Seht, hier ist eine Stadt? Man weiß es nicht. Es haben kommunale Amtsärsche eben wirklich nix zu tun.

Und es wurd' schlimm und schlimmer. Zum Juni 1990 befahl Stadtdirektor Drescher allen Oberhausenern, »selbst dazu beizutragen, ein positives Klima zu erzielen«; rief dann, »um diese Stadt positiv ins Gespräch zu bringen«, tapfer shopping sundays aus – überließ aber schließlich, im Februar 1991, der Essener Agentur »Information und Kommunika-

ANGST
ESSEN
SEELE
AUF
?

tion« das Feld. Heraus kam die Idee der »Durchführung zweier Veranstaltungen 1991 anläßlich des Europäischen Jahres für Arbeitshygiene und Gesundheitsschutz«. Imagefragen also blieben.

Und griffen neuerlich weit aus. »Die Menschen in Europa müssen das Gefühl haben, Beziehungen zu Dortmund zu besitzen«, befahl Samtlebes periodisch vollends irrer Günther und ersah in seiner Stadt ein »Sport- und Schach-«, ein »Wissenschafts- und Wirtschaftszentrum«, ergo nicht nur eine »Metropole«, sondern ein »Oberzentrum«, bumm.

Konkurrenz kam im April. »Unsere Zusammenarbeit mit Wesel und Kleve« unterstrich, laut CDU-Mann Kämpgen, auch »die Bedeutung Duisburgs als Oberzentrum«; worauf nun schleunigst Oberhausens Stadtsignet (ein schräges O) entmachtet und durch ein koloriertes Wurstgeflecht ersetzt ward. »Spaghettisalat, Spaghettisalat!« empörte sich das Stadtvolk, es mochte dieses alles nicht, sondern sein O schnell wiederhaben.

Und Essen? ESSEN LAUSCHT MOZART. ESSEN MACHT THEATER. ESSEN LEUCHTET AUF. ESSEN MACHT FIT. ESSEN SIEHT VAN GOGH. ESSENS KLEINER OSCAR. ESSEN SEIN SCHATZ. So und ähnlich wollte es eine Plakatserie aus der Hand eines »Projekts Stadtkommunikation Uni/Stadt Essen«. Der Prof. Vilim Vasata, Chef einer lauten Werbeagentur mit Namen »Team/BBDO«, und Essener Knappen des Studiengangs »Kommunikationsdesign« heckten das gemeinsam mit dem Stadtpresseamt aus; jahrelang hingen die Messages inner- wie außerorts, hier wie dort zu bestätigen, daß Essen ein neues Grillo, Kinderfilmfestival, Lichtwochen, Kunstausstellungen, Bodyfitneß-Messen und Mozartkonzerte besitze. Als freilich ESSEN SEIN SCHATZ hing, ein nochmaliger Fingerzeig auf den bekannten Reichtum des Essener Münsters, brach stadtweiter Dissens vom Zaun. »Peng!« titelte die regional beherrschende und mit Abstand dümmste Tageszeitung *WAZ*. »Geradebrecht« sei worden; man habe es mit »Kauderwelsch« und also einem drohenden Verlust des kompletten Imagewandels zu tun; der Düsseldorfer, der Münchner u. a. würden Häme nun erneut und freudigst kippen aufs Revier im ganzen sowie auf Essen im besonderen.

Die *WAZ* aber irrte. Ausgerechnet die gewieft mundartliche Daseinsverortung der Münsterschen Gottsmama und anderen feisten Klerikalbesitzes hing, anders als die meisten Designstudentenwerke, ausschließlich in Essen herum. Damit halt er, der Essener, soweit intern gewappnet sei und auf dem laufenden. Verstärkt bewußt sei sich der Essener dank Kommunikationsdesign jetzt praktisch jener Heiligen. Und so der Stadt, in der er lebt, innerlich noch einmal nähergerückt: Diesen, wenn gelingenden, stringent wahnhaften Vorgang nennt man wohl Identifikation: »I like Essen Eins.«

Ein zweites Schlüsselwort war »Selbstbewußtsein«. Wenn ESSEN SEIN SCHATZ für derlei Scham sorge, so steckten es viele der *WAZ*, dann könne es mit »dem neuen Selbstbewußtsein Essens« nicht weit her sein. »Man soll keine Angst haben vor Essen sein Selbstbewußtsein«, alberte Vasata. Dem Stadtpresseamt zeugte »der bewußte Gebrauch einer Mundart von Selbstbewußtsein und Souveränität«, und ein Amtsmitarbeiter frug mich das: »Warum soll Essen nicht z. B. Düsseldorfs Selbstbewußtsein haben?« Das sind aber auch Fragen! Hegel schrieb: »Das Selbstbewußtsein erreicht seine Befriedigung nur in einem anderen Selbstbewußtsein.« Doch ging's ihm nicht um derart ausgemachten Schlodder, nicht um Marktgeschrei und schnöden Konkurrentenlärm, abgesondert von gedungenen Agenturen und frühversauten Murksstudenten im Auftrag von Kommunen, die für den EU-Binnenmarkt hochrüsten.

Eben das machte Oberhausens verkaufsoffene Sonntage, Dortmunds/Duisburgs Täterä und Essens Kom.-Design so pein- wie widerlich. Und die Slogans der Essener Plakate mochten »werblich top« sein und unsere traditionell kretinösen Anzeigenfreunde begeistern: Sie waren schlicht gelogen. »Essen macht« nicht »fit«. Bereits die Luft ist eine Unverschämtheit; um wieviel mehr derlei Plakate. Und nicht der Ruhrprolet sollte mal ins Münster: Sony und Fiat sollten nach Essen kommen. Der ganze Streit war einer zwischen Dummverkauften. –

Inzwischen hat sich viel geändert. Das »2000« ist, soweit ich sehe, zwar seit neuestem verschwunden und durchs ungleich hellere »2010« bis hinauf zum »2030«, ja »–50« ersetzt, aber das je lokalmediale Geraune von Identifikation plärrt lauter denn je. Dortmund etwa knetet, wie man hört, an einer neuen und nun sogar »Identität« als nicht mehr ruhrgebietliches, sondern »westfälisches Oberzentrum« – und als dann auch das Ruhrgebiet erwacht war und mit allen Lichterketten rasselte, da kam man nicht umhin, diese als entschieden regionale Prima-Kumpel-Happenings zu zelebrieren: »Kommt aus de Pötte«, lautete der Stammelaufruf zu piepnormalen Rockkonzerten, deren Besucher stolz darauf sind, Bewohner eines deutschen Industriegebietes und trotzdem keine mordenden Nazis zu sein.

Und nun, seit Rickens wunderschönem Tor und Schalker Glück, ist gleich zweimal »der Pott im Pott«; »schlägt das Herz des deutschen Fußballs im Pott«, was – wenn das Gebabbel einmal läuft, dann läuft's – für die »Identität gerade dieser krisengeschüttelten Region« usw. wie auch immer gut und hilfreich sei. Mögen diese Schwätzer recht behalten. Wenn's nämlich schon die Menschen nicht mehr packen, dann müssen sich doch wenigstens die Häuser, Straßen, Pißrinnen und U-Bahnhöfe einen Schubs geben. Und sich eine Seele zimmern. Womöglich eine bürgerliche.

Schlicht

Von Rayk Wieland

Schlicht.

Stadt im Aufbruch

Von Mathias Wedel

Die letzten beiden Jahre waren erfüllt von soziologischen Forschungen über den Transformationsprozeß im Ostteil unserer größer gewordenen Heimat – weg vom fremdbestimmten Miteinander einer Diktatur und hin zum selbstbestimmten Interessenausgleich in der Demokratie.

Editorisch gipfelten diese Untersuchungen zum transformatorischen Denken einfacher, um nicht zu sagen: gewöhnlicher Ostler in einer zweibändigen, mit Abbildungen zahlreicher Ostdeutscher bei alltagstypischen Verrichtungen reich illustrierten Ausgabe, Titel: *Vom Wir zum Ich – Der Paradigmenwechsel zwischen Kap Arkona und Fichtelberg.*

In unserem Interviewerteam wurden die Probandengruppen per Los verteilt. Ich hätte es schlechter treffen können – Halle z. B. ist eine grauenvolle Stadt, Glauchau soll überhaupt das Letzte sein, Bernburg ist der Tod, Ribnitz-Damgarten, Stendal oder Weißenfels – Städte, an denen es nichts zu transformieren gibt. Nichts Schönes ist an ihnen: der Grundstücksmarkt fest auf niedrigem Niveau; die Natur drum herum banal; die Umweltschäden beträchtlich; die Menschen frei von Interessen und verschlossen. Westdeutsche suchen solche Siedlungen nur widerwillig auf – sei es, weil sie dort Gebrauchtwagen verkaufen wollen, sei es, weil sie von der SPD hingeschickt werden.

Mir bestimmte das Los Schmalkalden, gelegen zwischen Rennsteig und Werratal, knapp 170 000 Einwohner (ausschließlich Deutsche). Ich nahm Quartier im *Hessenhof*, einem der traditionsreichsten Logis der Stadt. Sein Name kommt nicht von ungefähr. Seit 1360 litt das Gemeinwesen unter der Doppelherrschaft des Thüringer Landgrafen Henneberg und etlicher hessischer Grafen. Die Hessen, wenn sie zum Regieren vorbeischauten, wohnten im *Hessenhof*. Später fiel die Stadt an Preußen, und 1945 wurde sie dem Land Thüringen eingegliedert.

Die Schmalkaldener wußten also nie recht, wo sie eigentlich hingehörten, waren immer irgendwie falsch. Ringsum hausten Katholiken, obschon sie, die Schmalkaldener, doch zu den Protestanten gehörten; ringsum hielten sich Thüringer auf, wo sie doch den Franken zugehörten; ringsum wohnten Kommunisten, während sie eigentlich Westler waren (wenn die Amerikaner sie nicht den Russen überlassen hätten!). Nach der deutschen Wiedervereinigung fühlten sich die Schmalkaldener ohne Vorwarnung mehrheitlich als Hessen, manche auch als Bayern, und sie tranken nunmehr ausschließlich fremde Biere. Seit zwei, drei Jahren, angestachelt durch mehrere Volksmusiksendungen des mdr, betonen sie neuerlich ihre »Identität« als Thüringer und tragen ab und an eine flotte Herbert-Roth-Melodie auf den Lippen. Das alles hat auch kaum tieferen Sinn: Wären sie keine Thüringer, wären sie keine Opfer. Wären sie keine Opfer, erhielten sie keine Fördergelder aus dem Westen.

Die Auswahl der zu befragenden Klientel überließ ich den Stadtvätern, vor Angst und Eifer schwitzenden Blockflöten und gewendeten Funktionären des Totalitarismus, die hysterisch die Gesichtsfarbe wechselten, als sie hörten, die Konrad-Adenauer-Stiftung schicke mich.

Ich saß bis etwa zehn Uhr morgens im *Hessenhof* beim Frühstück (wunderbare Blaubeermarmelade machen sie da) und schaute hinaus auf den Neumarkt, der im 13. Jahrhundert zwischen Staufern und Welfen hart umkämpft gewesen sein soll, obwohl es hier nichts gibt als ein paar wacklige Bänke, ein paar Linden und eine Fahnenstange, die jetzt dem dritten System dient und somit – diese scherzhafte Abschweifung sei mir erlaubt – auch einen Transformationsprozeß durchmacht.

Ab zehn kam dann der erste Schmalkaldener ins Frühstückszimmer (für jeden von ihnen räumte mir das Institut fünfzehn Minuten Befragungszeit ein). Fünf Minuten später sah ich schon den zweiten unterm Fenster auf und ab gehen. Sie waren regelrecht zur Pünktlichkeit verdonnert worden, wahrscheinlich von ihren alten Parteisekretären.

Nun ist es nicht jedermanns Sache, sich in einem gediegenen Hotel an den abgefressenen Frühstückstisch zu setzen. Aber so verklemmt und verquer, wie die Schmalkaldener nun einmal waren, rückten die meisten mit den Worten »Hat's denn geschmeckt?« heran – was ich auf den Tod nicht ausstehen kann. Andere wollten wiederkommen, sobald ich ausgefrühstückt hätte. Sie können nicht wissen, die Guten, daß mein Frühstück zuweilen bis zwölf dauert.

Die Schmalkalderinnen, durchweg Frührentnerinnen und Invalidinnen, erschienen in ihren unverwüstlichen, buntbedruckten Dederon-Kittelschürzen, die unter Beigabe von Achselschweiß einen recht durchdringenden Geruch erzeugten. Zumeist hatten sie Einkaufskörbe bei sich, eine Gewohnheit aus jener Zeit, da man auf jede Obstlieferung gefaßt sein mußte. Die männlichen Schmalkaldener tragen Kleider, als seien sie von der Arbeit weggelaufen. Was nicht sein kann, denn sie sind in der Regel erwerbslos oder berentet.

Insgesamt, wie in meinem Abschlußbericht nach Befragung von 123 Einheimischen vermerkt, handelt es sich hier um eine auffällig leutselige Bevölkerungsgruppe. Sie »schwätzen« (wie sie das nennen) augenblicklich übers Wetter und empfehlen mir, das Schloß zu besichtigen (die Wilhelmsburg, der Jagdsitz des Landgrafen Wilhelm IV. von Hessen Kassel, die in der Tat zu den bedeutendsten Bauten der deutschen Spätrenaissance gehört). Spätestens mit dem dritten Satz beteuern sie, daß sie unsere Partei wählen und die Kommunisten verabscheuen; möglicherweise hat ihnen diese Auffassung jemand vorgeschrieben. Wie auch immer – ihrer Transformation stehen sie ohne größere Vorbehalte gegenüber, vorausgesetzt, man läßt sie in Schmalkalden wohnen (diesen Wunsch brachten 78 Prozent der Befragten vor).

Offenbar verstehen sie unter Transformation eine Art Umsiedlungsprogramm. Die Merkmale des Kopfes habe ich in etwa 100 Lichtbildern zusammengestellt. Ohne wissenschaftlichen Auswertungen vorgreifen zu wollen, glaube ich sagen zu können, daß der Schmalkaldener dominant blauäugig und hellblond bis rothaarig ist und sich durch eine dicke Unterlippe auszeichnet, wie man sie oft in Höhenlagen (296 Meter über NN am Hauptbahnhof) findet.

In ihrem sozialen Selbstverständnis sind die Schmalkaldener, unabhängig von ihrer Erwerbslage, sämtlich Handwerker. Meist stammen sie aus Familien, die schon zu Beginn des Jahrhunderts kleine Werkzeugschmieden auf ihren Höfen betrieben. In der Haindorfsgasse 8, unweit des Kirchhofs, stand z. B. vor vielen Jahren so eine Schmiede, und der Schmied von damals, ein vierschrötiger Kerl, versicherte mir, er habe bei jedem Schlag gedacht: »Amboß oder Hammer sein« (Goethe).

Meine Abende verbrachte ich auf der Queste, einem der Berge, die die Stadt umgeben. Ich genoß vorzügliches Bier. Auch hört man dort, wie unsere Probanden reden, wenn sie sich unbeobachtet wähnen – vor allem über die Deutschen aus dem Westen und den westdeutschen Ministerpräsidenten, den sie mit wahren Ausdrücken belegen. Da es nicht zu meinen Obliegenheiten gehört, das mitzuteilen, tue ich's auch nur auf Zuruf.

Schmalkalden ist eine alte Stadt mit vielen Fachwerkhäusern, Stadtmauern, Pulvertürmchen, eine Stadt, die man im Westen an jeder Ecke findet. Luther war hier und verfaßte die Schmalkaldischen Artikel im Religionsstreit. Die Menschen leben von ihren Ersparnissen, von ihren Gemüsegärten und vom Flaschenbierhandel. In den Nachrichten ist die Stadt nie. Schon in Erfurt, der Landeshauptstadt, glaubt man – einer stichprobenartigen Erhebung zufolge – nicht recht daran, daß Schmalkalden wirklich existiert. Dennoch meine ich, daß es unsere Pflicht ist, die Menschen dort nicht mit sich allein zu lassen.

meine stadt

Von Karl Riha

meine stadt besteht aus sechs buchstaben, keinem mehr und keinem weniger, basta. das a ist nicht dabei, auch nicht das x, das y und das z: aber drei vokale stehen versus drei konsonanten. der fluß, von dem sie den namen hat, hat gar nur vier buchstaben. das macht nichts: an ihm sich hinziehend, bildet sich die unterstadt aus. sie ist neueren datums. da liegt der bahnhof, von dem aus man in unterschiedliche richtungen und unterschiedliche städte mit unterschiedlich vielen buchstaben fahren kann. hinunter an jenen fünfbuchstabenfluß (respektive strom) zum beispiel, in den unser im rothaargebirge entspringender vierbuchstabenfluß mündet, um mit ihm in das meer (sprich: die nordsee) zu fließen. für die schifffahrt (ja selbst die kahnfahrt) ist unser fluß (teilweise mit einer betonplatte überzogen, die als parkplatz dient) zu flach, doch tummeln sich sommers grundlinge in ihm und enten auf ihm. manchmal liegt auch ein einkaufskorb des nahen kaufhauses in den seichten fluten. (bergauf) in die oberstadt führt eine breitere straßenschneise. sie dient als fußgängerzone und einkaufszentrum mit entsprechendem schaufensterdekor. die passanten kommen von oben und gehen nach unten oder steigen von unten nach oben hinauf. in tüten, taschen und körben führen sie schuhe, schallplatten, kleidungsstücke, lebensmittel und bücher mit sich, die sie eben erworben haben und zu ihren autos bringen, um sie und sich nach hause zu fahren. die lokalzeitung erscheint nachmittags: das ist auch besser so. wenn es regnet (was hier oft der fall ist), versteckt sich die ganze stadt unter einem einzigen weitgespannten regenschirm; wenn es nebelt, zieht sie die tarnkappe auf. das verengt manchmal den horizont. im winter erstarrt alles unter anhaltendem bodenfrost. sogar den männerchören, die sich hier in großer zahl niedergelassen haben, erfriert dann manchmal das lied auf der lippe. wie die stadt selbst hat auch ihr berühmtester sohn, den alle welt als maler kennt, obwohl er hier nur gerade eben geboren wurde und wenige tage verbracht hat, ohne die augen zu öffnen, sechs buchstaben, davon decken sich drei, das s, das e und das n. nach ihm ist eine apotheke und ein (alle vier jahre zu vergebender) kunstpreis benannt, der regelmäßig stadtweite streitgespräche auslöst. die anfangs der siebziger jahre gegründete universität auf dem berg überm stadtteil w. (mit eigenem bahnhof) hat, obwohl sie sich redlich abstrampelt und auf verschiedenste weise ins rechte licht zu setzen versucht, noch keinen namen. die sendestation, von der aus die stadt und ihr umfeld mit musik, lokalmeldungen, nachrichten aus der weiten welt und wettervorhersagen versorgt werden, kommt (abgekürzt) mit drei buchstaben aus, von denen sich keiner mit dem namen der stadt deckt, wohl aber einer mit dem namen ihres berühmtesten sohnes, nämlich das (tief aus dem rachen gerollte und daher für die region außerordentlich typische) gutturale r (diagnose: kehlkopfverknorpelung). die kunst ist im (oberen) schloß zu hause, dicht über der blindenanstalt. aus den fenstern des schlosses, dessen galerie unter anderem einige kopien von bildern des berühmtesten sohnes zeigt, kann man auf die unterstadt und teile der oberstadt (mit der nikolaikirche, die stolz ihr turm-krönchen, das wahrzeichen der stadt, herzeigt, und dem unteren schloß) hinunterschauen und hinüber auf die neue betonstraße, die als autobahnzubringer fungiert und ebenfalls mit drei buchstaben abgekürzt wird. auf ihr bewegen sich nachts schwere laster, von blau-blinkenden polizeiautos eskortiert, und transportieren schwere werkstücke, die hier tagsüber gefertigt wurden, in die ferne – werweißwohin. das sind die folgen der eisen- und stahl-industrialisierung, die hier vor ort sehr früh einsetzte, wohl schon mit den kelten, nun aber in die krise geraten ist. will man nach süden fahren, muß man (fünfhundert meter über dem meeresspiegel) an der wasserscheide der kalteiche vorbei. nach etwa drei viertelstunden autobahnfahrt kommt man in eine stadt mit denselben sechs buchstaben wie unsere stadt, nur etwas vertauscht (und statt des einfachen s-lautes ein scharfes ß), und auch hier hat der fluß vier und der berühmteste sohn, der allerdings (weil chemiker) nichts mit kunst zu tun hat, sechs buchstaben. deshalb werden beide städte öfters verwechselt. ganz zu unrecht, meine ich: denn dort hat man neben der universität (älteren datums), der lokalen zeitung und diversen apotheken auch ein theater, über dessen neubau-notwendigkeit man hier nur anhaltend palavert. wendet man sich nach norden, sieht alles ganz anders aus. punkt.

Offenes Gedicht

Von Jan Orthwien

Tja, Stuttgart,
Du Grämliche, Du Graue:
Dein Brot ist das härteste
Dein Käse verschimmelt
Dein Bier ist das schäbigste
Dein Herz, für wen schlägt Dein Daimler-Herz eigentlich?
Für Gäste zum Beispiel ja wohl am allerwenigsten!

Stuttgart,
Du Beklemmende:
Deine den Berg hinaufkraxelnde B27
Richtung Degerloch
Deine notorischen Fußballclubs
Dein Stammheim
Dein Zuffenhausen
Dein Bürgermeister, der lange Rommel hieß
Deine kunterbunte Staatsgalerie
Deine miserablen Philosophen
Die elenden Hunde:
Stuttgart, Du
Bist
Beklagenswert.

Stuttgart,
Du Nervensäge, Du mörderischer
Moloch, Du schwäbisches Rabaukennest, Du
Pietistisch verseuchte Grube:
Deine Einkaufszone ist wohl die prächtigste
Die teuerste, noch vor der Kö, der Zeil;

Dem Ku'damm;
Deine öffentliche Gelder verprassende und gierig
verschlingende und verschwendende
Und sackweise zum offenen Fenster hinausschüttende
Gammelarchitektur –
Stuttgart, Du bist ein
Jammertal.

Stuttgart, Du
Aufgespieltes, rotzfreches Quarkkaff,
Deine Fußgängerbrücken sind vom Erlesensten
Geschwungene Mahnmale
Der seit 1573 herrschenden Kopfverrohung
Deine Straßenführung
Dein Mikroklima
Deine aufgetakelten Würfelhäuser
Deine baden-württembergischen Fensterläden
Deine sturheilen Bewohner
Allesallesamt, Stuttgart, bedrückend, schwer, wüst und
wuchernd,
Brummend, bräsig, breit und widerlich.

Stuttgart,
Du vollkommene Stadtkatastrophe
Du einzigartig Muffkist
Welches Glühen der Felder und Wälder westlich von Erfurt
Welch weite Ebenen zwischen Uffenheim und Ochsenfurt –
Was für eine Vernagelt- und Verbohrtheit aber
In Deiner dampfenden und röhrenden
Stuttgarter Senke
Welch mutlose und niedergedrückte Personenschar lebt da
Auch sahen wir eine müde Haselmaus und
Den Grünspecht resigniert die Sache schaun.

Stuttgart, warum?
Warum, Stuttgart, bist Du
Die dümmste Stadt der Welt?

Warum bist Du überhaupt und
Nicht vielmehr lieber nicht?
Wär' doch was, oder?

Zappenduster und zerschossen

Von Jürgen Roth

Weit erstreckt sich das Weltall, es ist fast nicht zu ergründen. Für nächtliche Schwärze sorgt es nächtens und das Tageslicht am Tag, für Kometenvorkommnisse, Eisregen, biodynamisches Wachstum und Strahlen jedweder Sorte. Nie weiß man genau, was das Weltall nun wieder vorhat. Meistens bleibt im dunkeln, wie es heute aufgelegt, welche Laus ihm heute über den Buckel gerutscht ist. Da kann das Weltall mir nichts, dir nichts ziemlich ungemütlich werden, seine sprichwörtlichen »Temperamentsausbrüche« gelten zu Recht als fürchterlich und unberechenbar. Wenn, ja wenn ..., dann aber »Gute Nacht!« Dann wird's zappenduster.

Dann ist aber Schluß, mein lieber Scholli! Da kennt das Weltall keine Gnade. Wirklich wahr. Imponderabel, wie es von Grund auf aus- und dreinschaut, launisch, sprunghaft, wie es nicht selten daherkommt, verhält sich das Weltall zuletzt und oft genug auch regelrecht unverschämt, fährt fahrig dazwischen, wenn man es gerade gar nicht braucht, rummst unsereinem, ohne zu fragen, geschweige denn anzuklopfen, in die Parade und meint, es könne, unmeßbar, wie es halt nun einmal sei, die große Klappe machen; an es, das All, reiche halt einfach keine alte Sau heran, und deshalb sei ihm erlaubt, sich aufzuführen, als gebe es absolutely nothing außer und over ihm. Ein ordentlicher Hausmeister müßte da mal her.

Zum Ergebnis hat die schamlose Selbstüberschätzung des Weltalls dröhnendsten Narzißmus, fiebrig-flatterhaftes Verhalten, fahriges, ja nervöses Auftreten und ein fortwährendes Gedengel und Gerumpel, dauerndes Gelärme und Gemurkse rund um die Uhr; wiederholten Quatsch, bodenlosen Uz und pausenlosen Aufruhr, ständige Bewegung, kursorische

Unentschlossenheit und dementsprechend überraschende Richtungswechsel aller Art. Das kann einem schon den Tag versauen.

Gut, daß sich das Weltall zugleich ja auch und trotzdem durch ein kaum weniger großes Maß an Zuverlässigkeit auszeichnet. Stetig ziehen sämtlich Beteiligte (Planeten, Gesteinsbrocken, Weltraumschrott, Hunde) ihre Runden, drängeln und überholen nicht. Wenn der Chef was zu sagen hat, sind alle ganz »Ohr«, jeder kommt dran, so oder so. Da ist nichts zu machen. Weglaufen ausgeschlossen. Somit herrscht Ruhe und meistens weitgehend Stille dort droben und allerorten drum herum, die innere und gesamtphänomenologische Stabilität des Weltalls ist erstaunlich hoch, seine Konsistenz also schließlich geradezu vom Feinsten: keine Spur von Renitenz, Rumor; Tumult, Krawall weit und breit weder zu hören noch zu sehen, irgendwelche Daseinserschütterungen hat das Weltall nicht zu fürchten, es ruht bombenfest in sich.

Um den Erdenbürgern ein Abbild dieser legendären Qualität zu geben, erschuf das Weltall, als es einmal Zeit hatte, Texas. 700 Meter mißt seine Hauptstraße, 18.28 Uhr geht ein Bus nach Lingwedel, Abfahrt am Briefkasten in der leichten Rechtskurve vor dem Gehöft mit Holzscheune (könnte mal einen Anstrich vertragen). Der Hof »Fr. Tholle« (oder Holle? oder Hülle?) ist umgeben von einem Acker Kartoffeln und vorne raus einigen Birken sowie einer Scheune. Es folgen ein paar Placken Brachland, auf denen zwischendurch der Güllewagen parkt. Krüppeleichenwald lappt etwas in den Ort herein und säumt statt der Birken jetzt die Straße, hoppla, das Terrain des um- und ausgebauten Bauernhofes mit Kleinscheune birgt Gemüsebeete! Im Obstgarten grast 1 Kuh, leicht verdeckt durch Fichten, die gleichwohl den Blick freigeben auf 2 Häuser und 2 Schuppen. Kerzengerade verläuft der aus herrlicher Flachlandschaft via Spechtshorn herangeführte Oesinger Weg, nach vielen Meilen beschwerlicher Pkw-Fahrt Richtung Bargfeld wird später sogar das Ölvorkommnis in der Südheide durch eben kleine automatische Ölförderpumpen kenntlich. Texas indes: ein Hof, grau, integrierter Stall, rote Plastikgartenstühle, unbenutzte, gestapelte Verbundsteine, Graswuchs zwischen Gehwegplatten, ein gefahrenvolles Balkongitter hängt auf Höhe 1. Stock halb zerrissen, halb zerfleddert, halb zerschossen. 1 Fetzen Baustellenabsperrplastikband (rot/weiß) ohne Sinn liegt über kurzgeschorenem Rasen diesseits des Zaunes. Rechts wird Texas beendet durch 3 Kartoffelfelder. Hier wachsen Knorr-Chips. Hunde bellen.

Dann gibt es noch ein Texas, zirka 25 Kilometer nordöstlich von Hannover.

Tübingen / hatte / freilich / ein paar Schattenseiten.
Georg Berg, »Tübinger Elegie«

Weg damit!

Von Jan Orthwien

Ah ja: Tübingen, Tübingen wär' da noch. Tübingen, dies wunderliche Dorf am Neckar.

Ende der achtziger Jahre schrieb ich ein sogenanntes »Gedicht« (ich wußte's nicht besser). Das Poem schmückten die kargen Zeilen: »Vor zwei Tagen noch / lag ein See im Aichtal. / Grün-wiehernd.« (vgl. *proposition* Nr. 3/Juni 1989)

Freundlicheres läßt sich bei bestem Willen und Gewissen über Tübingen und die Tübingen umschließenden landschaftlichen Einrichtungen nicht sagen.

Tübingen? Ein diffizil und knifflig verstörtes Studentenstädtchen, in dem, Tübingens Ruf, Enklave hochgestochener Wissenschaft zu sein (Empirische Ethnologie, Studium generale), hundstreu folgend, schwäbische Studiosi, jene – –

neinneinnein: Man kann und will sie sehr bald nicht mehr reden hören: Bäckersfrauen, die einem übers Maul fahren, Meßingenieure, die mißliebige studentische Aushilfsarbeitskräfte vor der ersten Brotzeit entlassen, neurotische Jazzkneipeninhaber. Wer nach Abschluß des Grundstudiums noch immer hier verweile, mahnte warnend menetekelnd der Professor Schröder schon bei meinem Dienstantritt (Mediävistik etc.), sei verratzt. Verkommen wie der gesamte berühmte verhärmte literaturwissenschaftliche Lehrkörper am Brechtbau.

Man will erst recht gar nicht recht zurückdenken an den Sauladen; an die wochenends verwaiste, an Vorlesungstagen mit heillosem Gesocks vollgestellte Studiermeile, die Wilhelmstraße. An den miserablen *Studentenkeller* und Tübingens warzige, verhockte Stammtische, ans philosophische

Seminar, die Burse (c/o Bursagasse), und an den windigen Hölderlinturm; an Stocherkähne und an hundertfünfzig Burschenschaften, Kompanien von Drecksäcken, die auf einem Hügel namens Österberg gerechterweise verwesen.

Tübingen ist Marter. Pausenlos reinkloppen müßte man; wäre man nicht längst und lange weg. Waldhäuser-Ost hieß eines der vielen Studentenwohnheime, hoch droben, der Schwäbischen Alb zugewandt. Braun verkleidet drei Hochhäuser. Selbst in der Legebatterie ließen sie einem keine Ruhe, Biochemiker, Biochemiker, Biochemiker, Türen unangemeldet spaltende Biochemiker.

Und Uhland, Schelling, Bloch und Küng und Walter-Jens. Was da über die Jahrhunderte und verstärkt ab 1970 an Geist zusammengerafft wurde, reicht locker aus, damit Tübingen endlich abträte. Doch zäh wie der Tübinger Gesinnungsschlamm währt Tübingens Existenz als rücksichtslos alle Vernunft und Lebensart verschlingende Überflüssigkeit und dauerhafter Ruin.

Gern aber denke ich zurück an den unheimlich starken *McDonald's* am Lustnauer Tor. Gern auch an eine wunderschöne Frau, die sich genötigt sah, das schlimme Stuttgart-Tübinger Bier in einer der vielen schlimmen Tübinger Kneipen zu servieren.

Ich hoffe, sie ist mittlerweile andernorts untergekommen.

Der Sieben-Schwaben-Weg

Von Gerhard Fischer

Waren Sie schon mal am Bodensee? Wenn nicht, müssen Sie demnächst unbedingt hinfahren. Es lohnt sich, das darf ich Ihnen versprechen. Schließlich kenne ich, wie ein renommierter Reisebuchverlag kundtut, »die Region von Kindesbeinen an« und weiß »Interessantes, Kurioses und Legendäres über Land und Leute zu berichten«. Zur Einstimmung deshalb hier nun die Beschreibung einer der schönsten Wanderungen am Nordufer des Schwäbischen Meeres.

Der Sieben-Schwaben-Weg erschließt dem aufmerksamen Wanderer wahrlich umfassend Landschaft und Kultur Südschwabens, so die alte Bezeichnung der Region zwischen Schwäbischer Alb und Bodensee. Außer Kondition und festem Schuhwerk – auf Regenbekleidung können Sie in den Monaten mit »a« getrost verzichten – müssen Sie lediglich ein wenig guten Willen mitbringen, damit die in uns allen schlummernde Liebe zur Natur und ihren mannigfachen Erscheinungen gedeihen kann. Und wenn Sie überdies bereit sind, der Route wachen Geistes und offenen Auges zu folgen, werden sich Ihnen jene Kleinodien menschlichen Kunstschaffens offenbaren, die Pater Anselmus einst zu dem mittlerweile geflügelten Wort vom »gebenedeiten Gau« veranlaßten. Doch wie derselbe Autor nicht müde wird zu betonen: »Über allem liegt der See.«

Damit endlich zum Ausgangspunkt des Sieben-Schwaben-Wegs, der Ortschaft Übersee, einer kleinen Bauern- und Fischergemeinde am Scheitelpunkt der Südschwäbischen Bucht. In langgezogenem Halbkreis schmiegen sich die Fischerhütten ans Wasser, das hier tagaus, tagein in sanfter Dünung liegt. Netze hängen von den Kellerhalspfetten her-

Rätselhafte Südsee

ab, jenen markanten Abschlüssen der für das südliche Südschwaben so typischen, an die dreigeschossigen Holzhütten der Fischer angebauten Räucherkammern, und im Schatten der roh aus Bachbollen gefügten Bauernhäuser, die den Fischerhütten gleichsam Deckung geben, liegen sauber aufgereiht die Äpfel zum Trocknen.

Im Haus Guta, dem stattlichsten dieser ursprünglich keltischen Gehöfte, fanden nach der Renovierung 1995 das Verkehrsamt und die Bibliothek, vor allem aber das Fisch- und Apfelmuseum Platz; hier stoßen Sie auf die erste Wegmarkierung unserer Tour, die goldene Moche auf weißer Apfelscheibe. Bevor Sie jedoch ausschreiten und Übersee hinter sich lassen, sollten Sie nicht die Gelegenheit versäumen, um dem hiesigen Museum einen Besuch abzustatten (Di.–Fr. 7–9.30 u. 16.15–18 Uhr, Sa. u. So. 12–13.30 Uhr). Akribisch und mit Hingabe haben die Überseer Kostbarkeiten aus zwei Jahrtausenden Bodenseefischerei und Bauernhandwerk zusammengetragen. Kernstücke der Sammlung, die gut 20 000 Einzelobjekte umfaßt, sind eine geräucherte Moche (3. Jahrhundert) und das Kerngehäuse eines Trockenapfels, das, wie neuste Gutachten besagen, aus einer Zeit stammt, als der Bodensee noch Teil der römischen Provinz Brigantium war. Der Jahrhunderte währende Streit, welches Stück älter sei, Räucherfisch oder getrockneter Apfel, kann damit zwar nicht als entschieden gelten, doch wird er seit dem Südschwäbischen Konzil von 1411 bekanntlich nur noch auf dem Papier geführt. Damals gelang es dem herbeigerufenen Schlichter Götz von Berlichingen, die bis aufs Messer verfeindeten Bauern- und Fischerzünfte Übersees zu einen, indem er ihnen das sogenannte Kompromißwappen im wahrsten Sinne des Wortes schmackhaft machte. Er befahl die Führer der verfeindeten Haufen in sein Lager auf die Berger Höhe, das Hinterland Übersees, und bereitete ihnen eine Mahlzeit aus Trockenapfelscheiben und geräucherten Mochen. Sie schmeckte den Streithähnen so vorzüglich, daß noch am selben Abend Frieden geschlossen ward und Übersee fortan die goldene Moche auf weißer Apfelscheibe im Stadtwappen führte, ein Bild, das wiederum 1953 vom Südschwäbischen Albverein mit Zustimmung des Landesvermessungsamtes Baden-Württemberg zum allein gültigen Signet des Sieben-Schwaben-Wegs erklärt wurde.

Das erste Etappenziel der achtstündigen Wanderung (reine Gehzeit ohne Besichtigungen!) ist, kein Wunder, die Berger Höhe. Sie erreichen diesen markanten Aussichtspunkt nach knapp zwei Stunden, wenn Sie den gut beschilderten Pfaden durch Obstgärten und Streuwiesen in nordnordöstlicher Richtung folgen. Vom Lager Berlichingens findet sich leider gar nichts mehr, doch erfährt der Wandersmann tausendfache Belohnung für den doch recht schweißtreibenden Anstieg: Bei klarer Sicht schaut er von hier oben weit über den Bodensee in die wundersame Bergwelt Alta Planas hinein bis an die Grenzen von Burgund, und vor den Augen des Betrachters entfaltet sich jenes Panorama, das Ernst Jünger in seinem Roman *Auf den Marmorklippen* so trefflich zu beschreiben wußte: »Die wilden Schroffen und Gletscher funkelten in Weiß und Rot, und zitternd formten sich die hohen Ufer im grünen Spiegel der Marina ab.« (Marina als lyrisches Synonym für den Bodensee – vgl. hierzu Jens, Tübingen 1946, S. 131 ff.)

Der Abstieg ins Mochenbachtal erfolgt über den Trittensteig. Für die nicht ganz Schwindelfreien unter Ihnen wurden bereits Anfang der fünfziger Jahre Stahlseile mit Hirschlederschlaufen im Fels verschraubt. Am Fuße des Berges betreten wir eine ganz andere Welt. In tausend Windungen mäandert der Mochenbach durch ein liebliches Tal, an seinen Flanken von schier undurchdringlichem Tann gesäumt. Nahezu fünf Kilometer führt nun der Sieben-Schwaben-Weg in nördlicher Richtung auf sandigem Geläuf den Bach entlang, und wenn Sie sich ruhig verhalten, die Arme eng anlegen und flach atmen, kann es sein, daß Sie Glück haben und eine Moche erspähen. Sie fragen sich vielleicht: »Hier? Im Mochenbach?« Ja, denn die Moche, der einzige Süßwasserplattfisch Europas, verläßt – wie bekanntlich auch der Lachs – sein angestammtes Territorium, um anderswo abzulaichen, und legt deshalb auch ein gutes Stück Weg flußaufwärts zurück.

Ziel der Bodenseemochen ist der Hornsee, den wir nach

dreieinhalb Stunden erreichen. Doch hüten Sie sich, hier ein erfrischendes Bad zu nehmen: Der See steht das ganze Jahr unter Naturschutz. Die millionenfache Mochenbrut braucht Ruhe, Ruhe und nochmals Ruhe. Am Hornsee kühlt man sich deshalb wohlweislich von innen ab, am besten mit selbstgebranntem Obstler, der im malerisch ufernah gelegenen Gasthaus *Seerose* nach alter Tradition in mit Silber ausgeschlagenen Kuhhörnern serviert wird. »Aha, also gut«, werden Sie sagen, »*deswegen* also Hornsee.« Doch da muß ich Sie leider enttäuschen – der See trägt seinen Namen nicht der Schnapshörner wegen, sondern weil im Dreißigjährigen Krieg an solch idyllischem Ort der Schwedengeneral Horn zusammen mit seiner Reitergarde in einem frühen Fall von Massensuizid zu Tode kam.

Für Philanthropen ein bedauerliches Ereignis, doch blieb uns dank dieser unerhört anmutenden Kriegerdepression vermutlich eines der großartigsten Kunstdenkmäler nördlich der Alpen erhalten, die Sylvester-Kapelle in Heiligenhafen, ein Wunder von einem Gotteshaus, das Sie nach weiteren drei Stunden äußerst kräftezehrenden Marschierens erreichen. Ihre Route führt anfänglich über Stock und Stein und mäßig bewirtschaftetes Bauernland ostwärts und bricht dann abrupt gen Süden ab. Auf steilstem Gelände geht es anschließend durch eine wilde Schluchtenlandschaft hinunter an die Gestade des Bodensees. Dort steht recht unscheinbar direkt am Wasser jene dem heiligen Sylvester geweihte Kapelle, gleichzeitig das Wahrzeichen Heiligenhafens (Besichtigung nur nach Anmeldung, Tel.: 0717/2499). Die ganze Pracht zu schildern, die uns entgegenschlägt, sobald wir den dreischiffigen Kirchenraum betreten, ist nicht möglich. »Da verweigern die Worte ihren Dienst«, wie Pater Anselmus zu sagen pflegte. Doch möchte ich versuchen, wenigstens kursorisch die herausragenden Kunstwerke aufzulisten: das merowingische Taufbecken aus dem 5. Jahrhundert, das Apsisfresko »Die Wunder dieser Welt« (irische Mönche, frühes 7. Jahrhundert), der goldene, mit Smaragden besetzte Reliquienschrein des heiligen Sylvester (unbekannter Meister, 10. Jahrhundert), an allen Säulen die besterhaltenen mittelalterlichen

Figurenkapitelle diesseits des Rheins (unbekannte Handwerkermönche aus Burgund, frühes 11. Jahrhundert), das 22 Meter lange, bis zu 5 Meter hohe frühgotische Ebenholzchorgestühl mit Elfenbeinintarsien (Der Meister von Ulm, um 1190), der gotische Flügelaltar (Veit Stoß und Tilman Riemenschneider, 1493–1495), der Tafelbildzyklus »Passion Christi« (Albrecht Dürer, 1523), die präbarocken Altarfiguren Maria Magdalena und Judas am linken Seitenaltar (G. L. Bernini, 1616, geschätzter Wert 350 Mio. Schweizer Franken), das Deckenfresko »Die Beschneidung Jesu« (Cosmas Damian Asam, 1754), am rechten Seitenaltar die Tonfigur »Selbstbildnis als trauernde Weinende« (Käthe Kollwitz, 1931).

Wie sich leicht nachvollziehen läßt, sollte man für die Besichtigung der Sylvester-Kapelle mindestens vier Stunden veranschlagen – und dann den Sieben-Schwaben-Weg doch lieber an zwei Tagen in Angriff nehmen. (Übernachtungen in der *Seerose* sind für Mitglieder des Südschwäbischen Albvereins jederzeit möglich; Informationen über die SA-Geschäftsstelle; http://www.südalb.de.)

Das letzte Teilstück des Sieben-Schwaben-Wegs von Heiligenhafen retour zu unserem Ausgangspunkt nach Übersee führt mitten durchs Große Bodenseeried, eine ausgedehnte Sumpflandschaft, die für ihren grandiosen Tier- und Pflanzenreichtum allerorten größte Würdigung erfährt. Vielstimmig liegt der Gesang der gefiederten Bewohner in der Luft, der Knick-, Knäck- und Knackenten, der Taucher, Rallen, Dommeln und Pfeifer. Sie bewachen ihre Brut, während zwischen Rohrkolben und Schilfgras tausendfach der zartrosa angehauchte Sumpf-Storchschnabel erblüht, der betörend duftende Langstengel- oder Lungenenzian und die unbehaarte Sibirische Schwertlilie sich stolz in die Höhe recken. Alle Jahre wieder, in der Zeit zwischen Pfingsten und Fronleichnam, ist das Große Bodenseeried sogar Treffpunkt der europäischen Botanik-Koryphäen. Dann schlagen Forscher aus sämtlichen Breiten ihre Zelte am Bodensee auf, um die Chinesische Liebeshose blühen zu sehen, eine Orchideenart, die von der Großen Kulturrevolution chinaweit ausgerottet worden und außer im Großen Bodenseeried nur noch am Orinocodelta in Venezuela heimisch ist. Ihr alle sechs Jahre wiederkehrender »Blüh-Akt«, wie es in der Fachsprache heißt, erstreckt sich über insgesamt drei Wochen. Zunächst bildet der unscheinbare Pflanzenstock einen gut zwei Meter langen Stengel aus, der sehr schnell verholzt. Dieser stabile »Stamm« ist vonnöten, um die schwere Blüte zu tragen, eine zwischen 80 und 120 Zentimeter messende Lippe, die sich nach und nach tigermusterartig rot, braun und schwarz verfärbt. In der dritten Woche schließlich – und darauf warten die Botaniker – treibt die Pflanze an der Lippenspalte respektive am sogenannten Schritt einen verhältnismäßig kurzen, goldgelben Griffel aus, in dessen Schutz sich die apfelgroßen Staubgefäße formieren. Zwischen der 60. und 64. Stunde nach dem Austreiben des Griffels werden sie von kundiger Hand geöffnet und ausgestreift, und der Blütenstaub wird sofort gefriergetrocknet, damit er zur Befruchtung bereitsteht, falls eine der anderen vier im Großen Bodenseeried verbliebenen Chinesischen Liebeshosen erblühen sollte.

Und so lastet auch ein Gran Schmerz auf dieser großartigen Wanderung. Noch vor fünfzehn Jahren zählte die Biologische Landesanstalt Tübingen 23 fortpflanzungsfähige Chinesische Liebeshosen am Bodensee. Sollten Sie also auf Grund meiner – sicher nur schlaglichtartigen – Beschreibung des Sieben-Schwaben-Wegs tatsächlich beschließen, an den Bodensee zu reisen, bedenken Sie bitte immer, daß auch die hier geschilderte Idylle keine dem Wandel der Zeiten verschlossene Oase ist. Im Sinne des Produkthaftungsrechts muß ich folglich darauf verweisen, daß inhaltliche Fehler nicht vollständig ausgeschlossen werden können. Sämtliche Angaben erfolgen ohne jegliche Verpflichtung oder Garantie des Verlags oder der Herausgeber. Beide übernehmen keinerlei Verantwortung und Haftung für etwaige sachliche Unstimmigkeiten.

Aus den Akten eines stadtfremden Schmierfinks

Von Gerhard Henschel

Am Mittelrhein, schräg gegenüber vom Deutschen Eck, liegt die kleine Stadt Vallendar – reich an Glasbausteinen, etwas wirr zusammengeschachtelt und von einem leicht reizbaren Menschenschlag bewohnt. Der Himmel über Vallendar, schrieb ich im Januar 1991 in der Fachzeitschrift *Kowalski*, gleiche einer fettbespritzten Lüsterklemme. Die Stadt werde von Kfz-Mechanikern beherrscht, die nebenberuflich Rohrzangen und Glasbausteine verkauften. Die Gliedmaßen der Einwohner seien auffallend drall und plump und zu nichts zu gebrauchen, und die Kinder schlügen sich gegenseitig mit Gartenschaufeln auf die Gurgel, um die natürlichen Schwierigkeiten bei der Aussprache komplizierterer Dialektvokabeln zu beheben, während die Senioren ihren Nescafé mit verrosteten Rohrzangen umrührten. Und so weiter.

»Durch die Vallendarer Wohnungen und Wirtschaften kreisen derzeit Raubkopien des begehrten Artikels, womit sich die Hoffnung des Verfassers, die Auflage in Vallendar und Umgebung zu erhöhen, nicht bestätigt hat. Seiner Meinung nach hat er ein gutes Werk fur den Fremdenverkehr getan«, berichtete damals die Koblenzer *Rhein-Zeitung*. »Doch wer fährt schon gerne in eine Stadt, in der ›die ausgeblichenen Limobüchsen in ausgeblichenen Vorgärten mit obszönen Jägerzäunen vor sich hin rotten und seit alters her auf jugoslawisch getrimmte Novizen Abend für Abend versuchen, in engen, verpinkelten Kaschemmen ihre handgeknüpften Aluminiumrosen zu verkaufen‹.«

Der Artikel habe »Aufsehen erregt«, schrieb mir ein Herr Heinrich Opitz aus Vallendar. Deshalb wolle er mich »nach

Vallendar einladen (Übernachtung + 150 DM Spesen) und Sie dann bitten, in einem Bürgergespräch zu Ihrem Artikel: ›Wer kennt eigentlich Vallendar?‹ Stellung zu nehmen. Ich meine, dies sei im Augenblick das einzig Richtige, die verschiedenen Standpunkte darzulegen …«

Eine schriftliche Einladung sprach auch ein Herr Michael Wächter aus Vallendar aus, sogar gereimt: »Von einem Kiosk, da komme ich her, / und muß euch sagen: Ich verstehe nichts mehr! / Ich wohne in Vallendar – kurz ›Valler‹ genannt –, / dies Städtchen ist als ›fröhlich und schön‹ mir bekannt. / Doch im letzten *Kowalski*, da mußte man lesen: / Ein stadtfremder Schmierfink ist hier gewesen. / Er kritzelte Vulgäres über Valler hinein, / ich dacht' einfach nur: Du armes Schwein! / Mit diesem Gedanken schließt mein Gedicht, / für so 'nen Artikel, da lohnt's einfach nicht. / Und zum Abschluß, ihr Leser, lad' ich euch zu uns ein, / denn es ist wirklich schön hier in Vallendar am Rhein!«

Daß es wenig ratsam gewesen wäre, der Einladung zum Bürgergespräch Folge zu leisten, ging aus einem Brief des Lesers Jörg Schmidt aus Vallendar hervor: »Tumultartige Zustände in meiner Lieblingsverbandsgemeinde! Der Bürgermeister schwitzt Rohrzangen & Glasbausteine! Sogar die Vallendarer Hauspostille der örtlichen CDU (liegt bei, denn der Bürgermeister hat das Blatt soeben für alle Haushalte abonniert, was auch gleich die Titelstory ist) steigt auf die Barrikaden! Tausende militante Nonnen randalieren vermummt (!) in den Straßen! Rituelle *Kowalski*-Verbrennungen! Ausführliche Frontberichterstattung im Südwestfunk! Wandschmierereien wie ›Kauft nicht bei *Kowalski*-Abonnenten!‹. Etzettera, etzettera! War das wirklich nötig? Ich meine: Ja!«

In der Postille namens *Heimat-Echo*, die Herr Schmidt freundlicherweise beigelegt hatte, bezogen Udo Bachmann, Bürgermeister der Verbandsgemeinde Vallendar, und der Vallendarer Stadtbürgermeister Wolfgang Helbach deutlich Stellung: »Kennzeichen einer Satire ist die spöttische und witzige Übertreibung der Wirklichkeit. Die Pseudo-Satire ›Wer kennt eigentlich Vallendar?‹ ist deshalb schon nicht wert, überhaupt gelesen zu werden, sie gehört in den Müll. Lediglich das Aufzählen einiger Straßennamen und der Hinweis auf Luftkur-, Kneipp- und Wallfahrtsort sowie die Nennung sozialer Einrichtungen (allerdings in perversem Zusammenhang) treffen auf Vallendar zu. Sonst ist dieses Epos gekennzeichnet durch eine langweilige Aneinanderreihung von dummen Phrasen. Die Wirkung dieses Pamphletes auf große Teile der Vallendarer Bevölkerung ist verständlich, ist doch unsere Stadt ein beliebter Wohnort. Somit ist der vielfache Wunsch auf strafrechtliche Verfolgung des Verfassers nicht überraschend. Aber weder Verbandsgemeinde noch Stadt können aus juristischen Gründen eine Beleidigungsklage einreichen. Außerdem erscheint uns dies auch als eine Aufwertung und gleichzeitig eine Werbung für ein unmögliches Blatt.«

Harte Worte, die den Bürgermeister der Verbandsgemeinde aber nicht davon abhielten, mich, den Müllproduzenten und Phrasendrescher, ebenfalls nach Vallendar einzuladen, und zwar »recht herzlich« – allein unter ihresgleichen scheinen es die Vallendarer nicht gut auszuhalten.

Seine Einladung sprach Herr Bachmann im Rahmen einer Sendung von Radio RPR aus, in welcher, neben einer wutschnaubenden Bürgerin, telefonisch auch ich zu Wort kam. Das Protokoll der Sendung wirkt wie eine spöttische und witzige Übertreibung der Wirklichkeit, gibt sie aber exakt 1:1 wieder.

Band ab:

»Kennen Sie die überflüssigste Stadt Deutschlands? Oder anders gefragt: Wer kennt eigentlich Vallendar? Diese Frage stellt der Journalist Gerhard Henschel in der neuesten Ausgabe der Satirezeitschrift *Kowalski.* In der Rheingemeinde Vallendar herrscht helle Aufregung. Ralf Schwoll gibt Antwort auf die Frage nach der überflüssigsten Stadt Deutschlands:

›Vallendar ist das übelste, fieseste, widerborstigste, verstockteste, ruppigste und bigotteste Stück Rheinland-Pfalz, das Niedertracht und Unverschämtheit jemals aus dem geweihten Boden der Tatsachen gestampft haben.‹

Mit Fremd- und Schimpfworten gespickt beginnt die Satire über die Verbandsgemeinde Vallendar bei Koblenz. Der Autor selbst hielt es fünf Jahre in der Stadt am Mittelrhein aus:

›Also, mir ist es schon immer ein Herzenswunsch gewesen, über Vallendar zu schreiben, weil ich da viele Erfahrungen gesammelt habe.‹

›Die städtebauliche Rumpelkiste Vallendar‹, so Gerhard Henschel, ›liegt eingeklemmt und eingekesselt zwischen der Festung Ehrenbreitstein, dem Deutschen Eck, dem Vater Rhein, der A48 und diversen zäh nach oben buckelnden Hügelkuppen.‹

Der Bürgermeister der Verbandsgemeinde, Udo Bachmann, sieht das Bild der Stadt etwas anders:

›Die geographische Situation: auf der rechten Seite des Rheins gelegen und damit in der Regel, wenn die Sonne scheint, in einem Sonnenlicht zu sehen. Die Einzelheiten der Topographie: durch eine Hügellandschaft mit Wald, Wasser und einem geringen Anteil an Weinbergen versehen – meines Erachtens ein lebenswerter Raum.‹

Ein Kompliment besonderer Art geht an die Vallendarer Damenwelt:

›Nirgendwo in Deutschland schwitzen die Frauen so stark wie in Vallendar.‹

Hierzu die Vallendarerin Irmgard Wehrmann:

›Nee! Die Vallendarer Frauen sind sehr sauber und sparen auch net an Kosmetik. Isch würd' sagen, die Vallendarer Mädschen sind die goldigen Mädschen vom Rhein und keine schwitzenden Frauen!‹

Rohrzangen und Glasbausteine, die angeblich in Vallendar hergestellt werden, spielen für Henschel eine symbolische Rolle:

›In der Karnevalszeit bewerfen sich die Vallendarer tagelang mit Scherben von Glasbausteinen.‹

Frau Wehrmann: ›Isch bin selber im Karneval tätisch. Außer Bonbons und Spielsache ham mir noch nix geworfe!‹

Vallendarer Dialekt scheint selbst dem Norddeutschen Gerhard Henschel ein Dorn im Ohr zu sein.

Frau Wehrmann: ›Wird doch überall wieder geföddät, Muttersprach'! Also, warum somma se net spresche?‹

Nach einigem Hin und Her ist dem *Kowalski*-Autor eine gute Eigenschaft von Vallendar eingefallen:

›Positiv an Vallendar dürfte natürlich vor allen Dingen die Tatsache sein, daß man dort jahrelang gewohnt haben kann und trotzdem noch wunderschöne Reportagen verfassen kann.‹

Der Bürgermeister steht der vierseitigen Satire noch unentschlossen gegenüber. Neben den Möglichkeiten, den Fall zu den Akten zu legen oder zu Rechtsmitteln zu greifen, winkt er mit der Friedensfahne:

›Auf der anderen Seite können wir vielleicht Herrn Henschel von seiner subjektiven Auffassung abbringen. Von daher darf ich die Gelegenheit der Sendung nutzen, Herrn Henschel recht herzlich einzuladen!‹

Vielleicht entdeckt Autor Henschel noch einige lebens- und liebenswerte Aspekte an der alten Stadt mit dem jungen Herzen und schließt sich der Meinung der Vallendarer an:

›Denn man lebt wunderbar – bei uns in Vallendar!‹

Der Verbandsgemeinde-Bürgermeister hat die Fraktionsvorsitzenden der Parteien und Beigeordneten für kommenden Montag zu einer Sondersitzung eingeladen.«

Das war am 4. Januar 1991. Vier Tage später strahlte Radio RPR folgende Regionalnachricht aus:

»Der Rat der Verbandsgemeinde Vallendar hat sich gestern abend mit den *Kowalski*-Veröffentlichungen befaßt. In der neuesten Ausgabe der monatlich erscheinenden Satirezeitschrift hatte der Autor Gerhard Henschel die Stadt Vallendar und die Bürger der Stadt aufs schärfste beleidigt. In der Sondersitzung wurde die zunächst unklare Kompetenz von der Verbandsgemeinde auf die Stadt Vallendar übertragen. Die Vertreter der Stadt werden den Fall voraussichtlich ruhen lassen, um den Verfasser nicht durch weitere Aktionen zu fördern. Dennoch seien Klagen einzelner Bürger nicht auszuschließen.«

Doch es kamen keine Klagen mehr. Als es am schönsten war, hatten die Bürger aufgehört.

Vom armen H. T.

Von Horst Tomayer

Ich bin Heimatvertriebener. Meine Heimat war das seiner Stubenfliege und des endogenen Grüns seiner Höhn wegen weit über seine Grenzen hinaus bekannte Sudetenland

Tschörtschill, Rusewelt, Stalin und der Tscheche der freche haben sie mir genommen

Ich war acht Jahre alt

Da wurde ich ohne örtliche Betäubung heimatentmannt

Heimatlos bin ich aufgewachsen in der Fremde, in Bayern, einem mich fremder als Katastrofien oder Kataklysmanien dünkenden Land

In meinen sudetendeutschen Hals wurde eine fremde Sprache eingepflanzt

Und im Schlitz der sommers wie winters kurzen Hose spürte der junge Heimatvertriebene beim abendlichen Einholen der karitativen Klostersuppe (im zerbeulten Alukrüglein) ein ums andere Mal

Eines schwäbelnden Franziskanerordensbruders zärtlich zupackende Hand

Schmerzvoller als der Hieb einer Brennessel übers lidentblößte Augäpferl war der Verlust der Heimat für mich

Doch dann, ich näherte mich meines Seyns sechstem Jahrzehnt

Gelangs mir endlich, von der Heimat loszulassen

Nach der von Leonore Leyn von Leyenfels entwickelten Methode

Wie man sie bei Scheidung und verwandten schwarzen Fällen mittlerweile kennt und gern verwendt

Heute, Donnerstag, glaub ich, hamma, kann ich bei Ruhepuls 29 sagen

Heimat ist für mich nicht mehr das wassima war

Heimat ist für mich nicht mehr der Urwurstkessel

Oder der Hochaltar

Ich sehe die Heimatsache neuerdings gelassener
Heimat ist für mich in erster Linie ein mir im Schritt threuer Schatz
Heimat sind ferner mir entgegenkommende Leberwerte
Und ein bei der Zeitschrift *konkret* sicherer Listenplatz

Heimat ist ein autonomes Appartement
Heimat ist ein Sitzplatz in der Bahn
Heimat ist ein McDrink In
Wo man anschreiben lassen kann

Heimat ist die Gewißheit der Rente
Heimat = AOK
Heimat ist zu gleichen Theilen
Disziplin und Allotria

Heimat ist ein gutes Auto
Heimat ist ein schnelles Buch
Heimat ist ein Komplott aus
a) Segen und b) Fluch

Heimat ist die preiswerte Ostblockhure
Heimat ist der Nahverkehrsverbund
Heimat ist die per pedes Zone
Heimat ist Kindermund

Heimat ist der Ärport Frankfort
Heimat ist der Rübezahl
Heimat ist der Mehrwertstandort
Und sein Vertheidigungsfall

Heimat ist Futtern wie bei Muttern
Heimat ist das BGB
Heimat sind Erich Kästners köstliche
Den Klassenunterschied durch Herzenswärme auftauende
3 Männer im Schnee

Heimat ist der Juckreiz
Und die hiesige Religion
Heimat ist maßgeschneiderte
Billiglohnlandkonfektion

Heimat ist das Konto
Bei der Deutschen Bank
Und steht es kredit statt debet
Dann aber Heimatdank

Heimat ist der Zweitregisterhafen
Heimat ist das Heimatfest
Heimat ist die Hauptstadt
Vom Mount Everest

Heimat ist der letzte Schnaufer
Und der erste Zungenkuß
Heimat ist Sankt Arschlochhausen
Wo man, wenn man nach Dorfdeppenstedt will, an der Karl Marx Linde scharf abbiegen muß

Heimat ist ein Elektrokachelofen
Im videobewährten Schloß
Wo man ohne goldenen Schlüssel
Schomma kurz eima draußen bleiben moß

Heimat ist Mutti Erde
Und Beim Schlump und in Wildenroth
Wo ich wahrscheinlich ruhe
Ab dritten Tag nach meinem Dood

Heimat sind die über der Heimat aufgeschichteten Sterne
Round about Mitternacht
Heimat ist eine Taugenichtsin
Ohne eine anständige Besatzungsmacht

Eine Meldung im Juli 1997

Nach dpa, sid u. a.

Einvernehmlichen Berichten diverser Presseagenturen zufolge ist der Wechsel des Stürmers Valdas Ivanauskas vom HSV zum VfL Wolfsburg geplatzt. Ivanauskas hatte beim Bundesliga-Aufsteiger Wolfsburg bereits das Training aufgenommen, seine Ehefrau Beatrice (28) wolle aber nicht nach Wolfsburg ziehen, hieß es. »Da will ich nicht hin.«

Man hat einen Ort nicht weniger gern,
weil man dort gelitten hat, es sei denn,
man hat *nur* gelitten, nichts als gelitten.

Jane Austen

Unspezifisches aus dem Bergischen

Von Eugen Egner

Ich war auch schon mal in Bremen, einmal sogar richtig drin in der Stadt, habe da wohl auch gegessen und das Überseemuseum (noch vor der Renovierung) besichtigt. Die Moorleichen, die ich mir dann gern noch angesehen hätte (in Berlin wäre es das Pathologisch-Anatomische Cabinet, also das Medizinhistorische Museum in der Charité, gewesen), wurden an jenem Tag leider nicht vorgezeigt. Ich habe sie bis heute noch nicht zu Gesicht bekommen. In Wuppertal gibt es, soweit ich weiß, keine Moorleichen, wohl aber etliche Abnormitäten. Später war ich dann noch zweimal in Bremen, aber nur am Bahnhof. Schön war das nicht.

In einer Reihe anderer Städte war ich auch schon, die meiste Zeit meines Lebens (jeweils vor und nach den auswärtigen Aufenthalten) habe ich aber in Wuppertal verbracht, was reiner Zufall ist. Oder Karma. Man weiß es nicht.

Weil mein Großvater mütterlicherseits in seiner Eigenschaft als Bundesbahn-Sekretär (vormals Reichsbahn-Sekretär) nach Wuppertal (er hatte ins Rheinland gewollt) versetzt worden war und einen schönen ausrangierten Waggon für die ganze Familie requiriert hatte, schafften meine Eltern mich zirka 1955 samt dem beim Bahntransport völlig zu Bruch gegangenen Hausrat eben dorthin. Und am nämlichen Ort, wenn auch nicht mehr im Wohnwagen, bin ich noch immer, nach wie vor im Inneren Exil, passiven Widerstand leistend.

Inzwischen habe ich mich an die Stadt gewöhnt, es hätte schlimmer kommen können (z. B. Emmerich oder Hagen).

Eigentlich hatte ich Glück. Was hätte in meiner ländlich gelegenen süddeutschen Geburtsheimat aus mir werden sollen? In Wuppertal ist zwar auch nichts aus mir geworden, aber das ist immer noch unvergleichlich viel besser als das Schicksal, das ich unter den Schwaben zu gewärtigen gehabt hätte ... Ulkigerweise soll es dort heute noch einen Eugen Egner geben, aber einen ganz anderen. Glück hatte ich auch mit dem Dialekt. Die Wuppertaler Mundart ist unbestreitbar widerlich und verunziert auch meine Diktion, doch bin ich dankbar, daß ich keinen schwäbischen Akzent sprechen muß.

Über Wuppertal kann man eigentlich nichts schreiben: irgend so eine Stadt eben. Es gibt ein paar schöne Stellen und viele unschöne. Wie überall stören hauptsächlich die Leute, jedenfalls die meisten. Ein paar davon haben in letzter Zeit alles darangesetzt, das Wahrzeichen der Stadt, diese Schwebebahn da, abzureißen und in »modernisiertem« und »zeitgemäßem« Gewand neu zu errichten. Absurderweise haben sie ihr Opfer *nach* dem Todesurteil noch unter Denkmalschutz gestellt, was am Vollzug natürlich nichts ändert. Da hat die Stadt etwas, das einzigartig auf der Welt ist, nämlich ein paar historische Jugendstil-Schwebebahnhöfe (oder wenigstens deren restaurierte Reste), und nun müssen die schleunigst weg. Nach dem Willen der Rasenden sollen dem dann wirklich nicht mehr zu rettenden Stadtbild Ersatzbahnhöfe verpaßt werden, die ihrerseits ebenfalls Denkmäler sind: Denkmäler sowohl sensorischer Depravation als auch fehlgeleiteten Betätigungsdrangs profilneurotischer Männer. Das ist der alltägliche Faschismus, es geht lediglich um Geld und darum, den Menschen die Würde zu nehmen. Wie immer und überall. In London z. B. werden ja auch die roten Telefonzellen und die Doppeldeckerbusse abgeschafft. Das Überseemuseum in Bremen ist ebenfalls nicht mehr, was es einmal war.

Bei der Vollstreckung der letzten großen Zwangsmaßnahme, der Einführung neuer Postleitzahlen, ist versäumt worden, die Städte gemäß der Devise »Unsere Stadt soll zeitgemäßer heißen« (traditionell nur nach Regimewechseln üblich) umzubenennen. Das muß dringend nachgeholt werden.

Wuppertal, sowieso nur ein lächerlich klingender, künstlicher Name, der 1929 dem verwaltungsgewollten Konglomerat ehemals autonomer Städte und Gemeinden oktroyiert wurde wie jetzt der denkmalgeschützte Abriß der Schwebebahnhöfe, könnte – ich versuche ungelenk, mich auf die herrschende geistige Verfassung einzustellen – künftig »Derrickstadt« heißen, denn immerhin ist Horst Tappert der berühmteste Sohn der Stadt. Oder, nicht so intellektuell, lieber »Tuffistadt«? Nach dem aus der Schwebebahn gefallenen Elefanten? Wäre das Kulturamt nicht von der Scientology Church abgeschafft worden (oder war das in irgendeiner anderen Stadt?), könnte man sich dort mal Gedanken über eine zeitgemäße, zukunftsorientierte und wettbewerbsfähige Umbenennung machen.

Was rege ich mich auf? Ich wohne nur zufällig hier.

Unangenehme Erinnerungen

Von Michael Rudolf

Zwickau ist gewiß kein spezieller Platz. Zwickau erfüllt vielmehr alles, was Sie sich von einer Stadt nicht erhoffen. Drei Exempel sollen das belegen.

1) Um das Maß der Ungeheuerlichkeiten meiner Aufzucht voll zu machen, wurde ein auf ein halbes Jahr befristeter Aufenthalt bei meiner Mutter beschlossen. Irgendein Großstiefonkelschwager hatte einen Postkartenverlag oder so ähnlich in Zwickau, und die Mutter siedelte in unmittelbarer Nähe der Trabantmetropole. Waren nun mütterliche Liebe und Sehnsucht die Ausgangspunkte der Überlegungen, oder hatte deren stark angeheirateter Mann L. nur den verzehrenden Wunsch nach einer größeren und trockenen Wohnung, die er sich unter Vorweisung eines sechsjährigen Kindes leichter von den Behörden der Wohnraumlenkung zu erstehen versprach? Ich erfuhr es sogleich in täglichen Martern von nicht alltäglichem Ausmaß.

Ich beobachtete, wie er sein Weib schurigelte, mit dem er bereits kräftig am Mutterkuchen für ein Halbgeschwisterlein gebacken hatte, währenddessen ich wie ein Packesel alles aus den Kramläden zu holen und die Eßwaren einzukaufen hatte. L. hing ich wie Rotz am Ärmel, und seine Hand fühlte ich kalt wie die Sonne hinter den Wolken. Trotzdem war ein Wohnsitzwechsel zurück nach Hause so schnell nicht zu bewerkstelligen, und ich mußte das ganze zweite Halbjahr der ersten Klasse in einem nahe Zwickau gelegenen Häuserkollektiv verbringen.

Dieses zur Stadt ausgewachsene Bergarbeiterdorf am Rand des Erzgebirges mochte den Sonnenschein nur dem Namen nach kennen. Ein kleines Ostruhrgebiet mit kilometerlangen Reihenhaussiedlungen aus der Zeit um die Jahrhundertwende war's überdies. Wie sich da zurechtfinden? Mir gebrach es noch am sicheren Wissen um Buchstabe und Zahl, und regelmäßig verirrte ich mich bei der Ankunft, was mir viel hysterisch Geschimpftes einbrachte.

Widerlich schien es überall da zu sein, wo die Luft den Boden berührte. Selbst die Kinder, die in den mit zagen Hälmchen und verstrahltem Pioniergehölz bewachsenen Halden wühlten, waren ins Fleisch gekommene Nichtslinge und entrieten der herkömmlichen Urteilsbildung. Dafür wurden sie mir in der Fernsehsendung *Mach mit, mach's nach, mach's besser!* zum Abschuß mit Medizinbällen freigegeben. Der jämmerlichen Sinnestäuschung, die von ihnen als Leben hingenommen wurde, waren Bach, Baum und Wald fremd, was den Rest Wohlbefinden dazu bewegte, mich unverzüglich zu verlassen. Meine Empfindungen wurden Speise heimlichen Grams, Bruder war mir der Geist des Übels. Meine zerbröselnde gesundheitliche Verfassung hat dann doch Anlaß geben können, daß ich wieder nach Hause durfte und man jedwede Umsiedlungsversuche in Zukunft unterließ. Als Andenken habe ich mir eine bunte Blütenlese seelischer Verwerfungen, eine gut fundierte Schlaflosigkeit und jäh aufziehende Konzentrationsschwächen behalten.

2) Am Zwickauer Hauptbahnhof hatte ich als nunmehr Sechzehnjähriger nach einem Konzert der Untergrundcombo FREYGANG, angeregt durch das großzügige Aufgebot an Volkspolizisten, meinem erkenntnistheoretischen Übermut Ausdruck verliehen und in großer Runde die Auffassung vertreten, man möge diesen Menschensegen lieber der Volkswirtschaft in Form fleißiger und gut ausgebildeter Arbeitskräfte zugute kommen lassen. Da wir zwei Stunden Aufenthalt hatten, verfügten wir uns in die nächstbeste Wirtschaft, vertieften diese These im zwanglosen Gespräch und bissen uns vor Begeisterung fast in den Arm. Es gab aber auch das Zwickauer Bier, im Volksmund ZB 72 und ZB 92 (für Zwickauer Bier und die in Pfennig angegebenen Preise von Hell und Pils) geheißen, zwei Erzeugnisse, die die Totalität der Lebensmittelkonsumenten allhier ihre ganze Wut

auf die Häupter der städtischen Brauer versammeln ließen. Doch der Himmel fügte es, daß o. g. nächstbeste Wirtschaft Wernesgrüner führte. Nämlicher fügte es auch, daß, als wir nach vertaner Zeit schlingernd dem gewünschten Bahnsteig zustrebten, hektisch heranpreschende Volkspolizisten mich vom Freundeskreis zu separieren und nach meiner zwei Stunden zuvor vertretenen Ansicht peinlich zu examinieren wußten. Es war nicht die rechte Zeit, nach Gemeinsamkeiten mit ihnen zu forschen, als sie meine Haare aufs Bahnsteigpflaster herabzogen, ohne selbst in die Knie zu gehen. Länger wurden die Haare davon freilich auch nicht. Übel zerzaust, war ich bereit, ihnen in ihren noch so gewagten Auffassungen zu folgen. Ob ich das Eigentumsrecht über den Lumpenhaufen um meinen blöden Arsch ausübte, der ad exemplum ein Einkaufsnetz oder auch Teil einer Pferdedecke sein könne, war eine gezielt gestellte Frage. Und ihre nicht minder gezielten Reiß- und Rupfbewegungen an meiner Oberbekleidung vollbrachten es, daß die beiden vorher unzutreffenden Bezeichnungen in ihr Recht traten. Auch sonst ließen sie sich zu argumentativ wenig untermauerter Härte und Heftigkeit hinreißen, daß ich fast einen Kasten Bier lang brauchte, um meiner Verblüffung Herr zu werden.

Ja, und 3) habe ich vergessen.

Mal ehrlich, hätten Sie geglaubt, daß dieser Text jetzt ein so unvermutetes Ende nimmt?

Schön ist die Heimat
So man sie hat
Schön auch der Hering
Besonders der Brat-

Wiglaf Droste

Holder Humbug. Ein Nachwort

Von Jürgen Roth und Rayk Wieland

In der deutschen Spitzenmusikgazette *Spex* war im August 1997 der apokryphe Satz zu lesen: »Mit der Heimat im Herzen die Welt umfassen.«

Das ist natürlich purer Stuß; wenn nicht ein später Reflex auf den Wunsch, von hiesigen Territorien aus sich wenigstens »kulturell« einen Platz an der Sonne zu erobern; und sei's mit deutschen Popproduktionen, die deutschsprachig Weltgeltung erlangen sollten, ohne den Ort ihrer Entstehung zu leugnen.

Es könnte aber auch die Stadt Köln schuld sein an derartigem Schmarren; da bastelt man nämlich *Spex* zusammen – und hat pausenlos allerlei »Ideen«.

Wer weiß es genau; kommt die »Heimat« ins Spiel, die Stadt der Geburt, das Arkanum der Herkunft, ist jedenfalls zuverlässig die Verklärung nicht weit, die Beschwörung und die Mystifikation des Ursprünglichen und Originären. Über Epochen hinweg werden solche Konstrukte zäh und stoisch tradiert, als seien sie jenes Kontinuum der Kulturgeschichte, nach dem der Anthropologe forscht. Mag sein, es geschieht in neuerer Zeit lediglich aus buchhalterischen Gründen. Noch beim läppischsten Schriftstück wollen die Ämter dieser Welt eines auf jeden Fall wissen: den Geburtsort. Als wäre mit der Nennung des Namens jener Stätte, an der man gänzlich unschuldig ins Leben gerissen ward, ein magischer Beschwörungszauber verbunden, ja als walte hier eine höhere

Verdammnis, der unter keinen Umständen zu entrinnen sei, muß er unablässig und immerdar wiederholt werden. Es ist ein Fluch, ein Grauen.

Zumal jene Dörfer und Städte also, jene Orte, wo man länger und lang ausharren mußte, an denen man sich aufzuhalten gezwungen sah, bei Licht besehen meist tristen, oft erschütternd abstoßenden, eintönigen, trostlosen, faden, schäbigen, ja unwürdigen Plätzen gleichen – entgegen ihrer Überhöhung zum Vertrauten, Anheimelnden, Geborgenheit Versprechenden.

Viele ziehen daher weg. Und suchen, scheint es, bloß neuerlich den gefälligen, passenden, den in sich runden Wohnort – den Kiez. Dieser aber ist, wie Günther Jacob angemerkt hat, »auch nur ein Alptraum der besonderen Art«, der etwa seit Mitte der siebziger Jahre bis heute von großen Teilen der Anti-AKW- und Friedensbewegung sowie den Grünen geträumt wird. Maßgeblich hierfür waren und sind offenbar ein virulentes Behagen an Revierbewußtsein, Gemeinschaftsgefühl, Vereinsmeierei und das große Bedürfnis, es mit dem Denken und Kritisieren mal gut sein zu lassen. Die Folge dieses mittlerweile zum Mainstream zählenden Patriotismus ist denn auch nicht die Aufhebung irgendeiner Entfremdung, sondern sind erhöhter Konsenszwang für den einzelnen und Stärkung eines konservativen Gemeinsinns. Wo die obskure »Lebensqualität« oder dergleichen holder Humbug obwalten möchte, schaut es nur noch schlimmer drein. Prompt legt man sich Begriffe zurecht, mit deren Hilfe aus der Unwirtlichkeit, oft der Unverschämtheit der Verhältnisse prima Lokalitäten erwachsen. Bis zu Robert Gernhardt durchgedrungen ist zwar die Einsicht, es gebe *Kein richtiges Leben im valschen* (Zürich 1987), doch die humorig studienrätliche Aufarbeitung des alltäglichen Elends durfte selbst Schule dort machen, wo wir die Vernunft zu Hause wähnen: in der Aufklärung verpflichteten Zirkeln und »Köpfen«.

Zum Topos verfestigt, wird Adornos berühmtes Diktum (»Das vermaledeite Adorno-Zitat«, informiert *UNICUM – Das Hochschulmagazin* 9/97) regelmäßig dann bemüht, wenn es um die sogenannte gedankliche Überwindung eines wie immer aufgefaßten Status quo zu tun ist. »Es fehlt im Grunde das Richtige im Falschen?« fragte für die Wochenzeitung *Jungle World* am 28. August 1997 ein sichtlich bemühter Interviewer die Hamburger Band BRÜLLEN und erhielt die kaum bedächtige Antwort: »Ja, aber nur, weil das Falsche im Falschen sich sozusagen durchgesetzt hat.«

Sozusagen falsch ist hier im falschen Falschen noch alles, was nur richtig hätte zitiert werden müssen. »Die unlösbare Aufgabe besteht darin«, heißt es in Adornos *Minima Moralia* (Frankfurt/Main 1951), »weder von der Macht der anderen, noch von der eigenen Ohnmacht sich dumm machen zu lassen. Es gibt kein richtiges Leben im falschen.« Aber reichlich haarsträubende Theorien darüber, wie und wann das Leben am richtigen Ort zu bewerkstelligen sei – inklusive der Beschaffenheit dieser dubios-nebulösen Gegend, in der es, das Leben, dann wohl statthat.

Das »Zerrbild wahren Lebens« vermochte Adorno zu erblicken in der Ideologie des eingerichteten Daseins, in der plumpen Affirmation des allzeit Positiven – während philosophische Reflexion die Gefährdung und Zurichtung des einzelnen, des Besonderen offenlegt. Der Freiburger Holzwegerich M. Heidegger raunte währenddessen von seinen Schwarzwälder Bergen herab, das moderne Menschenwesen sei geschlagen mit Unbehaustheit. Dennoch mußten sich Heideggers Schüler zur Winterszeit den Todtnauberger Hügel hinaufquälen, weil auf der Hüttn, so Heidi, besser philosophiert werden könne. Den existentialontologischen Quark glaubten sie prompt, wenigstens teilweise. Die »Seinsfrage« habe sich hinsichtlich der »Sorgestruktur« des Daseins zu stellen und in Richtung einer genuin metaphysikkritischen »existenzialen Verfassung« der menschlichen Zeitlichkeit und fraglos auch Örtlichkeit aufzulösen. »Die Sprache«, legte der Breisgauer dann qua *Holzwege* (Frankfurt/Main 1950) fest, »ist der Bezirk (templum), d.h. das Haus des Seins«, als dessen Sprachhausmeister – oder Kellergeist – er sich am Ende selber wähnte.

Was da aber seinsmäßig aus ihm sprach, war nichts anderes als das Generalmotto des umtriebigen Intellektuellen, der eben allein die – seine – Sprache gelten lassen wollte, jene speziell tieflotende Sprache, die er im quasi Handgepäck stets mit sich führte. »Meine Heimat ist die Sprache« – wie oft ist dieses Restdesiderat in die rührseligsten Worte gekleidet und gesungen worden, z. B. vom unsterblichen Großkitschier Heinrich Heine, dessen Augen zu tropfen begunnen, wenn er Deutsches gewahrte: »Und als ich die deutsche Sprache vernahm, / Da ward mir seltsam zu Mute; / Ich meinte nicht anders, als ob das Herz / Recht angenehm verblute.« (*Deutschland. Ein Wintermärchen*, Frankfurt/Main 1983) Es war wohlgemerkt die Sprache des Landes, aus dem er emigrieren mußte; in ihr schien ihm aber das Eigentliche, Ideale des deutschen Tum und Wesens aufgehoben zu sein. Andere handelten gar von den »Bezirken der Sprache«, in denen sie zu Hause seien, nicht ahnend, daß sie jene in dem Moment, in dem sie's kundtaten, bereits verlassen hatten. Nein, Grammatik ist keine Heimat, sondern schlichte Herkunft, und damit hat es sich.

Wenn allerdings Heimat, wofür ja vieles spricht, etwas vorstellt, das es nicht gibt, das aber dennoch für eine gewisse Wohlbefindlichkeit Reklame machen soll, muß sie entweder in die Zukunft oder in die Vergangenheit ausgelagert werden. Und exactly beides ist Brauch. Für die Zukunftsfreunde vorbildlich agierte Ernst Bloch, der den Heimatbegriff utopisch wendete; nun firmierte »Heimat« als Ankunft im Diesseits, »so entsteht in der Welt etwas, das allen in die Kindheit scheint und worin noch niemand war: Heimat.« (*Das Prinzip Hoffnung*, Bd. 3, Frankfurt/Main 1959)

An der Vergangenheitsfront indes arbeiten – der Job ist lukrativ, weil er das Überkommene wahrt – zu viele, als daß hier einzelne hervorgehoben werden müßten: die gesamte rechte, konservative Szene, die Bildungsbürgerschaft, die Regionalisten, die Ost-Nostalgiker – sie alle wollen etwas verloren haben, das sie nie besaßen und das immer nur Ideologie und gutgemeinter Patriotismus gewesen war. Das, was nie existierte, und wenn, dann keinen Bestand hatte, soll wieder sein – diese Albernheit heißt in der Sprache der Psychologie

Regression, in der Sprache der Politik Reaktion, in der Sprache der Kunst Romantik.

Allerhand Faxen und Flausen hat es allenthalben reichlich. »Der über die Kulturpolitik hinausreichende Anspruch der Heimatkunst«, informiert uns etwa Jörg Schillings Dissertation *Heimatkunstbewegung in Niedersachsen* (Rinteln 1986), »rückt diese Bewegung in die Nähe politischer Kräfte, die für sich in Anspruch nehmen, die Interessen der Landbevölkerung auf Reichsebene kompromißlos zu vertreten.« Schon hier, auf der Ebene niedrigster Boden- und Gauverbundenheit und ihrer funktionalen Überformung, weht der stramme Wind der »Volkskunde«. Die »Mentalitätstheorie«, ein Partialgewerbe deutscher Ethnoarchäologie, redet sich in Anlehnung an die Grimmsche Wahnvision vom »deutschen Altertum« ein verbindliches Erbe »volkstümlicher Überlieferung« (Gerhard Lutz) ein – bzw. sucht und dreht »historische Realien« so lange hin und her, bis der Heimatgeist über sie kommt. Hier nun regiert nicht das Pauluswort »Unsere Heimat ist im Himmel« (Phil. 3, 20); im Himmel nämlich gibt's kein Bier, darum trinken wir es hier. Hier regiert als Stichwortgeber der Mörfeldener und zeitweise eingebungsgerecht auch Tübinger Dichter Peter Härtling. Sein Dreizeiler »Heimat erfahren wir zweifach: / als das uns Nächste / und als das ersehnte Entfernteste« (*Über Heimat*, Ludwigsburg 1982) ziert Erich Wimmers Traktat »Heimat. Ein Begriff und eine ›Sache‹ im Wandel«[1] aufs schönste. Wir zitieren: »›Heimat haben: das heißt wissen, wo man hingehört‹, hat Josef Dünninger einmal gesagt. Von diesem Wissen und der in ihm gründenden Geborgenheit, Ruhe und Gelassen-

1 In: Dieter Harmening/Erich Wimmer (Hg.): *Volkskultur und Heimat. Festschrift für Josef Dünninger zum 80. Geburtstag*, Würzburg 1986; daselbst auch Texte über den »Heimatbegriff in der Geographie und der Schulerdkunde«, »Rudolf Virchow als Volkskundler« und die »›Rößler-Legende‹. Möbelforschung in Hohenlohe (Ein Zwischenbericht)«; plus, in der Bloch-Linie, die Arbeit »Der Mann im Mond. Utopisch-phantastische Perspektiven von Heimat. Versuch einer Umkreisung«.

heit künden erneut einige seiner [...] wiederabgedruckten literarisch geformten Arbeiten. Heimat ist darin zunächst das Dorf der Geburt und Kindheit in den Haßbergen, der vertraute Umgang mit den Menschen dort, Heimat ist das ganze Frankenland mit seinen Fluren und Weinbergen, mit den Burgen und Bauerngehöften, den Kirchen und Wallfahrten. Heimat ist Würzburg.«

Und das sagt so einiges. Darüber hinaus ist Heimat leider auch Bielefeld, Augsburg, Bonn und Berlin (Steglitz; Köpenick usf.); der Kegelverein, »das Land«, die Nation, der Staat, das offensiv nach außen getragene Behagen an Übersichtlichkeit und Borniertheit, die »Gemeinschaft«. Heimat ist schon im Mittelalter »Raumbewußtsein und Raumbindung« (Erich Wimmer), »Identität« (Erich Wimmer), »Horizont« (Erich Wimmer), vor dem man seine Erfahrungen sortiert, »Regionalbewußtsein« (Erich Wimmer), »territoriale Identität« (Erich Wimmer); Heimat bedeutet – laut Wimmer – indessen ursprünglich etymologisch gesehen »konkret und lebensnah das ›väterliche Erbe‹, der ›Grundbesitz‹«; später »Wohnstätte«, auch »Heim«, rechtlich erweitert dann »Unterstützungswohnsitz«; bis zur Industrialisierung, deren segensreiches Wirken Marx und Engels priesen (»Alles Ständische und Stehende verdampft, alles Heilige wird entweiht, und die Menschen sind endlich gezwungen, ihre Lebensstellung, ihre gegenseitigen Beziehungen mit nüchternen Augen anzusehen«), als »Nahwelt« und sehr bald »Desiderat« – des »Verlustes« wegen. Darob strebt schließlich um die Jahrhundertwende die »Heimatkunstbewegung« mit Macht ihrem Höhepunkt entgegen, Motto: Heimatpflege, Heimatmuseumsbau, Heimatvertriebenenverbandsgründung. Bis zur »Heimatfront« und bis zum »geistigen Wurzelgefühl« der Nazis, ein Ausdruck, der die wohl größtmögliche begriffliche Verwirrung auf diesem »Feld« (Erich Wimmer) markiert. Und zugleich die Wahrheit des Heimat-Aberwitzes kenntlich macht.

Nach 1945, so Wimmer, habe eine Zeitlang Ruhe geherrscht. »Eigentlich erst seit Anfang der 70er Jahre wird wieder unbefangen von Heimat gesprochen und in den letzten Jahren immer mehr.« Womit die sogenannte »Heimat-Diskussion« also keineswegs verebbt, sondern aufflammt[2] und sich ausweitet. »Empfinden Sie die Erde überhaupt als heimatlich?« fragt stellvertretend Max Frisch (*Tagebuch 1966–1971*, Frankfurt/Main 1979).

Was mag es mit der »Rückwärtigkeit des Örtlichen« (Harm Klueting) auf sich haben? Wir wissen's nicht, und weder die Autoren dieses Bandes noch wir wollen's wirklich wissen. Wissen wollten wir, die Herausgeber, wie es sich lebe, wo man wohnt. Erfahren haben wir's, zu unserem Nachteil oder Glück, nur partiell. Zur Sprache gekommen sind in vorliegendem Buch verständlicherweise lediglich einzelne Momente des lokalen Desasters, die enervierendsten freilich, welche die 42 hier vertretenen Autoren in ihren knapp bemessenen Schmähungen und Polemiken unterzubringen vermochten – wenn jene nicht, wie die älteren unter ihnen, zugunsten einer mehr auf Harmonie und Ausgleich sinnenden Begutachtung und Friedfertigkeit großmütig darauf verzichteten. Das dergestalt Fragmentarische der Texte schont den Leser; wer's ganz genau wissen möchte, muß nach altem Brauch sich selbst mal vor Ort begeben.

2 Vgl. u. a. Kurt Rabl (Hg.): *Das Recht auf Heimat. Vorträge und Ansprachen*, 4 Bde., München 1958–1960; Rudolf Lange: *Theologie der Heimat. Ein Beitrag zur Theologie der irdischen Wirklichkeiten*, Freilassing / Salzburg 1965; Alexander Mitscherlich / Gerd Kalow (Hg.): *Hauptworte, Hauptsachen: Heimat, Nation*, München 1971; *Heimat heute. Zeitungskolleg*, Deutsches Institut für Fernstudien an der Universität Tübingen 1980; H. L. Cox / Günter Wiegelmann (Hg.): *Volkskundliche Kulturraumforschung heute*, München 1984; Erich Wimmer: »Aspekte der Heimat-Diskussion«, in: *Bayerische Blätter für Volkskunde* 2 (1975); Günter Lange: *Heimat. Realität und Aufgabe. Zur marxistischen Auffassung des Heimatbegriffs*, Berlin 1973.

Satire darf freilich alles, sie darf nur nicht schlecht sein.

Nürnberger Abendzeitung vom 25./26. Oktober 1997

Die Deppen der Nation. Ein notwendiger pressehistoriographischer Anhang

Von Jürgen Roth

Wer glaubt heute noch, daß Literatur Folgen hat?

Wir glauben es – seit Klaus Bittermanns für die *Öden Orte* geschriebener Aufsatz »S'wädschowiddä oder: Der lange Abschied« am 20. Oktober 1997 in der *taz* gekürzt und unter dem Titel »Basdscho-Gemüt hißt S'wädschowiddä-Fahne« vorabgedruckt wurde.

Einen Sicherheitsabstand von drei Tagen wahrend, reagierte nämlich die Nürnberger Presse. Die Nordbayern-Ausgabe der *Abendzeitung* machte am 23. Oktober, ohne daß Verlag, Autor oder Herausgeber darauf gefaßt gewesen wären, mit der wunderbar strahlenden, ja leuchtenden Überschrift auf: »Sind die Nürnberger die Deppen Deutschlands?«

»Berliner Zeitung verhöhnt die Stadt und ihre Bürger«, konstatierte man, und es folgte ein von tief empfundener Wut, grollendem Zorn und blankem Entsetzen zeugender Anreißer: »[…] Was die *taz* in dieser Woche bundesweit über Nürnberg abgelassen hat, dürfte mit Satire […] nicht einmal mehr am Rand zu tun haben. Bratwurst-City, eine Metropole dumpfer Kartoffelsalat-Mampfer, blödgesoffener Bierdimpfel und stets schießwütiger Polizisten, ein übles Provinznest hinter den sieben Lebkuchenbergen. So und manchmal noch flacher urteilt der Autor über den Burgberg und seine Umgebung. Die Nürnberger die Deppen Deutschlands?«

Das waren (und sind) harsche, grelle Töne. Bittermann, der von »Lebkuchenbergen« kein Wort hatte fallen lassen, flüchtete in die Anonymität seiner Handy-Existenz. Denn weiter hinten, auf Seite 7, drohte das Stadtgewissen: »Ein gewisser Klaus Bittermann darf sich in Nürnberg nicht mehr blicken lassen. Tut er es doch, läuft er Gefahr, mit Bratwürsten gesteinigt zu werden. [...] In einem Rundumschlag hat er sich für die ›zehn verlorenen Jahre‹ gerächt, die er in Nürnberg verbrachte. Und posaunt die Qual bundesweit heraus.« Ist bundesweites Hinausposaunen schändlicher denn regionales Hinausposaunen? Und hat das alles eine Art? Heißt Journalismus heute: Kollegenverfolgung!? Vendetta? Schwedentrunk dem Abtrünnigen? Dem Saubeutel?

Immerhin und erfreulich (über den Werbeeffekt für ein mit noch weitaus hinterhältigeren, unverschämteren und kriminelleren Beiträgen bestücktes Buch hinaus): Die *Abendzeitungs*-Redakteurin Susanne Will war zu prachtvollen Wortketten und -kaskaden angeregt worden, durfte endlich mal schreiben, so unterstellen wir, was ihr sonst verboten ist. Und natürlich hat sie mit allem recht.

Genüßlich wird zitiert; sehen Sie die entsprechenden Passagen bitte selbst ein. »Allmächd«, ächzt der ideelle Gesamtnürnberger aus der Zeitung und äußert sich auch gleich dezidiert. Wir nennen das Demokratie. »Mit solchen Artikeln müssen wir leben«, klagt der gerade neu bestallte städtische Presseamts-Chef Wolfgang Stöckel und dürfte wissen, warum. Den Tatsachen kann niemand ausweichen, jenen zwar fiktionalen, aber empirisch erhärteten Äußerungen Bittermanns, die, wie hätte es anders kommen sollen, als »Satire« rubriziert werden. Also klagen wir abermals: Die meisten, die allermeisten der hier versammelten Texte folgen keineswegs dem Willen zur Satire; sie sprechen die weinreine Wahrheit aus, auch wenn mancher der mitnichten persönlich gescholtenen Bürger egal welcher Stadt dieses Landes jene nicht hören mag und deshalb die offene Mitteilung über die finstere Wirklichkeit in eine »satirisch« genannte, unbestimmt uneigentliche Rede ummünzen muß – und aber sinnwidrigerweise die Gelegenheit nutzt, unter Dampf nachzulegen. Michael Weber, Chef der Tourismus-Centrale: »Wahrscheinlich hat Herr Bittermann irgendwo eines der schlechtesten Biere der Republik getrunken – danach hat er sich wohl am Schreibtisch ausgekotzt.«

Das Empörungspotential zwischen Flensburg und Garmisch-Partenkirchen scheint groß. Daher kommt bereits am 25. Oktober Harald Lamprecht vom Konkurrenzunternehmen der *Nürnberger Nachrichten* in die Puschen: »Jene Seite, welche die tazler ironisch ›Die Wahrheit‹ nennen, beschäftigte sich am Montag dieser Woche mit Nürnberg. Der Autor Klaus Bittermann, ein Franke, der zehn Jahre in Nürnberg lebte, schreibt die Stadt in Grund und Boden, macht Nürnberg zur Sau, daß nichts mehr übrigbleibt.« Es schließt sich obiges Satireverdikt an, und mutmaßen dürfen wir auch hier, das Substantiv »Sau« habe erstmals den Weg ins Nürnberger Schnarchsackblatt No. 1 gefunden.

Prompt kündigt ein Nürnberger (der Flinkeste unter den sonst eher maul- und fußlahmen Mittelfranken, ich kenne die Pappenheimer nur zu gut) sein *taz*-Abonnement; flugs bricht stadtweite Entrüstung los. Am 24. Oktober erheben, »nach der Berliner Häme über Nürnberg«, via *Abendzeitung* Prominente die Stimme, Reingeschmeckte, »Zugereiste« – »Nürnberg murrt«, eine Stadt in Aufruhr, die Front »zur Verteidigung ihrer Metropole« steht fest wie die marode Nürnberger Versicherungs-Burg. »Nürnberg schießt zurück«, feuert Redakteur Timur Vermes aus allen Rohren: »›Gott sei Dank‹, freut sich Mietervereins-Geschäftsführer Hans Halbig, ›müssen wir nicht in Berlin leben.‹« Und »der aus Hamburg zugereiste Intendant Wulf Konold rät: ›Da sollte man gar nicht reagieren. Ich habe hier viel vor – ohne Kartoffelsalathumor.‹« Ohne daß wir wüßten, was er da ausheckt: Wir wünschen gute Verrichtung und schüsselweise Glück!

Allerdings beginnt die just errichtete Barrikade auch schon wieder zu bröckeln. Disparat-assonante Klänge mischen sich in den Chor der großen Wehklage. Die »Heimatliebe ist nicht ungeteilt – im Pulverqualm gehen auch Kritiker in die Offensive. ›Stimmt‹, bekennt etwa Club-Kicker Martin Driller, aus Hamburg zugereist. ›Lebhaft ist es hier nicht.‹ Und Bittermanns Behauptung, man dürfe die ›Nürnberger nicht ansprechen‹, kommentiert er zaghaft: ›Sie reden nicht viel.‹ Da langt Leser Peter Brodda heftiger hin: ›Nur mit Bratwürstchen und Lebkuchen kann man keine Zukunft gestalten!‹« Ob Brodda womöglich den Kern der Sache ins Herz der Wahrheit getroffen hat?

Die Meinungen wogen hin und her. »Dennoch bekennt sich der gebürtige Schwabe Hartmut Frommer zur ›Verehrung für Nürnberg‹: ›Etwas Besseres hätte hier nicht entstehen können‹, grinst Nürnbergs Stadtrechtsdirektor. Wenn er auch zugibt, über das Bier müsse man ›mal hinwegsehen‹.« Feiert die totgeglaubte Dialektik zu Nürnberg überraschend Urständ?

Wohl kaum. Ab dem 27. Oktober tönte Vox populi ziemlich schnurgerade in die aufgeregte Runde, und zwar derart stark-triumphal, daß selbst der *Abendzeitung* erste Bedenken kamen: »In ihren erbitterten Antworten langten viele Leser selbst nicht unbedingt weniger kräftig hin. Gerechter Zorn erbitterter Franken-Freunde? Grobe Keile auf einem groben Klotz? Urteilen Sie selbst«, informierte ein redaktioneller Vorspann.

Gut, urteilen Sie selbst.

»Ich bin so abartig, mich da wohl zu fühlen«, schrieb ein »Depp E. W. Länger« über sein »Provinznest«, und Georg Hollweck (Nürnberg) assistierte: »Ein Mann disqualifiziert sich selbst, seinen Freundeskreis in Nürnberg und die *taz*, die solchen Unsinn druckt, solche Typen als ›Journalisten‹ beschäftigt und für den Schwachsinn auch noch Honorar zahlt. Ich hoffe, daß die *taz* von Ihnen eine entsprechende Antwort erhält.« Von wem? Von uns? Aber nein.

Ausgiebig Verwendung für »Gänsefüßchen« findet auch Christian Dorr aus dem benachbarten und mit Nürnberg wenig freundschaftlich verbundenen Fürth. Trotzdem weiß er Erstaunliches aufzutragen: »Ich bin begeisterter Leser Ihrer *Abendzeitung*. Was ich aber am 23. Oktober lesen mußte [...], hat mich entsetzt. Es ist erschütternd, daß Herr Bittermann schreibt, daß die Alliierten es nicht einmal geschafft haben, uns von unserem dumpfen Dasein zu befreien. Diesen ›Satz‹ kann man schon als rassistisch und aufhetzerisch abstempeln. Außerdem beschreibt uns Herr Bittermann als Nationalsozialisten. Das ist eine Frechheit den Nürnbergern gegenüber. Für so einen ›Satz‹ müßte man eingesperrt werden. Schade ist, daß sich Presseamts-Chef Stöckel nicht wehrt. Diesen Artikel muß Herr Bittermann unter Alkohol- und Drogeneinfluß geschrieben haben. Oder der Berliner *taz* gehen die ›satirischen‹ Artikel aus, daß sie so einen Sch... auch tatsächlich noch druckt. Der Artikel hat nichts mehr mit Witz oder ›Galgenhumor‹ zu tun, sondern ist pure Hetze. Ich frage mich, was unsere Berliner Landsleute nun von uns denken. Ich hoffe nur, sie sind nicht so leichtgläubig und können uns Nürnberger verstehen, wenn wir mit diesem Artikel auf blankes Entsetzen [sic!] reagieren. Man sollte von Herrn Bittermann ein Foto in der *Abendzeitung* drucken. Vielleicht treffe ich diesen ›netten‹ Mann ja mal, dann trichtere ich ihm meine Meinung ein.« An dem Mann ist ein Antifaschist und Friedenskämpfer verlorengegangen.

Als bewandert in den Disziplinen Textanalyse und witzige Volte erweist sich der berühmte SPD-Bundestagsabgeordnete Horst Schmidbauer (Foto), gleichfalls Nürnberg: »Auf Herrn Bittermanns geschmacklose Bemerkung, ›nicht einmal die Alliierten haben es geschafft, Nürnberg aus seinem dumpfen Dasein zu befreien, obwohl sie sich ziemlich anstrengten und tonnenweise Bomben darauf warfen ...‹, kann man eigentlich nur noch eins draufsetzen: ›Schade, daß Bittermanns Eltern nicht zu den bedauernswerten Menschen gehörten, die in diesen Bombennächten ums Leben kamen. Dann hätte es deren Sprößling Klaus nämlich nicht gegeben. Und wir wären jetzt alle sauer, weil wir nicht für wenigstens zehn Jahre ein solch einfühlsames und liebenswertes Genie in unseren Reihen gehabt hätten ...‹ Aber wahrscheinlich waren seine bedauernswerten Eltern ja gar keine Nürnberger, sondern stammten aus Berlin, wo es den Sohnemann jetzt wieder hinzieht, um dort zu neuen tiefschürfenden Gedanken über das Wiederaufblühen der kriegszerstörten Hauptstadt zu finden. Die Berliner werden gierig darauf sein, mit seiner Häme übergossen zu werden.« Während wir mit geringem Erstaunen zur Kenntnis nehmen, welche altbekannten ockerfarbenen Anschauungen in der Nürnberger SPD fluktuieren.

Zurück auf den Boden des vorurteilsfreien Ressentiments. Paula und Adolf Lenoir aus Nürnberg stellen fest: »Die Aussagen von Herrn Bittermann basieren auf Neid, denn Nürnberg hat wahrlich mehr zu bieten als Lebkuchen und Bratwürste. Aber angeberische Preußen können wir hier sowieso nicht leiden, deshalb freuen wir uns, wenn er in Berlin bleibt.« Der bereits aufgetretene Peter Brodda (c/o Nürnberg) schert indessen aus und wünscht seiner freudlosen Stadt mehr Kraft: »Diese Stadt ist ohne Kraft und Leben. Jede andere kleinere Stadt ist lebendiger. Eine Krisenregion wird nicht geboren, sondern gemacht. [...] Aber es ist ja so: Jeder bekommt, was er will oder verdient.«

Also Fett ab. Auch am 28. Oktober lesen wir: »Die Wut der Nürnberger ebbt nicht ab. [...] Die heftigen Reaktionen sind jedoch vielleicht auch Hinweis darauf, daß Bittermann einige Wunden bloßgelegt haben könnte.« Hat er? Was meint der Nürnberger Lothar Rummelt?

»Hätte man Bittermann nicht wenigstens in den zehn Jahren, die er in Nürnberg verbracht hat, mundtot machen können. Es wäre besser gewesen, er hätte sich an seinem Schreibtisch nicht aus-, sondern totgekotzt.« Frau Marga Zenker möchte fragen: »Während Tausende im Bombenhagel Leben und alles verloren haben, möchte ich fragen, wo Herr Bittermann seinen Arsch versteckt hatte, wenn er schon so alt sein sollte, daß er überhaupt davon eine Ahnung hat. [...] Es muß ihm doch recht gut gegangen sein in Nürnberg. Nürnberger Lebkuchen, Bratwürste und Spielzeug sind auf der ganzen Welt bekannt, aber ein Schmierfink wie Herr Bittermann bestimmt nicht. Ich würde mich liebend gern mit diesem Herrn unterhalten.« Während Marianne Chemnitz aus Nürnberg dafürhält, ihre Stadt könne »auf eine so schöne Vergangenheit zurückblicken«: »Dieser Berliner Herr Bittermann soll bloß nicht mehr kommen. Es gibt Leute, die können Alles, Alles in den Dreck ziehen ...« Denn: »Welche Frau hat ihn nur enttäuscht?« (Joachim Schmidt, Fürth)

Das verraten wir nicht. Verraten sei hingegen noch, daß die

scharenweise mit dolchspitzen Federn herbeigeeilten beleidigten Nürnberger Bratwürste gelegentlich auch ins Zentrum unserer Überlegungen trafen; ins Zentrum eines obsessiven Heimat-Kuddelmuddels, das nicht unverhohlener zutage hätte treten können. »Daß das Talent des Herrn Bittermann als Satiriker in Nürnberg nicht erkannt wurde«, hob Stadtrat Richard Würffel an, »liegt daran, daß er Übertreibung, Verallgemeinerung, Verbreitung von Unzutreffendem und ein hohes Maß an Geschmacklosigkeit als Stilprinzip seiner Schreibe mißversteht. So etwas mögen die Nürnberger nicht. Und deshalb hat er wohl auch nie Gegenliebe seitens der Nürnberger gespürt, in der er die seiner neurotischen Grundbefindlichkeit entspringende neue Heimatlosigkeit in Berlin beschreiben wird.« Unser Autor wird sich Würffels (stilistisch und psychoanalytisch einwandfreies) Zeugnis hinter die Ohren kleben und zu Herzen nehmen, weil er doch »psychisch lädiert sein muß« (Gertraud Straub, Nürnberg), aus »Haßliebe« und »Neidgefühle[n]« (dies.) handelte, »durch üblen Journalismus« (Monika Knobloch, Nürnberg) »mit seiner gestörten Objektivität« (Jörg Thiel, Nürnberg) den – – –

Wir hören gerade, wir müssen zurückgeben.

Und lernen: Aufklärung hat es schwer – und macht Spaß. Die *Abendzeitung* war mit Freude dabei: »Ruhig bleiben als Ausweg? Mag sein: Der Nürnberg-Text ist nur einer von vielen des Buchs ›Öde Orte‹ [...]. Andere Städte trifft es härter – wie Bamberg (siehe Kasten rechts) oder München: ›eine verfehlte Stadt‹ mit ›deprimierendem Image‹, deren Durchgangsstraßen ›stets Autobahnbreite erreichen‹.« Wir danken.

Weiteren Reaktionen – diesmal, wie es sich gehört, *nach* Erscheinen der *Öden Orte* – sehen wir mutig und gespannt entgegen. Oberbürgermeister aller vorerwähnten und traktierten Städte, meldet Euch!

Autorinnen und Autoren

F. W. Bernstein, geboren 1938, lebt unter dem Namen Fritz Weigle in Berlin und ist Professor an der Hochschule der Künste. Letzte Buchveröffentlichung: *Achtung! Lesen gefährdet Ihre Dumheit* (Haffmans: Zürich 1996).

Klaus Bittermann, geboren 1952, lebt als Verleger und Autor in Berlin.

Peter O. Chotjewitz, geboren 1934, lebt als Schriftsteller in Stuttgart. Letzte Buchveröffentlichung: *Kannibalen* (Elefanten Press: Berlin 1997).

Franz Dobler, geboren 1959, lebt als Schriftsteller in Augsburg. Letzte Buchveröffentlichung: *Sprung aus den Wolken* (Nautilus: Hamburg 1996).

Wiglaf Droste, geboren 1961 in Herford/Westfalen, ist Schriftsteller und lebt in Berlin. Letzte Buchveröffentlichung: *Begrabt mein Hirn an der Biegung des Flusses* (Nautilus: Hamburg 1997).

Eugen Egner, geboren 1951 in Ingelfingen, lebt seit über vierzig Jahren versehentlich in einer der schlimmsten Gegenden Wuppertals.

Gerhard Fischer, geboren 1963, lebt als freier Autor in Frankfurt/Main. Buchveröffentlichungen u. a. (zus. mit Andreas Balze): *Richtig wandern – Bodensee und Oberschwaben* (DuMont: Köln 1994); *Reisetaschenbuch Bodensee* (DuMont: Köln 1995).

Susanne Fischer, geboren 1960 in Hamburg, lebt im Landkreis Celle. Autorin und Literaturwissenschaftlerin. Letzte Buchveröffentlichung (zus. mit Fanny Müller): *Stadt Land Mord* (Edition Tiamat: Berlin 1996).

Joachim Frisch, geboren 1956 in Kaiserslautern, lebt als freier Autor in Hamburg.

Thomas Gsella, geboren 1958, lebt als Redakteur der Zeitschrift *Titanic* in Frankfurt/Main. Schreibt sonst praktisch überall. Buchveröffentlichung (zus. mit Heribert Lenz und Jürgen Roth): *So werde ich Heribert Faßbender* (Klartext: Essen 1995, Goldmann: München 1996).

Albert Hefele, geboren 1951, doziert zum Broterwerb an einer Fachschule für Ergotherapeuten, lebt in Ichingen und schreibt für mehrere Zeitschriften. Buchveröffentlichungen: *Hannelore, Helmut und die Bubb'm* (zus. mit Achim Greser; Lappan: Oldenburg 1994) und *Grauenhafte Sportarten, mit denen uns das Fernsehen quält* (Edition Tiamat: Berlin 1996).

Eckhard Henscheid, geboren 1941, lebt als Schriftsteller in Frankfurt/Main und Amberg. Letzte Buchveröffentlichung (zus. mit Gerhard Henschel und Brigitte Kronauer): *Kulturgeschichte der Mißverständnisse* (Reclam: Stuttgart 1997).

Gerhard Henschel, geboren 1962, lebt als Schriftsteller alternierend in Kapstadt und Hannover. Letzte Buchveröffentlichung (zus. mit Eckhard Henscheid und Brigitte Kronauer): *Kulturgeschichte der Mißverständnisse* (Reclam: Stuttgart 1997).

Wolfgang Herrndorf, geboren 1965, lebt und arbeitet in Berlin.

Hermann Kant, geboren 1926, lebt als Schriftsteller in Prälank. Sitzt an seinem 13. Buch.

Peter Köhler, geboren 1957, lebt in Göttingen. Hat zuletzt herausgegeben: *Recht so! Ein Lesebuch zur Justiz* (zus. mit Thomas Schaefer; Beck: München 1997) und *Das Anekdotenbuch* (Reclam: Stuttgart 1997).

Knud Kohr, geboren 1966, lebt als freier Autor in Berlin. Letzte Buchveröffentlichung: *Imbiß der Woche* (Verlag 8. Mai: Berlin 1996).

Ludwig Lang, geboren 1963, wohnte in Regensburg und Köln, lebt als freier Autor und Musiker in Berlin.

Rainer Moritz, geboren 1958 in Heilbronn, ist Publizist und Programmchef des Reclam Verlags Leipzig. Letzte Buchveröffentlichung: *Immer auf Ballhöhe – Ein ABC der Befreiungsschläge* (Beck: München 1997).

Fanny Müller, geboren 1941, lebt als freie Autorin in Hamburg. Letzte Buchveröffentlichung: *Das fehlte noch! Mit Röhm und Hitler auf La Palma* (Edition Tiamat: Berlin 1997).

Dietrich zur Nedden, geboren 1961, lebt als freier Autor in Hannover.

Jan Orthwien, geboren 1968, schreibt z. B. in der *taz*.

Georg Peter, geboren 1967, ist Mitarbeiter der Zeitschrift *ProtoSociology*. Verschiedene Arbeiten zur Sprachphilosophie und zur Interpretationstheorie. Lebt in Haiger-Fellerdilln.

Bernd Rauschenbach, geboren 1952 in Berlin. Studium der Germanistik und der Bibliothekswissenschaft. Lebt als Secretär der Arno-Schmidt-Stiftung in Eldingen bei Bargfeld. Letzte Buchveröffentlichung (zus. mit Jörg W. Gronius): *Stücke 2* (Weidle: Bonn 1997).

Karl Riha, geboren 1935, ist Professor für Allgemeine Literaturwissenschaft an der Universität-Gesamthochschule Siegen.

Michael Ringel, geboren 1961, lebt in Berlin und ist Redakteur der Wochenzeitung *Freitag*.

Jürgen Roth, geboren 1968, lebt als freier Autor in Frankfurt/Main. Letzte Buchveröffentlichung (zus. mit Michael Rudolf): *Spaltprodukte. Gebündelte Ost-West-Vorurteile* (Reclam: Leipzig 1997).

Thomas Roth, geboren 1971, studiert Geschichte, Soziologie und Geographie in Bonn.

Harry Rowohlt, geboren 1945, lebt als Übersetzer (95 Bücher, 3 Theaterstücke und 1 Film), *Zeit*-Kolumnist (»Pooh's Corner«) und Vortragskünstler in Hamburg.

Michael Rudolf, geboren 1961, diverse Veröffentlichungen in Zeitungen, Zeitschriften und Anthologien. Lebt in Greiz.

Frank Schäfer, geboren 1966, lebt als freier Autor in Braunschweig.

Christian Schmidt, geboren 1956, lebt als freier Journalist in Frankfurt/Main.

Kay Sokolowsky, geboren 1963, lebt als freier Autor in Hamburg.

Dieter Steinmann, geboren 1950 in Pirmasens, organisiert Kunstausstellungen wie die *Triennale Greiz 1997* und arbeitet als Herausgeber von Ausstellungskatalogen.

Holger Sudau, 1962 bis 1995, war verheiratet und hatte eine Tochter.

Fritz Tietz, geboren 1958, lebt als freier Autor in Hamburg. Buchveröffentlichung: *Und drinnen spielt ein Mongoloidenkapellchen* (Edition Tiamat: Berlin 1996).

Horst Tomayer, geboren 1938, arbeitet, seit er zurückdenken kann, an einer Theorie über die Marktwerdung des Menschen.

Mathias Wedel, geboren 1953, lebt als freier Autor in Berlin. Letzte Buchveröffentlichung: *Wie ich meine Kinder mißbrauchte* (Edition Tiamat: Berlin 1997).

Rayk Wieland, geboren 1965, lebt in Hamburg und ist Redakteur bei der Zeitschrift *konkret*.

Günther Willen, geboren 1954, lebt und arbeitet in Oldenburg.

Elke Wittich, geboren 1959, lebt in Berlin und ist Redakteurin der Wochenzeitung *Jungle World*.

Tom Wolf, geboren 1964, lebt als freier Autor in Hechingen.

Hans Zippert, geboren 1957, lebt als freier Autor in Oberursel. Letzte Buchveröffentlichung: *Countdown Kohl* (Elefanten Press: Berlin 1997).

RECLAM-BIBLIOTHEK

Jürgen Roth/Michael Rudolf
Spaltprodukte

Gebündelte Ost-West-Vorurteile

171 Seiten. RBL 1603. 16,– DM
ISBN 3-379-01603-9

Westdeutsche sind geizig, überheblich, geltungssüchtig, geld- und karrieregeil, wissen alles besser, reden geschwollen daher, kennen keine Rücksicht und geben sich als die ewigen Gewinner. Da ist ihnen jedes Mittel recht. Herr Roth (West) glaubt sogar, wenn er sich im Alphabet vor Herrn Rudolf (Ost) schiebt, seine Vorzüge in besserem Licht erscheinen zu lassen. Ostdeutsche hingegen sind maulfaul, larmoyant, langweilig, humorlos, unterwürfig, schüchtern, undankbar, provinziell, vom Neid zerfressen und springen über jedes Opferstöckchen, das man ihnen hinhält. Kein Wunder also, daß Rudolf glaubt, den Eskapaden von Roth keine Bedeutung beimessen zu dürfen.

Zu erfreulich vielen Themenkomplexen darf jeweils eine Ost- und eine Westmeinung zu Wort kommen: Weder Sport und Verkehrswesen, weder Humor, Arbeit, Religion, Pop, Essen und Trinken, Medien, Werbung noch Verbrechen dürfen da unentschuldigt fehlen. Dieses Buch ist eine Leistungsschau der schönsten und wichtigsten Ost-West-Vorurteile, bei deren Lektüre jeder, dem die deutsche Teilung am Herzen liegt, noch eine ganze Menge dazulernen kann.

Jürgen Roth/Michael Rudolf

Bier!

Das Lexikon.

329 Seiten. Mit 9 Abbildungen. RBL 1611. 18,– DM
ISBN 3-379-01611-X

Bier! Das Lexikon behandelt erstmals alle relevanten Aspekte und Teilbedeutungen, welche dem Biere in historischer, gesellschaftspolitischer, eschatologischer, medizinischer, lebensweltlicher und verkostungsspezifischer Hinsicht zukommen.
Die belastbaren Autoren hatten es sich zur Aufgabe gemacht, mehr als 3270 Marken einer sorgfältigen, gewissenhaften Prüfung zu unterziehen, etwa 853 davon konnten der Aufnahme für würdig befunden werden.

Bier! Das Lexikon ist kein Mineralwasser-Michelin. *Bier! Das Lexikon* ist ein Lexikon über Bier, das sich wie ein Lexikon benutzen läßt, aber auch schön langsam von vorne nach hinten trinken, pardon: lesen läßt.